우리 사회의 정의와 교육
남명에게 길을 묻다

우리 사회의 정의와 교육

박병기 지음

남명에게 길을 묻다

씨아이알

할아버지가 되면서 나 자신의 시선이 많이 달라졌음을 문득 느낄 때가 있다. 손주가 살아갈 세상이 걱정스럽고 특히 미세먼지나 전쟁, 극심한 경쟁 같은 것들로 인해 빚어질 고통들이 가끔씩 마음 한가운데로 저리게 다가서는 순간이 있다. 이 책은 올해 초등학생이 된 손주 연후를 생각하며 묶은 것이다. 그가 살아야 할 우리 사회의 미래가 정의롭고 행복했으면 좋겠다는 바람을 담은 간절함으로 이 책을 세상에 내놓는다.

> 들어가는 글

지금 왜 새삼 남명에게 주목해야 할까?

어쩌다 우리가 이렇게 되었을까

✳ 2025년은 2024년 12월 3일 대통령 윤석열이 선포한 비상계엄 사태로 인한 탄핵정국으로 맞아야 했다. 1980년 5월 보안사령관 출신 전두환이 광주민주화운동을 폭력으로 진압하기 위해 전국적인 비상계엄을 선포한 후로 40년도 더 지난 '어이없는 사태'였다. 헌법에서 대통령에게 비상계엄 선포 권한을 부여하고 있지만, 그것은 내란이나 외환, 또는 그에 준하는 사태가 있어야 한다는 강한 전제를 지니고 있다. 그런데 우리가 정당한 절차를 거쳐 뽑은 대통령 윤석열은 부정선거가 만연해 있고, 야당이 국정을 마비시킬 정도로 공직자에 대한 탄핵을 남발하고 있어 더 이상 정상적인 통치가 어렵다는 판

단에서 비상계엄을 선포할 수밖에 없었다고 그날 저녁 텔레비전에 나와 말했다. 그 후로 이어진 탄핵소추와 내란 관련 수사 과정에서도 그와 주변 변호인들은 비교적 일관된 입장을 보이며 비상계엄을 정당화하고자 했다.

19세기 말 조선이 대한제국으로 변신하면서 맞아보고자 했던 20세기는 일본제국주의를 중심으로 하는 근대 제국주의 세력의 침략 공세 앞에서 얼마 견디지 못하고 무너진 채로 맞아야 했다. 35년에 걸친 일제강점기는 3·1운동과 무장투쟁을 비롯한 독립운동과 함께 친일이라는 어두운 그림자를 남겼고, 결과적으로 우리 힘만으로 이루지 못하게 된 독립은 미국과 소련에 의한 한반도 분할통치라는 분단의 역사로 이어졌다. 그 분단이 3년에 걸친 민족상잔의 비극으로 이어졌고, 이 비극은 남북한에서 이승만과 김일성이라는 독재자를 정당화하는 배경으로 자리 잡았다.

그러나 남북한 모두는 1970년을 전후하여 박정희와 김일성이라는 두 독재자가 중심이 된 전 국민 동원령을 통한 체제경쟁을 통해 일정 수준의 경제적 성취를 이루기도 했다. 절대빈곤을 극복한 상황에서 유교문화의 중요한 특징 중 하나인 교육열을 통해 모든 국민들이 교육을 받을 수 있는 기회를 얻었고, 특히 자유주의 체제를 택한 남한의 경우는 민주화 열망으로 이어지며 정치적 자유의 확보를 외치는 사람들이 많아졌다. 물론 조선왕조와 같은 전주 이씨임을 은근히 강조했던 이승만은 끝내 독재자로 전락했고, 그를 4·19혁명을 통해 극복했음에도 바로 이어진 박정희와 전두환, 노태우의 군부정권까지 우리는 온전한 민주절차를 통해 선출된 대통령을 맞을 수 없었다.

1970년대 이후 체제경쟁에서 밀리기 시작한 북한, 즉 조선민주주의인민공화국은 자신의 배후들인 소련과 중국 사이의 갈등을 빌미로 '주체사상'과 '수령론'을 내세우며 강력한 권위주의 정권으로 변신해 김정일과 김정은으로 이어지는 세습정치를 지금까지 계속해 오고 있다. 그러는 사이 우리는 지속적인 민주화 과정을 성공적으로 이끌면서 최소한 절차적으로는 민주주의를 상당 부분 구현했다는 내·외부의 평가를 받을 수 있게 되었다. 물론 그 형식적 또는 절차적 민주화는 강력한 권한을 쥔 대통령의 선의에 기대야 하는 취약점과 함께, 거대 양당 사이의 적대적 공생 체제 구축으로 이어지면서 정치적 입장이 다른 사람들 사이의 대화가 어려울 정도의 극단적 대립 양상이라는 약점을 지닌 채 오늘에 이르고 있다. 이 두 약점이 함께 작동해서 일어난 상징적인 사건이 바로 대통령 윤석열의 반헌법적 비상계엄 선언과 탄핵이다.

그럼 어떻게 해야 이 총체적 난국을 극복할 수 있을까… 총체적 난국이라는 표현에서 짐작할 수 있는 것처럼, 이 난국을 극복할 수 있는 단순하고 뾰족한 대안은 있을 수 없다. 우리는 이제 경제 규모가 세계 10위권에 속하고 높은 교육 수준과 정보화로 인한 디지털 문해력까지 상당한 수준으로 확보하고 있다. 우리들이 함께 살아가고 있는 '21세기 한국사회'를 제대로 바라보는 과정에서는 우선 그 현실을 객관적으로 인식하는 데서 쉽게 단순화의 오류에 빠질 가능성이 있다. 문제를 제대로 보지 못하면 당연히 그 대응 방안 또한 신뢰할 수 없는 수준으로 전락한다.

자신과 사회, 세계를 바로 보는 일

✱   현실을 인식하는 일은 인류의 오랜 역사 속에서 혜택받은 엘리트로서 선민의식을 가진 지식인들의 몫이었다. 우리의 경우 선비와 선사(禪師)가 그 지식인들이었고, 서구의 경우 우리가 지금 접하고 있는 홉스(Thomas Hobbes)나 루소(Jean-Jacques Rousseau) 같은 사상가들이 그런 지식인들이었다. 서구 근대지식인들은 대체로 영주의 가정교사이거나 조언자로 살아갔고, 그들에게 자녀교육 지침서나 정치 관련 안내서를 써주는 것으로 생계 해결과 함께 영향력을 미쳤다. 우리 조선의 지식인들은 확립된 과거제도를 중심으로 관료로 선발되어 수기안인(修己安人)의 삶을 펼치고자 노력했다. 남명 조식(南冥 曺植)과 퇴계 이황, 율곡 이이 같은 유교지식인들과 서산 휴정, 사명 유정 같은 불교지식인들이 그들이다. 그런데 동서양 지식인들 사이에는 주목할 만한 차이가 있었다. 그것은 조선 지식인의 경우 언로(言路)를 보장해 왕에 대한 직언을 할 수 있는 제도적 장치에 의지할 수 있었다는 점이다. 즉 조선 지식인들은 비판적 지식인이 될 수 있는 제도적 장치의 도움을 받을 수 있었다는 것이다.

그런데 시민사회가 정착하면서 자신과 사회, 세계를 보는 일은 시민 각자의 몫이 되었다. 시민은 자신의 삶을 이끌어가는 주체이자, 그가 속한 사회와 세계의 주인공이기도 하기 때문이다. 태어나는 것만으로는 인간다움의 중요한 요건들을 부여받지 못하는 유전적 특성을 지닌 인간은, 인간 사회에 태어나 의미 있는 타인들과 관계를 맺을 수 있을 때만 온전한 인간이 될 수 있다. 만약 태어나 늑대무리 속에서 산다면, 그는 늑대인간이지 온전한 인간이 되지 못한다. 뇌의 크기나 활동 비중 등에서 다른 동물과 차별화되는 인간 아기는 비슷한 유전자 수준의 동물 새끼와 비교해 뇌의 연결망을 완성하지 않은 채로 세상에 나온다. 이것을 인류학자들은 '조기 출산'이라고 부르는데, 그로 인해 누군가의 보살핌을 받아야만 하는 인간의 의존성과 함께 교육을 받아야만 온전한 인간이 될 수 있는 '교육적 존재성'까지 부여된다. 다시 말해서 인간은 누군가에게 의존해야만 할 뿐 아니라, 교육을 받아야만 하는 존재자인 셈이다.

그런 점에서 의존해야 하는 사람과 교육받는 사람과의 관계 설정은 인간다움을 형성하는 핵심 변수가 된다. 최근 뇌과학의 성과들은 지나친 유아기 집중 경향, 즉 어렸을 때 형성된 뇌 연결망이 평생에 걸쳐 절대적인 영향을 미친다는 유아결정론에 대해서는 경계해야 한다고 말한다. 즉 노인이 되고 죽을 때까지 뇌의 연결구조가 바뀔 수 있는 가능성이 열려 있다는 사실을 확인하는 연구 결과들이 늘고 있다는 말이다. 물론 그렇다고 해서 어린 시절 의미 있는 타자와의 관계 설정이 미치는 힘을 과소평가해서는 안 되지만, 모든 것이 그때 결정된다는 식의 결정론은 경계해야 한다는 뜻이다.

어린 시절의 의미 있는 관계 설정과 교육을 통해 지성은 물론 감성, 도덕성의 토대를 쌓은 우리는 어느 순간 스스로 자신과 사회, 세계를 제대로 인식해야 하는 과제와 마주한다. 그런 순간에 대비해 시민사회에서는 자신의 시민들에게 교육을 의무이자 권리로 부여한다. 시민교육은 기본적으로 시민으로서 자신의 위상과 정체성, 의미를 깨우치는 교육임과 동시에, 자신이 속한 사회와 세계를 제대로 볼 수 있는 안목과 자세를 함양하는 교육이다. 그렇게 자기인식의 과제를 수행하는 과정에서 각 분야 전문가들의 도움을 받을 수 있고 또 필요한 경우 꼭 받아야 하지만, 디지털 사회로 급속히 재편되면서 보다 쉽고 빠르게 전문적인 정보를 습득하거나 전문가를 만날 수 있는 길도 열리게 되었다. 전문적인 지식에 속하는 대표적인 예인 의료정보의 경우에도, 어떤 점에서는 너무 많은 정보를 빠르게 습득할 수 있어 어떤 방향의 치료를 받아야 할지 혼란을 빚는 상황까지 초래하고 있다.

그런 점에서 동서양의 근대 계몽주의 사회에서의 지식인과 21세기 현재 디지털 시민사회에서의 지식인의 위상은 상당한 차별성을 지닌다. 우선 우리 시대의 지식인은 전문성에서 지속적인 위협을 받을 수 있고, 그만큼 권위가 쉽게 무너질 수 있는 가능성도 열린다. 더 큰 차이는 그 지식인도 시민이라는 점이다. 신분이 달랐던 이전 시대와 가장 차이가 나는 지점이고, 꼭 유념해야 하는 지점이기도 하다. 토마스 홉스의 『리바이어던(Leviathan)』이나 퇴계 이황의 『성학십도』의 서문에는 어김없이 당시의 통치자에게 바치는 책이라는 헌사가 붙어 있다. 그런데 우리 시대의 지식인들은 그 헌사를 자신이 목표로 하는 진리의 세계나 책을 읽어줄 시민에게 바쳐야 한다. 조선을 상징하는 선비 중 한 사람인 남명 조식을 주제로 삼는 이 책의 저자인 필자도 마찬가지다.

우리가 넘어진 곳

✳   우리는 20세기 역사를 역동적으로 살아냈을 뿐만 아니라, 민주화와 산업화는 물론 백범 김구가 그토록 열망했던 문화적 힘까지도 확보하기 시작했다.

> "나는 우리나라가 가장 부강한 나라가 되기를 원하지 않으며, 남을 침략하는 것을 원치 않는다. 오직 한없이 가지고 싶은 것은 높은 문화의 힘이다."('우리가 바라는 나라', 『백범일지』, 돌베개, 1997)

고려를 상징하는 선사 보조 지눌은 우리가 길을 걷다가 넘어졌을 때는 먼저 그 넘어진 곳을 살펴서 딛고 일어설 수 있는 것을 찾아야 한다고 강조했다. 우리는 지금 넘어졌다. 특수훈련을 받은 우리 군인들이 그 총칼을 국민들에게 들이대는 장면을 모두가 속절없이 지켜보아야 했다. 부마항쟁과 광주민주화운동, <서울의 봄>에서 익히 보았던 장면이지만, 온전히 극복해낸 줄 알았다. 더 곤혹스러운 것은 그 일을 저지른 사람과 지지자들이 아무렇지도 않게 거짓말을 하는 부도덕성은 말할 것도 없고, 법률 전문가를 자처하면서 자신들의 이해관계를 중심으로 합법과 불법을 규정짓는 파렴치한 모습을 보여주었다는 사실이다.

시민교육과 도덕교육 전문가라는 정체성과 위상을 부여받고 있는 필자는 이런 당혹감과 함께 그 배후에 있는 더 심각한 문제를 떠올릴 수밖에 없었다. 그것은 바로 '학교 공부를 잘한 사람들의 민낯'이다. 물론 우리들의 문제만은 아니다. 이미 지난 2008년 세계적인 금융위기 상황 속에서 하버드나 예일대 경영대학원 출신의 공부를 잘한 자들의 파렴치함은 극에 달했다. 그들은 자신들이 불러온 비극에 대한 일말의 책임감도 없이 자신들의 성과급을 망설이지 않고 택하는 뻔뻔함을 보여주었다. 대통령 윤석열과 그 주변 사람들은 우리나라에서 가장 인정받는 대학을 나왔을 뿐만 아니라, 각각 사법시험과 행정고시를 통과한 시험의 귀재들이기도 하다. 시험으로 상징되는 학교 교육의 성과에서는 그 누구 못지않은 성과를 보여주는 데 성공한 자들인 것이다.

이들의 끝없는 추락은 도대체 어떻게 설명할 수 있을까. 이성(理性)에 부합한다는 뜻을 갖는 합리성(合理性)은 서구가 주도해서 전 세계로 확산시킨 근대사상의 핵심 개념이다. 개인과 사회의 모든 영역은 이제 합리성에의 지향을 당연한 것으로 받아들이는 수준을 넘어, 그렇지 못하다는 뜻의 불합리나 비합리는 도덕적 영역까지 침범하면서 자리 잡았다. 우리도 '비합리적인 사람'이라는 외부의 평가를 치욕으로 여기게 되었을 정도다. 교육영역에서도 마찬가지다. 교육의 주된 목표는 합리성의 추구가 되었고, 그것은 일정 수준에서 성과를 보여주기도 했다. 사회 전반은 물론 일상의 불합리한 측면들을 극복하는 기준이 되어준 것이다. 그래서 우리 사회는 더 투명해질 수 있었고, 합리적으로 생각하고 행동하지 않는 사람들에 대한 처벌을 통해 개인의 도덕성까지 증진시킬 수 있었다.

합리성이 도덕성 영역까지 지배하게 된 상황은 그러나 어느 순간 합리성이 지니고 있었던 목적의 세속화와 함께, 자신의 이익을 빠르고 철저하게 계산하는 능력으로 자리하게 되었다. 그 결과 보다 많은 교육을 받은 사람이 자신의 이익을 계산하는 데서 탁월함을 보여주게 되었고, 그에 부합하는 도덕성 영역은 지속적으로 약화되다가 어느 순간 거의 무시해도 될 정도의 문제로 전락했다. 이것이 '학교 교육을 잘 받은 사람의 일그러진 얼굴'을 설명할 수 있는 틀 중 하나다. 물론 우리를 비롯해서 불교와 유교를 주된 사상적 배경으로 택해온 문화권에서는 공식적으로 학교 교육에서 도덕교육을 경시하지는 않았다. 한국과 중국, 일본 모두 학교 교육과정에 도덕 교과가 필수로 개설되어 있고, 대체로 일주일에 한두 시간 정도의 도덕수업을 받으면서 삶에서 도덕과 도덕성이 차지하는 의미와 비중, 역할 등에 관한 생각을 할 수 있는 기회를 부여받아왔다.

이 도덕 교과의 성과에 대한 평가는 이중적이다. 한편으로는 한국이나 일본 같은 훨씬 더 안전하고 깨끗한 나라가 도덕 교과의 역할 때문이라는 평가가 있는가 하면, 다른 한편으로는 입시위주의 학교풍토 속에서 그 교과는 명목만 유지하고 있을 뿐 실제로는 겉으로 도덕적인 체하는 이중인격성을 길러주는 성과 말고 무엇이 있느냐는 부정적인 평가도 있다. 두 평가 모두에 귀를 기울일 필요가 있다. 각 문화권이나 나라에 따라 도덕교육에 대한 접근은 다를 수밖에 없고, 우리의 경우 종교이자 윤리로서 유교에 기반한 수신(修身) 교과를 19세기 말에 근대 교과로 재구성한 이후로 현재까지 교과적 접근을 유지하고 있다.

그런 노력에도 우리는 지금 넘어져 있다. 학교성적과 시험성적이 그토록 눈부시게 좋았던 사람들의 민낯에 담긴 비루함은 견딜 수 있는 수준을 훌쩍 넘어서 있고, 그런 자들이 가진 제한없는 권력은 수많은 사람들을 두려움에 떨게 하거나, 명령불복종으로 자신의 경력을 송두리째 뺏기지 않을까 하는 우려를 가져다주었다. 바로 이것이 우리가 넘어진 땅이다. 두려움과 우려를 잠시 떨치고 넘어진 이 땅을 있는 그대로 바라보고자 하는 일이 모든 일의 출발점이다.

그것은 바로 합리성이 지속적으로 밀어내버린 도덕성에 관한 관심과 회복이다. 몸과 마음을 모두 가지고 살아야 하는 우리 인간은 자신의 몸을 위해 때로 이기적으로 행동할 필요도 있다. 그것이 바로 생존(生存)의 차원이고, 불교 개념을 빌리면 생멸(生滅)의 경지다. 우리의 몸은 생명을 부여받은 후 성장하고 유지되다가 어느 순간 죽음을 맞음으로써 소멸한다. 그 과정에서는 에너지 또는 기운(氣運)을 부여받을 수 있는 물질들을 확보해야 한다. 그러나 동시에 마음을 가지고도 살아야 하는 우리는 삶의 의미 또는 가치에 관한 물음으로부터 결코 자유로울 수 없다. 그것이 바로 실존(實存)의 차원이자 불교적으로는 진여(眞如)의 경지다. 불교의 영향을 받은 성리학자들은 그것을 리(理)와 기(氣) 사이의 관계설정 문제로 재구성해서 다양한 형태의 리기 논쟁으로 이끌었다.

생존과 실존, 생멸과 진여, 기와 리 사이의 관계맺음은 우리 삶의 필수 요건이다. 만약 이것을 제대로 해내지 못하면, 그 삶은 자칫 짐승만도 못한 것으로 전락할 수 있다. 짐승들은 본능에 자동적인 통제 기능을 부여받고 있기 때문이다. 이 두 차원은 하나도 아니고 그렇다고 해서 둘도 아닌 관계를 맺고 있다. 그것을 불교에서는 불일불이(不一不二)라는 말로 설명하고, 축약해서 불이(不二)라고 부른다.

올바름으로서 정의와 교육 문제

✽ 좋은 삶은 올바른 삶을 포함할 수 있을까. 우리 일상에서 통용되고 있는 보이지 않는 기준에 의하면, 꼭 그렇지는 않은 것 같다. 좋은 삶이 주로 쾌락과 즐거움을 보장해주는 삶으로 받아들여지고 있는데, 올바른 삶은 이런 쾌락과 즐거움을 무시해야 한다거나 때로 해치는 것까지를 포함하는 것으로 해석되는 경향이 있다. 정말 그럴까? 사실 좋음과 옳음 사이의 관계에 관한 물음은 소크라테스까지 거슬러 올라가는 서양윤리학의 오래된 쟁점이다. 소크라테스와 플라톤, 아리스토텔레스에 이르는 고대 아테네의 철학자들은 기본적으로 어떻게 사는 것이 잘 사는 것이냐를 문제 삼았다는 점에서 동시에 윤리학자이기도 했다. 아리스토텔레스가 사용한 말 중에서 언제부턴가 행복으로 번역되어온 에우다이모니아(eudaemonia)는 '다이모니아'라는 이상적 삶을 향한 열망을 포함함으로써 올바름과 좋은 삶을 분리하지 않는 것이었다.

우리 삶을 포함한 존재의 실상을 있는 그대로 바라보는 것이 지혜의 출발점이라고 본 붓다의 윤리 또한 올바름과 좋음을 분리하지 않는 것이었고, 하늘의 명령을 인간의 본성으로 설정한 공자와 맹자의 올바른 삶을 향하는 지향 또한 그 둘의 긴밀한 연계를 포함하는 것이었다. 서양 고대사상에서 다이모니아는 이데아를 전제로 하는 것이었고, 그것은 다시 그리스도교의 신(神)과 근대계몽주의의 이성(理性)으로 바뀌었지만 좋음과 올바름의 미분리라는 특성은 그대로 유지하고 있었다. 그것이 19세기를 전후하여 급속한 세속화 과정과 함께 과학기술의 위상 강화와 연결되면서 의미의 획기적인 전환으로 이어졌다. 현실에서 출발해서 이데아까지의 거리를 계산하던 능력이자 그 거리를 좁히고자 하는 실천적 열망으로서 해석되던 이성이 이제는 자신의 이익을 거리낌없이 계산하는 능력으로 바뀐 것이다. 인간학적으로는 호모 에코노미쿠스(Homo economicus)로의 전환이고, 윤리학적으로는 자신들의 이익이 출동할 경우 조정하기 위한 협의와 협약의 산물로서의 도덕으로 전환한 것을 의미한다.

이런 맥락에서 정의 문제를 바라보면, 정의는 자신들의 이익을 공정하게 분배하는 문제로 축소되고 만다. 물론 분배정의는 정의론의 중요한 주제 중 하나임에 틀림없지만, 그 이전에 정의는 올바름의 지향이다. 그것은 동서양의 전통적인 정의담론이 공유하고 있는 것이었고, 칸트를 계승했다고 평가받는 미국 정치철학자 롤스(John Rawls)가 끝까지 포기하지 않고 싶어했던 지점이기도 했다. 그러나 정치적 다원주의를 다른 한편으로 받아들여야 했던 롤스는 정의의 범위를 공정성으로서 정의로 축소시키고, 그것을 확보하기 위한 형식적 절차와 원칙을 중심으로 정의론을 펼칠 수밖에 없었다.

형식적 절차와 원칙에 초점을 맞추는 정의론은 민주자본주의 사회를 채택한 우리들에게 소중한 철학적이고 정치적인 자원이다. 자신의 생존을 책임지는 과정에서 생길 수밖에 없는 분배를 둘러싼 갈등을 해결하기 위한 최소한의 기준을 마련하는 일이 중요하고, 그런 정의론에 입각해서 사회 전반의 공정성을 확립하는 데서도 결정적인 도움을 받을 수 있기 때문이다. 그러나 우리 삶과 사회의 올바름 지향은 그런 분배의 차원을 포함하면서 더 깊고 넓은 차원을 지닌다. 다시 말해서 올바름의 차원을 지니는 것이다. 정의의 한자어 뜻 그대로 '바르고 옳은 삶과 사회'를 추구하는 것이 곧 정의이다.

이런 관점에서 정의 문제를 바라보고자 할 때, 우리가 떠올릴 수 있을 뿐만 아니라 꼭 떠올려야 하는 학자 또는 지식인은 누구일 수 있을까. 이 물음 앞에서 우리는 쉽게 앞의 롤스나 샌델(Michael Sandel), 센(Amartya Sen) 같은 학자를 떠올린다. 그들의 주장이 지닌 정교함이나 민주자본주의 사회와의 정합성 등을 생각하면 어쩌면 당연한 일인지 모른다. 그러나 우리가 지금 주목하고 있는 올바름으로서 정의 문제를 염두에 두면, 이들 현재 정의론자들은 모두 한계를 지니고 있다는 비판이 가능하다. 그들은 정의를 주로 분배의 문제로 환원하는, 환원론적 한계로부터 자유롭지 못하다. 게다가 그들이 모두 주로 미국을 중심으로 살면서 학문을 하고 있다는 점에서, 우리의 역사와 사회구조로부터 일정한 간극을 유지하고 있을 가능성에 대해서도 유념할 필요가 있다.

그런 유념을 전제로 우리 사상가 또는 지식인 중에서 불러낼 수 있는 정의론자는 누구일까. 필자는 단연코 남명 조식(南冥 曺植, 1501~1572)

이라고 생각한다. 그는 16세기가 막 시작되던 1501년 퇴계 이황과 같은 해에 태어나 일흔을 넘겨 장수한 조선 선비이다. 경상도 단성현감을 제수받고는 바로 사직을 청하는 소를 올렸는데, 그것이 바로 그의 이름을 다양한 방면으로 알리는 계기가 된 을묘사직소(乙卯辭職疏) 또는 단성소(丹城疏)이다. 공식적으로는 며칠 근무한 것으로 나오지만 실제로는 받아들이지 않고서, 평생을 처사(處士)로 살면서 조선을 대표하는 비판적 지식인이라는 평가를 받았다. 또한 그는 벼슬길에 나서지 않는 대신 평생에 걸쳐 제자를 기르는 교사이기도 했다.

우리가 넘어진 이 땅은 두 가지 결정적인 뿌리를 가지고 있다. 하나는 정의를 주로 자신의 권리와 이익을 계산하는 분배 문제로만 바라보는 정의론적 한계점이라는 뿌리이고, 다른 하나는 그런 정의론을 바탕에 깔고 이루어지고 있는 자기 이익 중심의 맹목적 경쟁교육에서 비롯되는 뿌리이다. 서로 긴밀하게 연결된 이 두 뿌리 사이를 슬기롭게 넘나들면서 문제를 바라보고 그 해소책을 함께 모색하지 않는다면, 우리의 현실과 미래 모두는 암담할 수밖에 없다. 바로 이 지점에서 남명 조식이라는 정의론자이자 교육자를 대화의 상대로 불러내고자 하는 것이 이 책을 만드는 주된 이유이자 배경이다.

광복과 한국전쟁의 굽이에서 할아버지가 집에 차려주신 독서당(獨書堂)에서 한학(漢學)만을 공부하셔야 했던 아버지는 내게 우리 유교의 초상 그 자체였다. 구식 혼례식장 축사나 약주의 힘을 빌려 끝없이 펼치시던 고통스러운 사서(四書)의 구절들은 내게 산뜻한 것일 수 없었다. 대학원에 진학하면서 우리 전통 공부의 필요성을 조금씩 느끼기 시작하면서도 석사와 박사학위 논문 주제를 각각 독일 현상학적 윤리학과 영미의 사회윤리학을 도덕교육적으로 해석하는 것으로 잡은 배경 중 하나이기도 했다. 그러나 학위를 하고 운이 좋아 한 학기 만에 대학 전임 자리를 갖게 된 후로는 그런 전통에 대한 열망을 계속 외면하기 힘들었다. 유교경전을 혼자서 떠듬떠듬 보기 시작했고, 불교공부는 마침 그즈음 문을 연 불교원전전문학림 삼학원(5년제)에 첫 입학생으로 등록하면서 본격적으로 할 수 있었다.

그러던 중에 서울을 중심으로 남명학을 연구하는 학술모임인 남명학회와 우연히 인연을 맺게 되었다. 마음을 나누는 선배인 서울대학교 사회교육과 조영달 교수님이 남명학회장을 맡게 되면서 내게 함께해 보자고 제의를 해온 것이 계기가 되었다. 그 후로도 20여 년 정도의 시간을 공유하면서, 같은 사회교육과의 박성혁 교수, 독어교육과의 권오현 교수 등과의 인연으로 확장되었고 주로 학술과 편집일에 관여하면서 오늘에 이르고 있다.

같은 해에 태어나 평생을 서로 의식하면서 보낸 퇴계 이황에 비해 남명 조식은 저술을 많이 남기지 않았다. 공자와 맹자를 비롯한 앞선 선배들이 이미 밝혀 놓은 진리를 일상에서 실천하기에도 버겁다는 판단 때문이었다. 그런 점에서 남명은 실천 중심의 비판적 지식인으로서 조선을 대표하는 선비라고 할 수 있다. 기준에 따라 다를 수 있겠지만, 그와 동시대를 살아낸 퇴계, 율곡과 함께 조선을 상징하는 세 선비 중 하나로 꼽기에 부족함이 없다. 특히 그의 선비정신은 자신의 내면세계는 경(敬)으로 성찰하고, 타인이나 사회와 관계를 맺을 때는 의(義)

를 중심에 두어야 한다는 경의론과 그것을 제자들에게 모범과 실천을 통해 전하고자 한 교육에서 두드러진다. 남명과 만나기 시작한 후 20년에 걸친 공부 성과를 정리해야겠다는 생각을 이렇게 구체화할 수 있어 기쁘다. 마침 우리 각자의 삶과 사회가 넘어진 땅을 살피면서 바로 그 땅을 딛고 일어서야 하는 과제와 맞물린 상황이어서 더 뜻깊게 다가온다. 덧붙여 거친 원고를 완성된 단행본으로 만들어준 도서출판 씨아이알 신은미 팀장께 고마운 마음을 전한다. 여런 번 저자와 편집자로 만나게 되는 인연의 심연을 기억하고 싶다. 마지막으로 표지의 성성자(惺惺者) 사진을 제공해준 남명학연구원 전 사무국장 조구호 박사께 고마운 마음을 전한다. 성성자는 남명이 일상에서 늘 자신을 성찰하기 위해 차고 다닌 방울이다. 오래 나누어온 그와의 우정은 내 삶에 실존적 윤기를 더하는 원천 중 하나이다.

2025년 봄을 맞으며
박병기 드림

차례

들어가는 글   vi

1부 우리 사회의 정의 문제와 남명사상

1장 우리 사회의 정의 담론과 남명의 의론   5
2장 남명의 선비정신과 시민윤리, 교육   31
3장 정의의 동양사상적 맥락과 21세기 한국사회   52

2부 우리 시대의 교육 문제와 남명의 실천

4장 남명의 경 사상에 기반한 우리 인성교육의 방향   83
5장 '교사로서 남명'의 권위에 관한 현재적 해석   118
6장 도덕함의 모형으로서 남명의 삶과 실천   143
7장 2022 도덕과 교육과정의 인간상과 남명의 도덕함   174

3부 남명사상의 포용성과 현재성

8장 한국윤리사상의 전개와 남명의 현재성   203
9장 남명의 현실인식과 불교관   227

나가는 글   253
미주   259
참고문헌   273

1부

우리 사회의 정의 문제와 남명사상

(1장)

우리 사회의 정의 담론과 남명의 의론

우리 사회의 정의와 공정에 대한 담론

✸   개화기 이후 쇄국과 개방의 줄다리기 속에서 결과적으로는 수동적이고 패배주의적으로 받아들일 수밖에 없었던 우리의 근대는 지금 우리가 사용하고 있는 거의 모든 개념들의 균열을 불러왔다. 리기(理氣) 또는 이사(理事)의 대대적인 관계망 속에서 사용되던 철학 개념들이 분리되면서, 리(理)는 서구적 진리 개념이나 하나님으로 대체되는 경향이 나타났고, 기 또는 사는 파편화되어 '기운이 없다.'라거나, '이제 이판사판이여!' 같은 통속적인 문장 속에서나 그 흔적이 남아 있게 되었다.

전통적인 철학 또는 인문학 개념들을 대체한 것은 그런 상황과 먼저 마주해야 했던 19세기 중반 이후 일본 지식인들의 번역어였다. 필로소피(philosophy)의 번역어로 최종 선택된 철학(哲學)이 대표적인 예이고, 윤리와 도덕, 정의 등의 개념들이 각각 에틱스(ethics)와 모럴(moral), 저스티스(justice) 등의 번역어로 채택되어 현재에 이르고 있다. 문화가 만나는 접점에서 벌어질 수 있는 일상적인 일로 볼 수 있고 또 그 번역어 채택 과정에서 벌어진 논란과 논의 과정이 지니는 의미에도 주목할 필요가 있다. 그러나 그런 긍정적인 차원과 함께, 특히 그 전통 개념들이 철학이나 사상적 배경을 지니고 있는 경우에는 많은 왜곡의 가능성을 피할 수 없고 때로 전통과의 대화를 단절시키는 결과로 나타날 수 있다는 점에도 충분히 주목할 수 있어야 한다. 하나의 범주에서 사용되는 개념이 다른 범주로 옮겨가면서 나타날 수 있는, 이른바 '범주의 오류' 문제를 무시할 수 없기 때문이다.

요즘 우리 사회에서 다시 부각되고 있는 공정 담론은 '공정과 상식'을 기치로 내걸고 집권한 정권이 보여주고 있다는 비판을 받은 다양한 불공정과 비상식이 그 배경을 이루고 있는 것으로 보인다. 2008년 세계적인 금융위기를 맞으면서 확산한 불공정과 엘리트들의 부도덕에 관한 저항감으로 정의를 주제로 다룬 철학책이 베스트셀러가 되는 현상을 우리는 경험한 적이 있다. 마이클 샌델의 『정의란 무엇인가(Justice: What's the Right Thing to Do?)』(김영사, 2010)는 200만 부 이상 팔렸고, 그 열풍을 타고 샌델의 논의가 한국사회에서는 어떻게 적용될 수 있을지를 놓고 다양한 주장들이 나오기도 했다.[1]

그런 열풍이 잦아들었다고 평가할 만한 2024년을 기점으로 다시 우리 사회에 공정 담론이 부상하기 시작한 것은 한편으로 특정 정권의 행태에 대한 비판에서 시작된 것이지만, 다른 한편으로는 지금 이 시점에서 우리에게 공정이 무엇을 의미하는지에 관한 의견 대립의 양상으로 전개될 수 있는 씨앗을 담고 있을 수 있다는 짐작을 하게 한다. 김대중, 노무현 정부로 상징되는 민주화 세력과 이명박, 박근혜, 윤석열 정권으로 대표되는 이른바 산업화 세력 사이의 대립이 갈수록 격화되고 있고, 그런 정권 교체의 흐름을 만들어낸 우리 민주주의의 형식적인 성취와 함께, "흰 고양이든 검은 고양이든 쥐를 잡는 것이 중요하다."는 덩샤오핑의 흑묘백묘론(黑猫白猫論)이 지니는 강력한 힘을 실감할 수 있는 상황과 마주하고 있기도 하다.

현재 우리 사회에서 제기되고 있는 공정 담론에서 핵심 개념을 이루고 있는 공정(公正)은 그럼 어떤 의미와 배경을 지니고 있는 개념이고 또 개념일 수 있을까? 물론 이런 질문에 관한 답을 직접적으로 구하지 않고도 우리 마음속에 있는 어떤 기준인 일종의 정의감에 바탕을 두고 느낄 수 있고 또 그 느낌에 근거해 행동할 수도 있다. 실제로 최근 뇌과학의 연구 결과에 따르면, 3개월 정도 된 아기들도 공정성을 지향하는 태도를 보여줄 수 있는 것으로 확인되고 있다.[2] 이와 같은 아기들의 공정 감각은 부모와 같은 외부 세계와의 접촉으로 형성되었다고 보기에는 그 형성 기간이 너무 짧다는 점에서, 인간들이 모여 살기 시작하면서 축적한 문화유전자가 디엔에이(DNA) 속에 새겨져 있는 것이라고 보는 것이 더 합당하다는 해석이 설득력을 지닌다. 그렇게 인간의 유전자에 새겨진 공정의 기준은 동서양의 윤리학사에서 대승불교의 불성(佛性)이나 맹자의 선한 마음[性善心], 칸트의 양심 개념 등으로 정착하여 우리에게 전해지고 있다.

그런데 현재 우리는 시민이 주인공인 시민사회에 살고 있다. 물론 그 시민사회의 양상은 각 문화권 또는 나라의 전통과 민주화 과정에 따라 많이 다른 모습을 지니고 있다. 일본이나 영국, 노르웨이 같이 아직도 왕을 인정하는 시민사회가 있는가 하면, 다수의 표를 획득한 정당이 중심이 되어 정부를 구성하는 내각제를 기반으로 하는 시민사회도 있고, 우리나 미국처럼 다수의 표를 얻은 사람이 권력의 정점을 차지하는 대통령제를 기반으로 하는 시민사회도 있다. 그럼에도 이런 다양한 형태의 사회가 시민사회로 인정받기 위해서는 권력이 시민으로부터 나와야 하고, 법에 근거하여 정치가 펼쳐져야 하며 누구에게나 자신에게 필요한 재화를 획득할 수 있는 기회를 제공하는 경제민주화가 이루어져야 한다. 그런 공통의 기반을 전제로 각자의 역사와 문화를 현재적으로 반영하는 특수성이 받아들여지고 있는 셈이다.

현재의 시민사회에서 공정은 구체적으로 최소한 세 가지 지향점을 갖는다. 첫째는 정치적 자유의 지향이고, 둘째는 경제적 평등의 지향이며, 셋째는 그런 지향들이 동료 시민들과의 관계 속에서 세계로 열려 있어야 한다는 세계시민적 지향이다. 이런 세 지향점들은 서로 긴밀한 연계성을 지니지만, 그렇다고 해서 그중의 어느 것으로 환원되는 것은 아니다. 그런데 이런 지향점 중에서 어느 것이 더 우선권을 부여하느냐는 그 사상적 배경을 어느 것으로 잡느냐에 따라 달라질 수 있다. 정치적 자유에 우선권을 두는 자유주의와 경제기반의 평등에 우선권을 두는 사회주의, 세계시민적 지향에 우선권을 두는 세계시민주의 등이 그 예들이다.

각각의 공정성 담론은 의미와 한계를 동시에 지닐 수밖에 없다. 자유주의 담론의 경우 평등의 문제에서, 사회주의 담론의 경우 자유의 문제에서, 세계시민주의 담론의 경우 '사회성 모둠'의 내집단 편향이 지니는 힘을 경시하는 문제를 드러낼 수 있다. 이런 각각의 한계와 함께 현재 우리가 접하고 있는 공정성 담론이 지닌 공통의 문제는 모든 담론의 주체로 상정되어 있는 시민의 내면에 덜 주목함으로써 구체적인 실천의 영역으로 넘어오면 노출시키게 될 가능성이 높은 실천적 한계이다. 또 한 가지는 각자의 관점을 고집함으로써 커질 수 있는 통약불가능성의 문제를 들 수 있다. 자신의 관점만이 옳다고 확신함으로써 다른 관점을 지닌 사람과의 공존(共存)을 점점 더 어렵게 만드는 극단적인 대립 양상은 이미 우리 사회에서도 충분할 만큼 경험하는 중이다.

이런 관점 또는 담론의 대립 상황 속에서 우리는 어떤 대안을 생각할 수 있을까. 이 물음에 관한 한 가지 정답은 있을 수 없지만, 그럼에도 이 상황을 방치하는 것은 더 나쁜 결과를 충분히 내다보면서도 아무것도 하지 않는 '하지 않음의 윤리 문제'를 방치하는 것이다. 이럴 때 우리가 찾을 수 있는 대안은 많지 않지만, 현실을 있는 그대로 알고 보면서 주체적이면서도 실천적인 대안을 찾는 일을 더 미룰 수는 없다. 그 과정에서 그동안 우리가 제대로 해 오지 못한 대안 모색이 있음에 주목할 필요가 있다. 그것은 바로 우리 전통으로 눈을 돌려 그 현재성을 찾아보는 일이다. 서구학계에서는 일반화된 이 일을 우리는 무시 또는 과장이라는 오류를 일상적으로 범하면서 제대로 해 오지 못했다. 그 결과 현대 민주주의의 문제를 해결하기 위해서는 아테네 민주주의나 로마 공화주의로 돌아가 새로운 방향을 모색해야 한다는, 앵무새 같은 논의들 말고는 제대로 된 우리의 전통 정의 담론을 찾는 일이 매우 어렵게 되었다. 그 어려움은 우리 전통으로 돌아가면 현재의 모든 문제가 해결될 것처럼 말하는, 또 다른 극단적 담론에서도 동일하게 발견할 수 있다.

현재의 정의 담론에서 남명의 의론에 주목해야 하는 이유

남명의 의론과 경

✳   남명의 의론(義論)은 경(敬)에 관한 논의와 긴밀한 연계 속에서 전개된다. 경과 의(義) 사이의 이러한 밀접한 연계에 관한 고찰은 선진유교에까지 그 연원에 닿아있지만, 송대의 성리학에서 보다 정리된 모습을 보여준다. 그것이 조선 성리학으로 이어지면서 특히 경(敬)을 중시하는 경향이 두드러지게 나타나고, 퇴계의 경론(敬論)이 그 대표적인 경우이다. 남명의 경우에도 이러한 흐름에서 크게 벗어나는 것은 아니지만, 그는 특히 경과 의 사이의 긴밀한 연계성에 더 주목하고자 했다는 점에서 일정한 차별성을 확보한다.

손병욱은 송대 성리학의 일반적인 경 개념을 다음과 같은 세 명제로 요약하고자 한다.³ 첫째, 마음은 항상 제자리에 있어야 하고, 둘째, 항상 자각상태에 있어야 하며, 셋째, 동정(動靜)에 있어 항상 전일(全一)해야 한다는 것이다. 그는 이 세 가지 명제를 압축하여 경이란 '순수지선하고 깨어있는 의식으로 어떤 대상이든지 거기에 전일집중(全一執中) 내지 전일하는 것'이라고 정의하고 있다. 그에게 경이란 지금 여기에 나의 전 의식이 온전히 참여하고 있음을 의미함과 동시에, 그것을 가능하게 하는 마음 바탕이기도 한 셈이다.

남명의 경 개념도 이런 유학의 경 개념의 역사로부터 벗어나지 않는다. 마음이 발하지 않을 때의 함양(涵養)과 발한 이후의 성찰(省察)이 유교 마음 수행의 두 가지 방법으로 제시된 맥락과도 당연히 연결되어 있다. 이런 일관성을 유지하면서도 남명은 그 경이 구체적으로 발현되는 지점에서 의(義)를 필연적인 짝으로 상정하고자 하고, 바로 이 지점에서 남명사상의 주요 특성이 부각되기도 한다.

> "나는 일찍이 그대에게 작은 고을로 물러났다 그만두라고 권유하였는데, 지금은 그렇지 않습니다. 그대는 벌써 이름이 알려졌으니 고을을 다스리게 되면 그곳 사람들이 반드시 그 점을 생각할 것입니다. 따라서 한층 더 진가를 발휘하게 될 것이니, 물러나는 것이 더 크게 나아가는 것이 될 것입니다. **이 모든 것이 의(義)로써 헤아리기에 달려 있는데, 어떻게 생각하십니까?**"⁴

"이 모든 것이 의로써 헤아리기에 달려 있다."는 남명을 상징하는 명제이다. 이때 의는 당연히 경과 짝을 이루는 것이고, 또 짝을 이루고 있을 때라야 비로소 온전한 의로 볼 수 있다. 경을 중심에 두고 의로써 행한다는 주경행의(主敬行義)를 강조하는 남명의 철학은 이론철학과 실천철학이 연결되는 수준을 넘어 합일을 목표로 삼는 철학으로 볼 수 있다. 그는 자신이 모범을 보이고 제자인 오어사, 즉 어사 오건에게 벼슬길에서도 모든 것을 의로써 헤아려 결정하고 행동하라고 가르치고 있음을 확인하게 된다.

이러한 남명의 의론은 시민과 시민사회의 정의 문제를 고민하고 있는 우리에게 어떤 의미를 지닐 수 있을까? 모든 시민이 자신의 정의론을 갖고 있어야 할 뿐만 아니라, 그것을 일상에서 실천하고자 노력해야 한다는 당위적 요청을 전제로 이 물음에 관한 답을 찾아볼 수 있다. 여러 가지 답변들이 모색될 수 있지만, 필자는 그중에서도 가장 주목할 만하다고 판단하는 두 가지 점에만 주목해 보고자 한다.

첫째는 남명의 의론에서 볼 수 있는 경(敬)과의 연결 지점에 주목하는 답변이다. 우리 사회의 정의 담론은 존 롤스 등의 절차적 정의론 위주의 논의와 시민윤리의 최소 도덕 지향 등의 영향으로 정의감(正義感) 영역을 무시하거나 소홀히 다루는 한계를 드러내고 있다. 공정한 사회 또는 롤스의 표현을 빌면 질서정연한 사회로 가기 위해 정의를 확보할 수 있는 절차와 원칙의 중요성을 충분히 인정할 수 있다. 그러나 그런 사회를 실제로 구현하는 과정에서는 반드시 시민 자신의 정의감, 즉 보다 정의로운 사회를 이루어야 한다는 열망이 반드시 전제될 필요가 있다. 바로 이 지점에서 남명의 경에 기반한 의론은 그 연결고리를 강화할 수 있는 토대로서의 가능성을 충분히 지니고 있다는 평가가 가능하다.

둘째는 남명의 의론이 드러내고 있는 실천성에 주목하는 답변이다. 남명의 의론은 구체적인 삶의 현실 속에서 구현될 수 있을 때라야 그 완성을 보장하는 것이라는 결론에 이른다. 다시 말해서 일상에서 구현하지 못하고 있거나 구현할 수 없는 정의론은 단지 허학(虛學)의 한계 안에 머무는 것일 따름이다. 제자 오건에게 주는 서신에서도 확인할 수 있는 것처럼, 경에 기반을 두고 모든 것을 의로써 헤아릴 수 있게 되면 곧바로 실천이 뒤따라 나올 수밖에 없다. 그런 점에서 남명의 의론은 곧 실천 담론이자 실천 지침으로서의 힘도 담고 있다는 평가가 가능하다. 우리 정의 담론이 공허한 것으로 전락할 가능성이 없지 않은 시점에서, 그런 힘의 원천을 확인하고서 현재 우리 상황에 맞게 불러내고자 하는 노력은 현실 속 불의(不義)를 대하는 우리 시민 자신의 태도와 실천을 위해 의미 있는 대안으로 작동할 수 있을 것으로 기대한다.

롤스의 『정의론』 이후의 담론들

✳ 20세기 중반 이후 형성된 자본주의와 자유민주주의 중심의 세계 질서와 사회주의 중심의 질서가 대립하던 냉전기는 소련의 붕괴를 기점으로 민주자본주의의 일차적 승리를 선언한 것으로 보였다. 사회주의의 기본 틀은 어떻게든 유지하려고 노력하던 중국마

저 경제운용을 시장경제에 의존해 전개하면서 '역사는 끝났다.'라는 식의 성급한 결론이 나오기도 했다.[5] 그러나 21세기를 넘어서면서 미국 중심의 세계 질서가 흔들리는 모습이 나타났고, 우리가 함께 지켜본 것처럼 여전히 사회주의 국가를 선언하는 중국이 강대국의 양대 축을 형성하기 시작했다.

그런데 문제는 그 중국에서 사회주의가 가장 강조해 온 평등의 가치가 훼손되는 듯한 현상이 강화된 데서 생겼다. 자유주의 기반의 자본주의 사회에서는 이미 불평등 문제를 제도적으로 해소하고자 하는 이론적·실천적 노력들이 1970년대부터 나타났고, 그 상징적인 산물은 정치철학자이자 윤리학자인 존 롤스의 정의론이다. 베트남 전쟁을 기점으로 미국 사회의 불평등은 감내하기 힘든 수준으로 부각되었고, 그 문제와 정면으로 대결하지 않는다면 사회의 근간이 무너질 수도 있겠다는 문제의식에 기반한 이론적 대안을 제시하는 데 성공한 것이 바로 존 롤스였던 셈이다.

롤스의 정의론은 '최소수혜자의 최대 혜택'이라는 명제로 요약될 수 있다. 자유와 권리를 최대한 보장하고 그에 따라 나타날 수밖에 없는 불평등을 받아들이면서도, 하나의 사회가 지속가능성을 지닐 수 있으려면 그 사회에서 최소의 수혜를 누리고 있는 사람에게 최대의 혜택을 보장하여 자신의 인격적 삶을 보장받을 수 있도록 해주어야 한다는 것이 핵심이다. 그의 이러한 정의론은 1971년에 나온 『정의론』에 이어 『정치적 자유주의』, 『만민법』이라는 3부작을 통해 우리에게도 다양한 방식으로 소개되었다.[6]

물론 우리에게 정의론이 대중적인 관심사로 떠오른 계기는 앞서 언급한 마이클 샌델의 『정의란 무엇인가』가 이례적으로 베스트셀러로 떠오른 21세기 초반 이명박 정권 시절이다. 김영삼과 김대중 정권을 거치면서 구제금융 사태를 겪고 또 극복해 내는 과정에서 사회불평등이 확산되었을 뿐만 아니라, 그 불평등을 다양한 형태로 체감할 수 있는 소통망까지 정착하면서 나타난 현상이라고 볼 수 있다. 그 후 사회연결망서비스(SNS)가 스마트 기기의 보편화와 함께 일상으로 파고들면서 몰입감과 속도감, 과장성 등이 더해졌고, 이제는 누구라도 자신의 생활을 포토샵 기술로 촬영한 사진을 근간으로 삼아 세상에 내보일 수도 있게 되었다.

이러한 일상의 변화는 개인적 차원과 사회적 차원 모두에서 이루어졌다. 개인적 차원에서는 삶의 주된 목표가 남에게 보여주는 것 위주로 전환하는 결과를 낳았고, 사회적 차원에서는 끝없이 쏟아지는 정보의 홍수 속에서 가짜뉴스와 사실을 구분하기 어려운 상황으로 내몰리게 되었다. 그 결과 각자의 진영논리에 지속적으로 편입되는 확증편향이 일반화되었고, 정치적 대립의 심화가 서로를 처단의 대상으로 삼는 지경에까지 이르렀다. 우리는 그 불행하고 불길한 징후를 2024년 12월 3일 대통령 윤석열이 집단적 망상 속에서 저지른 비상계엄 사태를 통해 충분히 경험하고 있는 중이다. 그의 정당화 논변의 근거 중 하나는 야당 지도자의 독선이고 그 지점은 정당민주주의 관점에서 충분히 주목할 만한 요소가 있지만, 부정선거 음모론에 근거한 그의 행태는 결코 정당화될 수 없다. 물론 이런 현상은 우리 사회만의 것은 아니고, 미국의 트럼프 대통령이나 독일의 신나치주의 정당의 득세 같은 사례를 통해 이른바 선진국이라는 나라들에서도 피해갈 수 없는 현상임을 인식할 필요가 있다.

롤스의 정의론이 주로 미국의 베트남전 참전을 전후로 나타난 사회적 불평등 심화라는 현상을 배경으로 이루어진 것이라면, 이제 우리에게는 그의 정의론이 지니는 보편성을 충분히 인식하면서도 우리 시대와 사회에 맞는 정의 담론을 재구축해야 한다는 당위적 요청과 마주하고 있다. 이 요청에 응답하는 과정은 우선 민주자본주의를 전제로 자유와 평등의 조화를 꾀하고자 했던 롤스의 정의론이 지니는 보편성을 확인할 필요가 있다. 현재 우리 사회도 민주자본주의라는 틀을 전제로 형성되어 전개되고 있기 때문이다.

"그러면 하나의 이상은 다음과 같은 방식으로 제시될 수 있다. 시민들은 다음과 같이 합당한 존재가 될 수 있을 것이다. 이들이 서로를 세대에 걸쳐 사회적 협동의 체제에서 자유롭고 평등한 존재로 간주하고, 서로 간에 사회적 협동의 공정한 조건들을 제시할 준비가 되어 있고, 나아가서 자기 자신들의 이익을 희생하고서라도 다른 사람들도 동일한 협동의 조건들을 수용할 것이라는 전제하에 그러한 협동의 조건에 따라 행동하기를 동의할 때, 시민들은 합당하다 할 수 있다."[7]

롤스의 정의론이 전개되는 과정에서 주목할 만한 전환이 이루어진 핵심 개념은 합리성(rationality)과 구분되는 합당한 것(the reasonable)이다. 자신의 이익을 계산하는 능력을 주로 의미하는 합리성에 가치와 도덕의 차원을 부과하여 전개되는 합당한 것 또는 합당성은 질서정연한 사회의 시민들이 갖추고 있어야 하는 시민적 덕성의 핵심이다. 이 합당성은 '자신의 이익을 희생하고서라도 협동의 조건에 따라 행동하기를 동의할 때' 비로소 등장하는 개념이고, 그런 차원에서 시민윤리의 최소도덕과 최대도덕의 경계에 위치한 것이라는 평가가 가능하다. 시민들이 다른 사람에게 해를 끼치지 않아야 한다는 해악금지의 원칙을 넘어서서 자신의 이익을 희생하면서까지 협동의 조건들을 준수하겠다는 의지와 실천을 보여줄 수 있을 때라야 롤스의 자유주의 기반 이상적 시민사회인 질서정연한 사회가 가능해질 수 있다는 점에서 그러한 평가는 정당화된다.

합리성을 넘어 합당성에 이르는 롤스의 정의론은 자유주의 기반의 정의론이 지닐 수 있는 두 가지 주요 한계를 넘어설 수 있는 가능성을 보여준다. 하나는 개인의 자유를 최대한 보장하면서도 평등의 가치를 경시하지 않을 수 있는 정의의 원칙을 제시하고 있는 점이고, 다른 하나는 자유주의의 도덕적 기반을 합당성을 전제로 확보할 수 있는 가능성을 보여주고 있는 점이다. 전자의 경우 이미 많은 논의가 이루어졌기 때문에 여기서는 주로 후자에 집중하면서 롤스 정의론이 지니는 보편적 유효성을 살펴보고자 한다.

자유주의 도덕철학은 개인(個人, individual)의 독립성을 전제로 전개된다. 그 개인은 신을 비롯한 그 누구도 침해할 수 없는 고유한 존엄성을 지니고, 그 존엄성을 토대로 자유를 누릴 수 있는 권리를 갖는다. 이러한 권리는 정치적 자유와 경제적 사유재산권의 신성불가침으로 확장되었고, 어떻게 살 것인지를 문제 삼는 도덕철학 또는 윤리학 또한 그 개인이 자유와 사유재산권을 얼마나 확보할 수 있는지와 관련된 사회경제적 조건을 중요한 주제로 삼을 수밖에 없다. 그런 조건들이 확보된 후에 각 개인들이 어떻게 살 것인지는 각자의 몫이고, 그것을 프라이버시(privacy)라는 개념으로 정착시켜 궁극적으로는 도덕까지 사적 영역으로 넘기는 결과를 빚었다.

우리는 이런 자유주의 도덕철학이 각 개인의 자유와 권리를 보장하는 데 상당한 기여를 했음은 물론, 특히 사회적 약자의 존엄과 권리를 보장하는 데 중요한 기여를 했음을 알고 있다. 1987년 군부정권을 시민혁명으로 종식한 우리 시민사회 또한 그 후 40년에 걸친 시간 동안 개인으로서 시민의 자유와 권리를 획기적으로 보장해줄 수 있는 제도와 문화를 형성하는 데 성공했다. 여성과 장애인 같은 사회적 소수자 또는 약자의 권리 또한 여전히 미흡한 구석이 남아 있기는 하지만, 상대적으로는 괄목상대할 만한 진전을 이루어냈음을 부정할 수 없다. 그 과정에서 정의에 관한 전통 담론들은 아예 무시되거나 부정적으로만 소환되는 것이 일반적이었다. 특히 유교 전통의 경우 각 개인의 독립성을 인정하고 존중하는 과정에서 가족과 같은 관계와 공동체의 절대적 중요성을 강조하는 시대착오적 담론으로 인식되는 경우가 많았다.[8]

그러나 자유주의 기반의 정의 담론이 지니는 근원적인 한계에 관한 논의들이 지속적으로 축적되고 있는 상황에서 우리는 그 한계에 관한 적극적 인식과 함께 대안적 정의론을 모색해야 한다는 요청에 직면할 수밖에 없다. 자유주의는 우선 인간의 본성에 위배되는 전제를 지니고 있다는 비판으로부터 자유롭지 못하다. 인간의 본성에 이기심과 함께 공감 기반의 협력 지향성이 담겨 있다는 뇌과학적 증거들이 지속적으로 나오고 있다. 그것에 더해 인간의 온전한 독립성은 허구라는 사실 또한 경험적으로 검증이 끝난 명제가 되었다. 우리는 결코 혼자서는 존재할 수 없는 생물학적 속성을 지니고 있고, 타자와의 의존성은 단순한 윤리적 요청 차원을 넘어서는 사실적 설명의 차원에 속하는 것임이 밝혀지고 있다.

그런 맥락을 고려하여 새로운 정의론이 모색될 필요가 있고, 우리는 그 모색 과정에서 동서양의 정의론 전통에 새삼스러운 관심을 가지게 되었다. 마사 누스바움(Martha C. Nussbaum)과 같은 법철학자가 서양 고대의 정의 전통에 귀를 기울이면서 그 현재적 해석을 시도하고 있는 것이 대표적인 사례로 꼽힐 수 있다.[9] 이미 근대 이후 서구문화에의 편입이 일정한 수준 이상으로 전개된 21세기 우리 한국사회에서 이러한 대안들에 관한 관심과 검토는 자연스러운 일일 수 있지만, 우리의 경우는 우리 자신의 전통에도 주목할 수 있어야 한다는 요청으로부터 자유로울 수 없다. 그 전통 중에서도 불교와 유교 전통에 기반한 정의론을 재해석하는 노력이 필수적인데, 이 장의 논의는 남명의 의론(義論)을 현재적으로 재해석하는 것을 목표로 삼아 유교 전통의 정의론이 지닐 수 있는 의미와 한계를 함께 살펴보고 있는 중이다.

남명 의론의 특성에 주목하는 현재적 해석

남명의 의론이 갖는 두 가지 특성

❋   　　　　남명의 의론은 성리학적 기반보다는 선진유교적 뿌리를 갖는다는 것이 학계의 일반적인 견해이다. 그가 리기론(理氣論)으로 상징되는 정주학의 학설을 충분히 잘 알고 있었음은 분명하지만, 당대의 성리적학 논쟁인 사단칠정론과 같은 논쟁으로부터는 일정한 거리를 유지하고자 했다는 사실 또한 분명해 보인다. 그 이유는 선진유교에서 마련된 이론적 토대를 현실 속에서 구현하는 일만으로도 벅찬데, 번잡한 이론적 논쟁에 뛰어들 이유가 있겠느냐는 판단에 근거한 것임을 우리는 그가 남긴 많지 않은 글 곳곳에서 발견할 수 있다.

춘추전국 시대에 걸쳐 자리를 잡은 선진유교는 공자에서 맹자, 순자에 이르는 궤적을 지니고 있다. 공자가 이전의 주나라 전통을 모형으로 삼아 어떻게 살 것인지에 관한 이야기에 집중했다면, 맹자와 순자는 그 윤리적 이야기를 인간 본성과 연관지어 설명하면서 보다 완전한 인간이 되기 위한 수양(修養)에 집중했다. 공자가 살았던 춘추시대에는 그나마 주나라 전통의 흔적이 남아 있었지만, 맹자와 순자가 각각 살았던 전국시대 중기와 말기에는 그런 전통의 훼손 정도가 극심하여 각자의 삶 속에서 보다 나은 지향을 모색해야 했던 시대 상황과도 연결지어 볼 수 있는 지점이다.

그들의 뒤를 이어받고 있다는, 이른바 정통의식을 확립하고자 했던 주희에 의해 그중에서도 맹자 전통만이 인정받았고, 우리 역사 속에서도 역성혁명의 정당화 근거를 찾을 수 있다는 측면이 더해져 정도전에 의해 맹자에서 주희로 이어지는 전통이 정통으로 자리 잡았다. 그런데 남명의 시대는 그렇게 신흥사대부들과 이성계로 상징되는 군부의 결합으로 등장한 조선이 100여 년의 역사를 축적하면서, 왕조 성립 과정에서 스스로 소외를 택했던 사림(士林)이 정치의 주체로 등장하던 시기였다. 조선의 사림정치에 관한 평가는 다양할 수 있지만, 남명이 마주해야 했던 사림정치는 아직 초창기에 해당했기 때문에 장점과 함께 많은 문제점을 드러내기 시작했다. 특히 기존 기득권 세력과의 적대적인 관계 설정으로 말미암아 강한 반발을 불러와 일파의 사림 세력이 한꺼번에 몰락하는 사화(士禍)가 막 시작되던 때였다.

그런 시대 상황에 관한 인식 속에서 남명이 택한 길은 벼슬길에 나서지 않은 채 시대와 사회를 향한 비판을 주된 임무로 삼는 처사(處士)로서의 참여였다. 그 구체적인 방향에 있어서도 퇴계와 고봉 사이의 논쟁으로 상징되는 사단칠정론과 같은 논쟁으로부터 거리를 유지하면서, 자신의 일상에서 유교적 이상을 구현하고자 하는 실천을 중심에 두었다. 그 실천을 다시 자신의 제자들에게 확장하는 교육으로까지 연결지으면서, 남명은 조선을 상징하는 실천 중심의 선비이자 교육자로서의 위상을 확보할 수 있었다.

남명의 의론이 선진유교의 의론을 기반으로 하고 있다는 우리의 명제를 수용하고 나면, 다음 질문으로 구체적으로 그가 선진유학자 중 누구의 의론에 주목했는지를 살펴볼 필요가 있다. 이 물음도 상당

수의 선행연구를 통해 밝혀진 것처럼, 주로 맹자의 의론에 주목하여 그 의(義)를 경(敬)과 연계시켰음도 이미 충분한 논의가 이루어졌다. 그런데 여기서는 남명이 실천 중심의 처사였을 뿐만 아니라, 그 실천의 주된 부분이 제자 양성이라는 교육에 초점을 맞추고 있었다는 사실에 주목하여 보고자 한다. 맹자 또한 당대의 현실에 깊은 관심을 갖고 주변의 군주를 찾아다녔고 제자 양성에도 많은 관심을 기울였지만, 특히 교육 부분에 초점을 맞출 경우 더 주목해야 할 사람은 순자(荀子)이다.

순자는 성악설(性惡說)을 주장했다는 이유로 주희가 확립한 이른바 정통 성리학의 범주에서 배척당하는 인물이 되었고, 현재까지도 그 흔적이 남아 있다. 그러나 순자의 성악설은 그 성(性)을 그가 어떻게 정의하고자 했는지에 주목하면 충분히 재조명될 수 있을 뿐만 아니라, 오히려 21세기 뇌과학을 비롯한 과학적 검증을 통과하는 데 더 유리한 지점을 확보하고 있었다는 평가까지도 가능하다. 맹자와 같은 시대에 살면서 직접적으로 인간 본성 논쟁을 벌인 고자(告子)의 입장을 계승한 순자에게 본성은 선하지도 악하지도 않는 것이었다. 그 본성이 외부의 사물 또는 사건과 만날 때 등장하는 정(情)이 악한 쪽으로 흐를 수 있는 경향성을 지니고 있지만, 보다 구체적으로는 인간의 욕망이 작동할 가능성이 높아 본성이 악한 것으로 발휘될 가능성이 높다는 것이 순자 본성론의 핵심 주장이다.[10]

남명이 의와 짝을 이루는 경을 자신의 철학과 윤리의 핵심적인 개념으로 수용했지만, 그의 삶에서 더 크게 부각한 부분은 의였다. 퇴계의 경우 경이 더 부각했던 점과 비교되는 지점이기도 하다. 그럼에도 남명에게서 사회를 향하는 의는 반드시 내 마음을 향하는 경과 짝을 이루고 있어야만 한다는 맹자의 주장을 수용한 조선 선비 중 하나였음을 부정해서는 안 된다. 바로 이 지점이 남명의 의론을 현재적 관점에서 해석하고자 할 경우에 반드시 주목해야 하는 지점이라는 것이 이 장의 핵심 주장 중 하나다.

다른 하나는 그 의를 실천과의 긴밀한 연계성 속에서 확보하고자 했다는 점이다. 자신의 일상을 전제로 스스로의 삶과 제자들의 교육에 초점을 맞춰 구현하고자 한 것이 남명의 선비정신이 지니는 주요 특징 중 하나이다. 특히 주목해야 하는 부분은 그 교육이 제자들의 마음에 의(義)의 씨앗을 심어주어 임진왜란 당시에 경상도 전역의 의병장을 배출할 수 있는 토대가 되었다는 사실이다. 지금 우리에게 요청되는 새로운 정의 담론의 필요성에 부응하는 노력의 일환으로 남명의 의론에 주목하면서 바로 이 두 가지 특성에 특별히 관심을 가질 필요가 있다. 어쩌면 롤스 이후 정의 담론이 지니고 있는 결정적 한계인 실천 문제를 해소할 수 있는 대안이 될 수 있을 것이라는 기대를 하게 하는 지점이기도 하기 때문이다.

남명의 실천 중심 의론이 지니는 현재적 의미

✳ 남명의 의론이 지니는 실천적 특성은 다시 두 차원으로 전개된다는 것이 우리의 앞선 논의에서 확인한 결론이다. 하나

는 자신의 일상에서 스스로의 내면을 향하는 경(敬)의 내면적 실천성이고, 다른 하나는 제자와 사회를 향하는 외면적 실천성이다. 이 둘은 긴밀한 연계성을 지니고 있고, 그 연계성이 남명의 삶과 사상이 지니는 진정성의 근간을 이루기도 한다. 만약 그 둘이 분리되어 있었다면, 우리는 남명의 의론이 지니는 가치의 상당 부분이 훼손될 수밖에 없었을 것이라는 평가에 이르게 된다.

남명의 경에 기반한 내면적 실천성은 수양(修養)으로 구체화되고, 외면적 실천성은 당시의 불의(不義)를 대상으로 하는 상소와 같은 형태의 비판과 교육으로 구체화되었다는 우리의 판단은 그렇다면 현재의 정의 담론에서 어떤 실천적 의미를 지닐 수 있을까. 이 물음은 열린 성격을 지니고 있을 뿐만 아니라, 다층적인 논의를 필요로 하는 복잡성 또한 지닐 수밖에 없다. 그런 지점에 주목하면서 이 작은 논의의 결론 부분에 해당하는 이 지점에서는 롤스의 정의론과 그 이후의 정의 담론이 보여주고 있는 한계를 넘어설 수 있는 가능성에 주목하면서 조심스럽게 정리해보고자 한다.

첫 번째로 주목하고자 하는 지점은 현대의 정의 담론의 절차적 특성이 지니는 한계를 극복할 수 있는 가능성이다. 롤스나 샌델 등의 정의론은 기본적으로 정의의 원칙을 찾아가는 과정에 주목하는 특성을 지니고 있다. 각자의 이기심을 전제로 하면서도 함께 살아야만 하는 존재자로서 인간이 자신의 이익을 극대화하면서도 사회를 포기하지 않을 수 있는 정의의 원칙을 찾는 것이 그들의 주된 관심사이다. 이런 노력의 결과, 익명을 기반으로 하는 거대사회로서 현대 시민사회의 정의 원칙을 찾아내는 데 상당 부분 기여했고, 특히 정당한 분배를 위한 원칙을 찾아내는 데서 중요한 기여를 했다. 그러나 이런 절차적 정의 중심의 정의론은 그 절차를 준수할 수 있는 제도의 차원에 주목하게 하는 데는 성공했지만, 정작 그 절차를 준수하고자 하는 시민 개개인의 시민의식 또는 덕성을 소홀히 다루거나 아예 논외로 하는 결정인 한계를 드러냈다.

물론 샌델과 같이 정의론 강의를 주로 토론식으로 이끌어감으로써 정의를 주제로 삼는 비판적 사고력을 증진시킬 수 있는 구체적인 시민교육의 방법이 모색되었고, 그것은 다시 콜버그(Lawrence Kohlberg)에 의해 도덕성 발달론과 그 발달단계를 촉진할 수 있는 도덕딜레마 토론 수업 모형을 제시하는 구체적인 교육적 실천으로 이어졌다는 사실을 무시하자는 것은 아니다. 시민의식에서 비판적 사고력이 중심축을 이루고, 학교 교육을 중심으로 이런 역량을 길러주는 일이 시민사회의 형성과 유지에서도 결정적인 역할을 할 수 있음을 우리 역사 속에서도 확인할 수 있다. 그러나 시민의식은 비판적 사고력만으로 완성될 수 없을 뿐만 아니라, 그 사고력의 토대를 이루어온 서구적 이성(理性, reason) 개념사에서 당연한 것으로 받아들여진 삶의 이상(理想, ideal)에 괄호가 쳐지면서 결정적 한계를 드러내게 되었음에도 충분히 주목할 수 있어야 한다.

서구적 이성 개념의 역사는 우리 삶의 현실을 경시하지 않으면서도 이상향을 향한 열망을 포기하지 않은 플라톤적 이데아를 출발점으로 삼았다. 현실에서 이데아에 이르는 거리를 측정하는 계산능력으로서의 이성과, 그 거리를 헤아리면서 좁혀가고자 하는 실천적 노력으로서의 이성이 합해져 있었던 것이다. 그런데 그 이데아가 하느님으로 대체되었다가 근대 이후 각자의 몫으로 온전히 넘겨지게 되면서 극심한 혼란이 나타났다. 그 이데아가 주로 자신의 이익으로 대체되었고, 결과적으로 이성은 자신의 이익을 고립성과 이기성을 전제로 빠르고 정확하게 계산하는 능력으로 전락하고 말았다. 대한제국기 이후 근대 학교체제를 수입하여 정착시키는 데 성공한 우리 교육사에서도 최소한 21세기 접어든 이후에는 비판적 사고력 교육이 결과적으로는 자신의 이익을 빠르고 정확하게 계산할 수 있을 뿐만 아니라, 가능하면 양심의 가책을 최소화하면서 즉각적으로 취할 수 있는 추진력을 의미하는 것으로 자리 잡게 되었다.

남명의 의론이 지니는 실천적 특성의 첫 번째 요소, 즉 정의론이 그 뿌리를 자신의 내면세계에 두고 있어야 한다는 경(敬)의 자세는 이러한 현대적 정의 담론이 지니게 된 결정적인 한계를 근원적으로 넘어설 수 있는 기반을 마련해줄 수 있다. 이 대안적 견해에 따르면, 정의 담론은 더 이상 개인의 삶의 영역에 괄호를 치는 제도적이고 절차적인 차원에 제한될 수 없다. 정의 문제는 기본적으로 개인의 마음에 기반을 두고 있어야 하고, 그 마음이 바로 정의감(正義感)이다. 롤스가 자신의 두 번째 정의 관련 저서인 『정치적 자유주의』에서 집중적으로 보완하고자 했던 것이 바로 이 정의감 문제이다.

"나는 정치적 자유주의가 두 가지 근본적인 질문을 다룬다고 말한 바 있다. 첫 번째 질문은 자유롭고 평등한 존재로 간주되는 시민들 사이의 사회적 협동을 위한 공정한 조건을 구체화하는 데 가장 적합한 정의관은 무엇인가 하는 것이다. 두 번째 질문은 합당한 다원주의의 사실을 지속되는 자유로운 제도 안에서 인간 이성의 능력들이 작동하여 나타나는 불가피한 결과라고 본다면, 일반적으로 이해되는 관용의 근거들은 무엇인가 하는 것이다."[11]

이 두 번째 저서에서도 롤스의 주된 관심은 공정한 조건과 관용의 근거를 찾는 데 집중하고 있음을 확인하게 되는 인용문이지만, 그 배후에 숨어있는 합리적인 것에서 합당한 것으로의 전환은 정의 문제에서 궁극적으로는 각 시민의 정의감 문제를 도외시할 수 없다는 문제의식을 좀 더 부각시킨 것으로 해석할 수 있는 지점이다. 정의를 위한 절차와 제도에서 각 시민들의 정의감이 발휘될 수 있는 공간을 남겨두지 않는다면, 결과적으로는 그 제도와 절차의 허점을 파고들어 자신의 이익을 극대화하는 '극단적인 권력자'의 폐해를 막을 수 없음을 우리는 이미 충분히 확인하고 있다. 바로 이 정의감을 마련하는 방법은 학교 시민교육을 중심으로 하는 정의교육(正義敎育)에서 절차를 마련하는 논리적이고 비판적인 사고력에 못지않게, 정의감을 발휘할 수 있는 준비를 마친 시민이 등장할 수 있게 하는 교육적인 장치를 마련하는 것이다. 바로 이 지점에서 우리는 경(敬)에 기반한 의(義)를 강조한 남명의 의론을 현재적 의미를 부여하면서 다시 불러올 수 있다.

남명의 의는 인간의 선한 본성에 대한 맹자적 믿음에 근간을 두고 그 본성의 소리에 귀를 기울여 싹이 자라날 수 있게 하는 함양의 실천인 경(敬)의 태도와 자세에 토대를 둔다. 그런데 우리는 순자의 입장에 서더라도 인간의 마음속에 선함의 싹을 심을 수 있는 가능성에 대한 믿음에 주목할 수 있고, 그 방법론적 차원에서 일상의 사태 속에서 예(禮)를 실천하는 노력을 강조할 수 있다. 그런 점에서 보면 맹자와 순자는 인간이 선해질 수 있는 가능성이 있다는 믿음을 공유하고 있었고, 바로 그 지점에서 순자 또한 유교 전통의 맥 속에 포함시키는 것이 가능할 뿐만 아니라 외연을 넓히는 차원에서도 그렇게 할 필요가 있다는 지적이 가능하다.

남명의 의론이 지니는 두 번째 특징인 일상의 실천과 그 외연인 교육은 이 시대 정의론을 보완하기 위한 보다 더 실천적인 대안으로 해석될 수 있는 여지를 남긴다. 정의론이 실천적 힘을 확보하기 위해서는 반드시 일상의 실천적 차원을 포함하고 있어야 하고, 그 차원의 연속선상에서 교육의 중요성이 강조될 수 있다. 서양 도덕철학의 전통 속에서도 이미 아리스토텔레스의 반복적 실천을 통한 덕교육이 자리 잡았던 것처럼, 우리 정의교육의 장에서도 정의에 관한 숙고와 함께 일상의 정의가 문제되는 상황에 노출되었을 때를 대비한 실천적 정의교육이 실시될 필요가 있다. 이 교육은 다시 자신의 내면에 있는 정의감의 소리에 귀를 기울이는 함양의 방법과 이미 행해진 일을 대상으로 삼는 성찰의 방법으로 나누어 구체화될 수 있다.

대안으로서 남명의 정의론

✳ 우리 사회의 정의 문제는 어떤 방식으로든지 정의론 또는 정의 담론에 관한 관심을 불러일으킨다. 시민사회의 정의는 주로 공정성을 의미하는 것으로 받아들여지고 있고, 그런 점에서 보면 '바르고 옳음'이라는 의미를 지닌 정의(正義)는 '공정성으로서의 정의'를 주로 지칭하는 롤스의 저스티스(justice)와 일정한 긴장을 형성할 수 있는 가능성을 내포하고 있다. 우리가 동서양 전통의 정의론을 불러내고자 할 때 유의해야 하는 지점이다.

우리가 이 작은 논의를 통해서 주목하고자 했던 남명의 의론(義論)은 당연히 전통 담론이고, 그런 의미에서는 '남명의 정의론(正義論)'이라는 표현이 내용과 더 부합할 것이다. 같은 맥락에서 남명의 의론은 사회적 차원의 공정성 확보를 위한 요건이나 절차에 초점을 두는 현대 정의 담론과는 다르게 인간의 내면성에 주목하는 경(敬)의 실천적 윤리를 강조하고 있다는 점에도 주목할 필요가 있음을 강조하고자 했다. 그러한 경 기반의 의론은 일상의 실천과 교육이라는 실존적 지평으로 열리고, 바로 이 두 가지 특징에 주목하면 현대의 정의 담론이 결여하고 있는 실천성을 확보하는 과정에서 도움을 얻을 수 있을 것이라는 것이 이 논의의 주된 결론이다.

우리 사회에서 정의는 시민의 정의이고, 그 정의는 시민이 지니고 있어야 하는 최소도덕에서 출발해서 어떻게 살아야 할 것인가라는 물음에 관한 답을 모색하는 최대도덕 차원으로까지 열려 있을 필요성과 마주하고 있다. 후자의 물음을 각 개인의 사적인 영역으로 온전히 돌리고자 했던 자유주의 기반의 윤리와 교육 모두의 영역에서 상당한 수준의 문제들이 부각되어 있기 때문이다. 그런 차원에서 남명의 의론에 관한 현재적 주목과 해석은 단순한 이론적 차원의 보완을 위한 노력이 아니라, 현재의 실천과 미래의 교육까지를 포용할 수 있는 대안을 적극적으로 모색하는 일로 확장될 수도 있을 것으로 기대한다.

2장 남명의 선비정신과 시민윤리, 교육

우리 시대는 어떤 시대일까?

✷ 우리들의 시대는 선비의 시대가 아니다. 스스로 선비임을 자처하거나 좋은 뜻에서 '선비 같은 분'이라고 부르는 경우가 없는 것은 아니지만, 그런 경우에도 이 시대가 선비의 시대라고 전제하고 있지는 않다. 단지 과거에 존재했던 이상적인 인간상으로 선비를 그리고 있을 뿐이다.

그렇다면 이 시대의 주인공은 누구인가? 그들은 바로 시민(市民)이다. 이 시민을 국가를 단위로 하여 부를 때는 국민이 되고, 그들은 곧 국가의 주인이기도 하다. "모든 권력은 국민으로부터 나온다."는 민주주의의 기본원리는 우리의 헌법에도 분명하게 명시되어 있다. 물론 시민은 이 국가와 일정하게 차별화되는 시민사회의 주인을 일컫는 개념이고, 때로는 국가를 초월하여 세계시민으로 설 수도 있다는 사실도 함께 고려되어야 한다. 그러나 그 세계시민은 동시에 한 국가의 시민임을 전제하지 않을 경우, 자칫 국적을 상실한 공허한 개념이 될 수 있음을 동시에 유념해야 할 것이다.

우리의 사회와 국가도 이미 시민이 주인공이 되는 민주국가이자 사회가 된 지 오래이다. 제도적으로는 광복 이후 남북한에 각각의 정부가 들어선 이후부터 시민 또는 인민(人民)이 주인공으로 대접받아야 한다는 헌법적 질서가 성립되었고, 그 이후 이승만 정권과 박정희, 전두환 정권과 같은 독재 정권의 압제에 맞서 싸워 1980년대 중반 이후에는 점차 현실 생활 속에서도 시민이 주인이 되는 상황으로 전개될 수 있었다. 우리는 그 과정을 민주화라고 부른다.

이 민주화 과정은 1960년대 이후 전개되었던 산업화 과정과 긴밀한 연계성을 지닌다. 절대빈곤을 극복하고 일정 분야에서는 세계를 이끌어갈 수 있는 기술력을 갖춘 국가로 성장할 수 있는 기반을 닦은 이 산업화의 여정은 그러나 시민의 권리를 과도하게 억압하고 통치자에 대한 최소한의 비판마저 용납하지 않는 방식으로 전개되었고, 그것이 한계에 도달하면서 대학생 중심의 저항운동은 시민들이 함께하는 민주화 과정으로 질적 전환이 이루어질 수 있었다. 그 결과 우리는 20세기 세계사에서 유례가 드문 민주화와 산업화라는 두 가지 목표를 동시에 달성한 나라가 되었다.

물론 이러한 20세기 중반 이후의 민주화는 그 뿌리가 19세기의 동하과 20세기 초반 일제강점기 독립운동에 닿아 있다.

"이런 의미에서 1860년대 동학의 탄생은 한국적 근대의 시작이라고 해도 과언이 아니다. … 한국적 근대의 특징은 유학과의 긴장 속에서 탄생했다는 것이다. 이것은 서구적 근대가 중세와의 긴장 속에서 탄생한 것과 대비된다. 즉 한국적 근대는 유교적 질서와는 다른 질서를 모색한 데서 시작되었다."[1]

"특히 임시정부 답사는 우리 역사의 흐름에서 시간의 단절과 공간의 확대에 대한 고민을 던진다. 3·1운동과 대한민국 임시정부는 새로운 시대에 대한 관심이 큰 사건이었다. '독립'을 외쳤던 이들은 대한제국으로 돌아간다고 생각하지 않았다. 독립은 '국가 건설'의 과정이었다. 조선과 대한제국의 역사와 단절하고 세우는 새로운 국가는 '황제'가 주권자인 나라에서 '시민'이 주권자인 나라로 바뀌어야 했고, 이 생각은 한번 세상에 표출된 후 다시 돌아가지 않았다."[2]

동학과 대한제국, 3·1운동으로 이어지는 우리 근대사는 기본적으로 민주화의 역사, 즉 시민이 주권자가 되는 여정이었다고 평가받아 마땅하다. 비록 그 결과가 온전한 독립운동에 의해 주어지지 못한 채 미군과 소련군에 의한 점령이라는 불완전한 독립으로 주어졌다고 해도 이 저항과 독립의 기억은 그 후 4·19혁명과 5월 광주민주화운동, 6월 시민항쟁 등으로 면면히 이어지며 우리 민주화의 초석이 되었음을 꼭 기억할 필요가 있다.

그런데 요즈음 상황이 심상치 않다. 최소한 겉으로 보기에 정치적 측면에서의 민주화와 경제 성장도가 부족하지 않고 시민과 시민사회의 영향력도 이전에 비해 월등하게 커져 있는 상황인데도 사람들의 삶에 대한 만족도는 점점 더 떨어지고 있다는 조사결과들이 줄을 잇고 있다. 새로운 대통령에 대한 기대도 주로 일자리 마련과 돈벌이 쪽으로 몰리고 있고 과연 그 기대를 얼마나 충족시켜줄 수 있을 것인지 우려의 눈으로 지켜보는 사람들도 적지 않다. 그것에 선거철이 되면 정책을 통한 건전한 경쟁을 벌이기보다 상대방의 약점을 물고 늘어지면서 혐오와 적대감을 주된 전략으로 내세우는 후보자들이 유력한 자리를 차지하는 비극이 지속되고 있다.

물론 이런 정치적 혼란이 우리만의 문제인 것은 아니다. 한동안 우리 민주주의의 모형으로 받들여져 왔던 미국 정치의 경우도 혐오와 적대감, 불신을 조장하는 것을 주된 전략으로 택하는 데 거리낌이 없기는 마찬가지다.

"2016년 미국 대통령 선거 날 밤은 내게 환한 대낮이었다. 나는 시상식에 참석하기 위해 동료들의 환송을 받으며 미국을 떠나 교토에 막 도착해 있었다. 칼같이 나뉜 유권자들이 매우 불안했지만 혐오와 분노에 기반한 정치적 호소는 먹히지 않을 거라고 낙관하고 있었다. 물론 선거 이후 분열된 미국인들을 하나로 모으기 위한 어려운 일들이 많이 남아 있을 테지만 말이다."[3]

2016년 미국 대통령 선거에서 도널드 트럼프가 대통령으로 당선되는 날 밤 쓰기 시작했다는 누스바움의 이 책을 통해 우리는 타자에 대한 무조건적 혐오와 분노에 기반한 정치가 이른바 '선진국 환상'의 주된 대상인 미국에서도 횡행하고 있음을 확인하고 약간의 당혹감을 느끼게 된다. 그러나 이 당혹감은 우리가 그동안 미국이라는 나라를 잘못 보아왔다는 근거일 수 있다. 그들 또한 자신들의 문제로 고통받으면서 21세기를 맞았고, 그 고통은 9·11 사태를 통해 극대화되었다. 이제는 이 고질적인 선진국 환상으로부터 벗어날 수 있어야 하고, 그 출발점은 우리 현실에 대한 객관적이고도 공정한 인식이다. 다시 말해서 우리 시민의 '열린 주체성 형성'이 문제 해결의 실마리를 마련해줄 수 있다는 말이다.

그런 공정성과 객관성을 전제로 우리 사회를 바라보면 우리가 살아내고 있는 이 시대는 정신적 삶의 지향을 가졌던 선비들의 시대도 아니고 문화성과 도덕성을 바탕으로 하는 시민의식을 갖고 있을 것으로 기대되는 시민들의 시대도 아닌 것으로 보인다. 시민사회를 움직이는 핵심적인 요소로 꼽히는 또 다른 요소는 물론 상업성 또는 경제적 합리성이다. 생산과 소비의 과정에서 합리성을 추구해서 최대한의 이득을 보장받고 그 이득은 다시 사유재산으로 축적할 수 있다는 자본주의 경제 논리는 그러나 그 배경에 도덕성과 문화성을 깔고 있을 때 비로소 그 의미가 살아날 수 있다. 우리 사회는 도덕성과 문화성을 상실한 채 좁은 의미의 합리성만을 시민의식의 핵심으로 간주하는 한계 안에 머물고 있는 것이다.

역사적 배경이 강한 몇몇 유럽 국가들의 경우에는 자신들의 역사 속에서 형성한 그 나름의 문화성과 도덕성을 일정 부분 확보하고 있다. 주로 귀족적 전통에 뿌리가 닿아있는 이러한 문화성과 도덕성은 시민사회의 정착과정을 통해 시민의 것으로 확대됨과 동시에 새로운 시민문화의 창출이 더해져서 이룩한 성과이다. 외국과의 전쟁이 일어났을 때 왕자나 귀족 가문의 자녀들이 앞장서서 군에 입대하는 이른바 노블리스 오블리주가 그러한 대표적인 상징이다. 물론 이 지점에서 우리가 유의해야 할 사실은 그 노블리스, 즉 '고귀한 신분'을 비판적으로 인식해야 한다는 점이다. 우리 시민사회에는 고귀한 신분 자체가 존재할 수 없기 때문에 그에 걸맞는 의무를 말하는 것이 어불성설이 될 수 있다는 사실에 관한 인식이다. 오히려 시민이 특정한 역할을 맡게 된 것으로 전제하고 정치인이나 상류층에 그에 걸맞는 역할도덕성(role morality)을 요구하는 것이 시민사회에 걸맞는 요구이고, 그것은 곧 어떤 역할이라도 맡을 수 있다고 전제되는 모든 시민에게 적용되는 것이기도 하다.

그럼에도 우리 사회에는 자신의 노력이나 운으로 보다 나은 지위와 역할을 획득한 사람들이 분명히 존재한다. 그런데 만약 우리나라에 전쟁이 일어났을 경우에도 그런 사람들이 먼저 참전할 것이라고 기대할 수 있을까? 슬픈 일이지만 이 질문에 긍정적인 답을 할 수 있는 사람은 많지 않을 것이다. 언제부터 우리가 이렇게 되었는가 하고 통탄하는 사람도 많고 우리 민족은 늘 그렇게 살아왔다고 비관적으로 말하는 사람들도 있겠지만, 그런 진단과 응답에는 쉽게 동의할 수 없다. 일제의 왜곡된 교육을 통해서 조선 시대를 이끈 선비들의 삶이 당쟁과 치부(致富)의 역사로 그려졌지만, 조금만 객관적인 눈으로 바라보면 신분제가 조금씩 와해되어 가던 조선 말기까지도 이러한 노블리스 오블리주의 전통은 이어졌음을 알 수 있다. 일제를 비롯한 외세의 침략에 맞서서 전 재산과 가솔들을 정리하여 의병운동을 펼쳤던 팔도의 선비들이 바로 그 전통의 주인공들이다.

그렇다면 우리들에게 남은 과제는 선비의 전통과 정신을 오늘에 맞게 재구성하여 되살리는 일이라는 결론에 이를 수 있다. 동양철학을 연구하는 많은 학자들이나 전통에 관심이 많은 사람들이 흔히 도달하는 결론이기는 하지만 문제는 그렇게 단순하지 않다. 자칫 시민으로 살면서 선비를 흉내 내는 정도의 우스꽝스런 모습으로 비칠 수도 있고, 시대를 쫓아가지 못하는 뒤떨어진 사람이라는 낙인이 찍힐 수도 있는 일이다. 문제 해결의 출발점은 우리가 발을 딛고 있는 곳이 어디인지를 분명하게 바라보는 일에서 마련되어야 한다. 이 시대는 시민들이 주인공인 시민사회이고, 그 시민사회를 움직이는 핵심원리는 개인주의를 바탕에 깐 합리성의 추구이다. 누구도 이 원리로부터 자유로울 수 없는 시대 속에서 선비정신은 어떤 의미를 지닐 수 있고, 그 의미는 어떤 방식으로 살아날 수 있는지를 구체적으로 모색하는 지난한 과제가 우리에게 남겨져 있는 셈이다.

시민윤리가 요구되는 사회에서 남명의 선비정신

✳︎   시민사회도 인간이 사는 사회인 이상 윤리(倫理)가 필요할 수밖에 없다. 윤리를 문자 그대로 '사람이 무리지어 살면서 지켜야 하는 이치 또는 원칙'이라고 정의할 경우, 시민사회에도 그 나름의 윤리가 있어야 한다는 당위(當爲)는 자연스럽게 이끌려 나온다. 시민사회를 연구한 많은 학자들이 그러한 윤리들을 시민윤리(civic ethics) 또는 시민성(citizenship)이라는 이름으로 규명하고자 했고, 그 구체적인 내용들은 주로 공정성(公正性)과 배려(配慮)라는 핵심덕목을 통해서 사회교육과 도덕교육의 장에서 강조되어 왔다.

시민윤리로서의 공정성(fairness)은 주로 경쟁의 공정성을 의미한다. 자원이 희소한 사회에서 그 자원의 획득을 둘러싼 경쟁은 피할 수 없기 때문에 그 과정에서의 공정성을 전제로 해서 자유경쟁을 한 결과를 기꺼이 수용해야 한다는 것이 논의의 핵심이다. 이러한 시민윤리를 사회가 무너지지 않기 위해 필요한 최소한의 윤리라는 의미에서 흔히 최소의 윤리라고 일컫는다. 배려(caring)는 나와 관계를 맺고 있는 사람에 대한 적극적인 보살핌과 특별한 관계가 없는 다른 시민사회의 구성원들에 대한 소극적인 고려인 에티켓을 모두 포함하는 보다 넓은 도덕 개념이다. 사회가 단순히 공정한 경쟁만으로 유지될 수는 없다는 자각에서 찾아낸 자유주의자들의 고육책인 셈이지만, 그 출발이 개인주의라는 점에서 본질적인 한계를 지닐 수밖에 없다.

이러한 시민윤리 논의를 우리 사회에 적용해볼 경우, 공정성은 조금씩 강화되고 있지만 아직 부족하고, 배려의 덕은 관계를 맺고 있는 사람에 대한 지나친 관심과 관계없는 사람에 대한 무관심과 무례가 공존하는 상황이라는 진단이 가능하다. 도시에서 처음 만나는 사람에 대한 무서운 표정과 지하철 자리를 놓고 벌이는 무례한 다툼이 그러한 진단의 근거일 것이다. 물론 지하철 안에 '경로 우대석'이 마련되어 있고 특별한 상황이 아니면 그 자리를 비워둔다는 점에서 '전통적 덕목이 살아있는 나라'라고 감동하는 외국인들의 시각도 이해할 만하지만, 다른 한편 점점 연세 드신 분이 앞에 서 있어도 일어나는 사람이 줄어들고 있는 현실도 무시할 수 없다. 이런 혼란상을 미루어볼 때 어떤 측면에서 보든지 우리의 시민윤리 수준이 높다는 평가에 이르기는 쉽지 않다.

　　시민윤리 문제는 시민 모두가 이 사회를 이끌어가는 주체라는 점에서 더욱 중요해진다. 우리 사회를 이끌어가는 주체가 따로 있지 않고 우리 모두가 주인이고, 대통령이나 국회의원은 일상에 바쁜 우리들을 대신해 일해주는 심부름꾼일 뿐이라는 의식은 시민의식의 핵심이다. 이러한 시민의식은 자신의 역할을 제대로 수행해내야 한다는 시민윤리적 요구로 이어지고, 만약 시민윤리가 확보되지 못한다면 시민사회 자체의 존립이 위협받을 수밖에 없음을 우리는 독재와 민주화의 역정을 통해 충분히 경험했다.

　　그런데 서구의 시민사회 전통에 바탕을 둔 시민윤리적 덕목인 공정성과 배려만으로 우리의 모든 문제가 해결될 수 있다고 기대할 수 있을까? 아마도 상당한 부분에서는 해결이 가능할 것이다. 우선 공정성이 확보되면 경쟁에서 승자와 패자가 모두 결과를 받아들일 수 있게 될 것이고, 최소윤리로서의 배려의 덕이 발휘되면 공공장소에서의 불쾌감을 상당 부분 피할 수 있을 것이기 때문이다. 그럼에도 우리는 그 수준에 만족하기 어려운 어떤 미진한 느낌을 공유한다. 그 미진한 느낌을 분석해 들어가다 보면 결국 그것이 서로 어울려 살면서 인간다운 삶을 추구해 왔던 우리의 전통에 뿌리를 둔 '관계적 삶에의 지향'을 포기할 수 없기 때문이라는 결론에 도달하게 된다.

관계적 삶의 지향은 우리 전통의 특성만은 아니다. 인간이 무리지어 살기 시작한 이래로 인간의 삶은 관계를 전제로 하는 협력으로 전개될 수 있었고, 그것은 동양전통의 대동사회(大同社會)와 고대 그리스의 폴리스(polis)라는 정치공동체와 그 구성원이라는 전통으로 우리에게 전해오고 있다. 대동사회는 각 개인들의 서로 다름을 인정하면서 보다 크고 인간다운 삶을 지향하는 정치공동체이고, 폴리스는 그 안에 속해 있어야만 야만인을 면할 수 있다는 일종의 문명공동체로서 성격을 지닌다. 특히 우리는 그중에서도 동아시아의 대동사회론에 내재된 서로 다름을 전제로 하는 관계지향성에 주목하게 된다. 자칫 서구적 시각에 따라 동아시아 전통의 관계는 개인의 다름을 인정하지 않는 집단적 관계로 오해되곤 하지만, 실제로는 서로 다름을 전제로 해야만 비로소 온전한 대동(大同)이 가능해진다는 의미가 내재해 있었던 것이다.[4]

동아시아의 인간관계를 바라보는 관점 중에서도 우리는 특히 유교적 관계론에 주목하게 되는데, 그 이유는 21세기 현재에 이르기까지 여전하게 인간관계를 이끌어가는 원천 중 하나로 작동하고 있다는 판단이 가능하기 때문이다. 우리에게는 자연과 인간, 우주를 관계망으로 바라볼 수 있는 불교와 도교의 관계론이 함께 작동하고 있지만, 인간관계에 초점을 맞출 경우 유교적 관계론의 영향이 압도적임을 인정하지 않을 수 없다. 이런 관점에서 그 유교적 관계망의 중심 주체인 선비의 위상과 역할에 주목하지 않을 수 없고, 우리 한국의 경우는 남명과 퇴계, 율곡으로 상징되는 조선 선비를 그 중심축으로 삼게 된다. 그중에서도 남명에 특별히 주목해야 하는 이유는 그의 실천 지향성 때문이다. 벼슬길에 나서지 않고도 비판적 참여와 교육이라는 두 통로를 통해서 실천적 지식인으로서 위상을 확보하고 역할을 충실히 해낸 선비로서 남명은 특히 오늘날과 같이 실천적 지식인이 요청되는 시대에 더 주목받아야 하는 조선 선비의 상징이라고 볼 수 있다.

    남명의 선비정신은 경(敬)과 의(義)를 전제로 하는 실천적 삶의 지향으로 요약될 수 있고, 이러한 지향은 당연히 전통의 관계적 삶의 지향 속 선비의 실천으로 이어지게 된다. 당시 선비는 자신의 삶과 함께 사회 전반을 이끌어가는 정신적 지도자이자 정치적 리더로서의 신분과 역할을 부여받고 있었다. 이때 정치적 리더는 다시 출처(出處)의 선택을 전제로 관료로서 살거나 고향에 머물면서 제자 교육과 일상 자체를 통해 도덕정치의 표상을 보여주는 두 유형으로 나뉠 수 있다. 우리는 전자의 대표적인 사례로 율곡을 꼽을 수 있고, 후자의 대표적인 사례로 남명을 꼽을 수 있다.

"그대는 요즘 선비들을 살펴보지 않았는가? 손으로 물 뿌리고 비질하는 절도도 모르면서 입으로 하늘의 이치를 말하는데, 그들의 행실을 잘 살펴보면 도리어 무지한 사람만도 못하다. 이 점에 대해서 반드시 다른 사람의 꾸지람이 있어야 한다는 것은 의심할 나위도 없다."[5]

남명은 자신의 삶 자체를 통해 도덕함, 즉 자신을 둘러싼 도덕현상에 대한 탐구와 내면의 도덕성에 관한 성찰, 일상의 실천이라는 세 계기를 통합하는 모형을 보여준 선비이다. 유교를 전제로 하는 도덕공동체를 전제로 전개된 남명 시대의 삶은 도덕과 정치 사이의 긴밀한 연계성을 전제로 전개되었고, 그것이 곧 도덕정치의 전통으로 형성되어 21세기 초반 우리 한국 시민사회에까지 희미하기는 하지만 일정하게 살아 있다고 말할 수 있다. 그런데 우리 시대는 개인의 이익을 중심에 두는 개인주의 기반의 민주자본주의 사회를 전제로 전개되는 시대이고, 그런 차별성을 전제로 하여 남명의 선비정신을 어떻게 재해석하여 구성할 것인가의 과제와 직면하고 있다.

그런데 개인과 자율성을 중심에 두고자 했던 20세기가 지나고 21세기에는 오히려 공감에 기반한 협력과 조화라는 새로운 관계지향의 윤리가 대두되고 있다. 바로 이 지점에서 우리 시대의 선비정신은 이 '관계적 삶에의 지향'이라는 우리 모두의 열망으로부터 살려내야 한다.

"이 세상 모든 아이들에게 가장 중요한 욕구는 바로 애착 대상과의 유대감과 소속감을 형성하는 동시에, 독립심과 자유를 함께 충족하는 일

이다. 이 두 가지 기본욕구들은 뇌 안에 단단히 고정되어 우리와 평생을 함께하게 된다."⁶

독일의 신경생물학자이자 뇌과학자인 게랄트 휘터(Gerald Hüeter)는 인간의 뇌가 지니는 특성을 외부 환경과 상호작용하면서 자기조직하는 뇌와 그로 인해 형성된 '양육된 본성'으로서 관계성과 독존성(獨存性)의 동시 추구를 꼽는다. 아동의 뇌가 성장하면서 갖게 된 것으로 평생 함께 가져가야 하는 본성이 관계성과 함께 독존성을 열망하게 한다는 것이다. 21세기 한국 시민사회의 주인인 시민들 또한 마찬가지다. 자신의 삶에서 독자성과 자율성을 추구하는 동시에, 그 나름의 관계성을 유지하지 못하면 견디지 못하는 속성을 지니고 있기 때문이다. 우리는 바로 이 지점에서 남명의 선비정신을 관계성을 전제로 하는 독존의 미학으로 되살려 낼 수 있다.

상품이 아닌 어떤 인격체와 관계를 맺는 가운데서 삶의 의미를 느끼고자 하는 욕구를 공유하게 된 우리들에게 자신의 내면적 수양을 출발점으로 삼아 인간적인 관계망을 토대로 교육과 정치를 바람직한 방향으로 이끌고자 했던 선비는 시민이 지향해야 할 하나의 모범이 된다. 자신의 정체성을 확립하는 과정에서 관계를 중심에 두었던 선비들은 자연스럽게 그 관계를 어떻게 이끌 것인가를 삶의 핵심 과제로 삼았고, 그 결과물로 분명한 출처의식(出處意識)과 삶의 윤기(潤氣)라는 수준 높은 문화의식을 선비정신으로 만들어내는 데 성공할 수 있었다.

어떻게 한국시민이 선비정신과 만날 수 있을까?

21세기 한국 시민교육과 선비정신

✱   그렇다면 어떻게 해야 시민들이 선비정신과 만날 수 있을까? 먼저 선행되어야 할 일은 선비정신의 구체적인 내용이 무엇인지에 대한 정리와 시민사회론적 재해석이다. 지금까지 적지 않은 수의 서적과 논문이 선비정신을 다루었지만, 일반 시민들이 접근하기에는 어려움이 많을 뿐만 아니라 선비정신의 핵심 내용에 관한 합의나 현대적 관점에서의 재해석은 미흡하기 짝이 없다. 조선을 대표하는 선비로 평가받는 남명과 퇴계, 율곡의 선비정신에 대한 현대적 해석과 함께 그것이 어떻게 시민윤리와 만날 수 있는지에 관한 논의조차 이제 막 시작된 상황이다.

이러한 학문적 차원의 논의와 함께 학교 교육의 차원에서 실천적 노력이 병행되어야 한다. 학교 교육에 앞서 가정에서 이러한 교육이 실시되는 것이 더 바람직하겠지만, 생존의 기본 단위로 내몰리고 있는 우리의 가정에 기대하기는 어렵기 때문에 시민교육을 주된 목표로 삼는 초등학교와 중등학교에서 보다 적극적인 선비정신 교육이 실시되어야 한다. 시민성 또는 시민윤리가 공정성과 배려라는 자유주의적 덕목을 벗어나서 인간다운 삶을 영위하고자 하는 열망과 실천 능력까지 포함해야 한다는 교육적 요구를 도덕이나 사회 교과와 같은 관련 교과 속에 적극적으로 담아야 하고, 교사들 스스로도 삶 속에서 선비적 모습을 보여주고자 노력할 수 있도록 교사 교육기관에서의 열린 사범교육(師範教育), 즉 교수와 학생이 교육적 관계를 맺는다는 전제 속에서 학문적 교류와 함께 인격적 교류도 이루어지는 실천적 교육도 강화되어야 한다.

이 시대의 시민은 자신의 생존을 스스로 책임져야 하는 생활인임과 동시에 자신의 삶의 차원을 스스로 높여야 하는 정신적 과제를 부여받은 고귀한 존재자들이기도 하다. 첫 번째 지점에서는 선비들의 생활과 차별화되지만, 두 번째 지점에서는 선비들의 삶과 만나는 것이 가능할 뿐만 아니라 그렇게 해야 마땅하기도 하다. 그런 점에서 시민의식과 시민윤리의 영역에 선비정신이 포함되어야 하고, 그렇게 포함된 선비정신은 물질과 쾌락으로 상징되는 우리들의 삶의 지향을 근원적으로 바꾸게 하는 원동력으로 작동할 수 있을 것이다. 거의 모든 사람들이 '교육'에 관심을 갖는 우리 사회에서 시민교육에 대한 새로운 관심과 함께 선비정신의 구현을 교육목표에 포함시키는 진정한 교육혁명을 고대한다.

우리가 여기서 말하고자 하는 교육혁명은 먼저 21세기 초반 한국 시민의 '열린 주체성'을 전제로 해야만 한다. 서구 귀족전통의 부르주아적 해석으로 살아남은 신사도에 대해서는 높은 평가를 하면서도, 우리 선비와 선사(禪師)가 보여준 걸림없는 삶의 자세와 도덕성에 대해서는 경시의 수준을 넘어서 아예 무시하는, 우리 시민사회의 부끄러운 자화상에 대한 자각이 선행되어야 한다는 의미다.

신라와 고려, 조선이라는 긴 시간을 통해 명멸(明滅)을 거듭했던 선사의 전통은 현재까지도 일정한 자취를 남기고 있다. 이 자취를 선비의 그것과 비교해본다면, 승가공동체와 선원 수좌(禪院首座)라는 위상으로 실제로 살아있다는 특성을 지닌다. 그런 이유로 오히려 한계를 드러내는 경우도 없지는 않지만, 그럼에도 성철이나 법정과 같은 우리 시대 수좌의 모습을 통해 그 삶의 지향을 공유할 수 있다는 장점을 지닌다.

그에 비해 선비는 마음속의 지향이나 일상어 속 비하의 의미로 사용되는 용례 등으로 잠재적인 특성을 지닌다. 그러다보니 선비나 선비정신에 관한 논의도 고답적인 찬양과 무지에 기반한 비하 사이를 오가면서 제대로 전개되지 못하는 한계를 드러내기도 한다. 물론 역사학자들 사이에서 선비 전통과 정신을 오늘에 맞게 재해석하고자 하는 시도들이 지속적으로 나타나고 있고, 그중 어떤 것들은 일정한 성과를 보여주고 있기도 하다.[7]

그러나 이러한 학계의 노력이 우리 시민사회에서는 그다지 성과를 거두고 있지 못한 것으로 보인다. 특히 젊은 세대들에게 선비는 부정적인 의미의 어른을 뜻하는 '꼰대'와 동일시되거나 현실을 무시하고 완고한 도덕주의자의 모습만 보여주는 사람을 뜻하는 말로 선비가 사용되기도 한다. 우리 시민교육에서 선비 담론을 이끌어오기 위해서는 시민사회를 뒷받침하는 민주주의 이론의 전통적 토대부터 다시 점검하는 노력이 선행되어야 하고, 그 바탕 위에서야 비로소 시민과 선비정신의 긍정적이고 적극적인 만남 가능성도 커질 수 있다.[8]

한국시민과 선비정신의 만남: 시민의 교양과 윤리

✷ 이 장의 초입부터 전제하고 있었던 것처럼, 우리 시대는 선비의 시대가 아닌 시민의 시대이다. 그리고 우리는 이런 시민의 등장이 산업화 과정과도 연계된 한국 민주주의의 역사를 통해 가능했음을 확인했고, 그것을 자랑스럽게 여길 만하다는 사실도 확인했다.

그러나 다른 한편 21세기 초반 한국 시민사회를 이끌어가는 주체로서 한국시민은 도덕적 차원과 정치적 차원, 문화적 차원 등에서 많은 문제점을 노출시키면서 서로를 불필요하게 괴롭히거나 정상적인 시민사회 정착에 걸림돌로 자리하고 있다는 사실 또한 확인해야만 했다. 우리만의 문제가 아니라고 자위해볼 수 있지만, 코로나19 상황 속에서 더 이상 우리가 무조건 추종할 수 있는 '선진국' 따위는 처음부터 존재하지 않았다는 사실을 눈으로 확인할 수 있게 되었기 때문에 이 문제 또한 뒤로 돌려둘 수 없는 시의성을 인정하고 수용할 수밖에 없게 되었다.

21세기를 살아가고 있는 한국시민에게 결여되어 있는 것은 무엇일까? 다양한 답변이 가능한 물음이지만, 우리는 자유와 권리의식, 평등의식 등 형식적 민주주의와 관련된 지식과 기능, 가치·태도 등에 있어서는 어느 정도 갖추고 있을 뿐만 아니라 어떤 영역에서는 그 자유와 권리에 상응하는 의무와 책임의식을 제대로 갖추고 있지 못한 것이 아닌가 하는 의문을 갖게 된다. 특히 이 자유와 권리문제는 급속한 개인화의 결과로서 분리된 자아관에 근거할 가능성이 높아 사회를 유지하는 데 필요한 최소한의 공공의식마저 결여하거나 결핍되어 있을 가능성을 배제하기 어렵다.

"한국은 경제성장이나 정치적 민주화뿐만 아니라 인구변화에서도 '압축적 근대화'를 이루었다. … 그 결과 나타난 두 현상이 저출산과 고령화이다."[9]

사회학자 홍찬숙도 우리 사회의 저출산과 고령화 현상이 급속한 개인화와 밀접한 관련을 맺고 있다고 주장한다. 그는 1997년 외환위기 전후를 기점으로 삼아 그 이후 저출산의 주된 원인이 급속한 개인화의 진행에 있다는 분석을 내놓고 있다. 설득력 있는 주장이라고 할 만하다. 개인화 자체에 대해서는 일단 가치중립적인 자세를 취한다고 해도 그 개인화가 부담이 많다고 느껴지는 결혼과 출산에 대한 거부로 이어지고, 그것이 다시 자연스럽게 고령화로도 연결되고 있다고 볼 수 있기 때문이다.

그런데 이 개인화는 본래 실재할 수 없는 분리된 개인(個人, individual)이라는 개념적인 인간상에 근거한 것이다. 인간은 글자 그대로 '인간들 사이에 있음'을 전제로 할 때라야 비로소 존재할 수 있기 때문이다. 개인의 인권과 자유를 획득하기 위한 수단, 즉 방편으로 선택되었던 개인은 어느새 실재하는 최선의 인간상으로 자리 잡았고, 그 결과들이 저출산과 자유와 권리 과잉, 최소한의 공공성에 관한 인식부족과 같은 현상들이라고 볼 수 있다.

개체화된 존재로서 인간은 다른 사람에 대한 고려를 자신의 이해관계 관점에서만 가능하고 또 필요한 것으로 간주하게 하는 동인이 되고, 그 과정에서 공공성은 갈수록 쇠퇴할 수밖에 없다. 우리 사회의 경우 잠재적 가치관 속에 살아남아 있는 유교적 공공성이나 불교적 사부대중성 등이 복합적으로 교차하면서 때로 '우리가 남이가' 하는 식의 패거리정치의 모습이 나타나기도 하지만, 갈수록 그런 모습조차 약화될 가능성을 배제하기 어렵다.

바로 이 지점에서 우리는 보다 바람직한 의미의 공공성을 확립하고자 시도할 수 있고, 그 방향은 두 가지일 것으로 보인다. 하나는 서구 근대 시민사회가 자신의 전통과의 긴장 속에서 새롭게 형성해낸 공공성에 주목하는 방향이고, 다른 하나는 우리 전통의 공공성을 오늘의 상황에 맞게 재구성해 내는 방식이다. 전자는 공화주의에 대한 새로운 주목 등을 통해 이미 수입되어 담론의 장을 형성해왔지만, 어느새 그 유행의 물결이 사그러드는 듯한 느낌을 받는다. 수입담론의 운명을 피해가는 일이 어렵기 때문에 생기는 자연스런 현상이다.

그렇다면 남은 대안은 우리 전통의 공공성을 우리의 현실에 맞게 재구성해내는 과제인데, 그 과제를 선비정신의 재해석과 적용이라는 방식으로 수행해낼 수 있다. 특히 조선 선비가 지니고 있었던 높은 수준의 공공성과 함께 문화성과 도덕성에도 주목해볼 필요가 있다. 구체적인 사례로서 남명의 선비정신을 전제로 한다면, 남명은 시를 쓰는 시인이었을 뿐만 아니라 성성자(惺惺子)를 차고 자신의 일상 속 도덕함을 추구했던 도덕인이기도 했다. 이러한 남명의 도덕성과 문화성, 공공성은 오늘 우리 시민의 그것으로 담아낼 수 있을 뿐만 아니라, 신분이라는 전제를 삭제한 바탕 위에서 누구나 추구해야 하는 삶의 목표일 수 있다.

이런 문제의식을 바탕으로 우리는 남명에게서 다음 몇 가지 구체적인 화두를 불러낼 수 있다. 우선 우리 인성교육의 방향을 묻는 과정에서 남명에게 어떤 지혜를 구할 수 있을지를 화두로 삼을 수 있고, 다음으로 학교 도덕 교과의 성격을 규정짓는 핵심개념으로 자리 잡은 '도덕함'을 중심으로 남명을 그 도덕함의 모형으로 설정하면서 구체적인 삶의 지향에 관한 물음을 던져볼 수 있다. 다시 말해서 남명을 도덕함의 모형으로 전제하고, 우리 시대 도덕교육이 어떻게 하면 탐구와 성찰, 실천이라는 세 요소 사이의 연결고리를 확보할 수 있을지를 모색해볼 수 있다는 것이다.

마지막으로는 우리 학계와 지성계의 식민지성 극복을 위한 구체적인 대안으로서 남명을 떠올릴 수 있다. 우리 학계와 지성계는 이른바 '선진국 담론'으로 오염되어 있어 주체적인 사유와 글쓰기가 거의 불가능한 상황이다. 남명이 살았던 16세기는 주희를 주자로 신격화하여, 마치 주희의 해석이 아니면 사문난적(斯文亂賊)이라도 되는 것처럼 몰아붙이기 시작하던 때이기도 했다. 남명은 물론 전형적인 유학자이자 선비였고, 그 또한 주희와 관련된 책들을 충분히 섭렵하고 있었지만, 노장이나 불교에 대해서도 열린 자세를 보여준 포용적인 지식인이기도 했다. 이러한 남명의 포용성은 열린 주체성을 지향해야 하는 과제를 안고 있는 21세기 초반 한국시민의 지향점이라고 할 수 있다.

남명의 모습은 그런 점에서 오늘 우리 한국시민의 삶의 지향에서 중요한 이정표를 제공해줄 수 있는 모형이라고 할 수 있다. 우리에게 더 필요한 자세는 그 가능성을 이론과 실천을 아우르면서 현실화하고자 노력하는 것이다.

3장   정의의 동양사상적 맥락과
　　　　　　21세기 한국사회

전통적 정의관과 21세기 한국사회

✳　　　　　인간의 정의(正義, justice)에 대한 열망은 보편적이지만, 정의를 판단하는 기준은 시대적·문화적 상대성을 지니는 것처럼 보인다. 고대의 정의관과 근대의 정의관이 다르고, 이슬람 문화권과 유교와 불교 문화권, 그리스도교 문화권의 정의관 역시 상당 부분 달라 보인다는 점에서 그러하다. 그런데 21세기에 접어들면서 각 문화권 사이의 교류가 파격적으로 확대되고 자본주의 사회질서라는 비교적 단일한 이념이 전 세계를 지배하는 이른바 세계화를 맞아 이러한 다름보다는 오히려 유사성 내지 동일성이 더 부각되고 있는 추세이다.

　서양사상적 맥락 속에서 정의에 관한 논의는 대체로 플라톤의

『국가』 1권 트라시마코스와 소크라테스 사이의 대화에서 본격화한 것으로 받아들여지고 있다. 강한 것이 곧 올바름이라는 트라시마코스의 논변에 대해 소크라테스는 현실에서 작동하는 그런 정의관 배후에 숨어있는 보편적 기준 내지 정의관을 찾아야 한다는 당위적 요청을 제안하고자 한다.

그에 비해 동양사상적 맥락 속에서 정의에 관한 논의는 언제부터 본격화되었다고 볼 수 있을까? 이 물음에 대한 답을 찾아 제시하는 과정에서 우리는 일정한 망설임을 경험하게 된다. 그 망설임의 양상은 정의에 관한 논의가 대체로 서양사상적 맥락에서 이루어져 온 데서 비롯되는 낯설음과 그럼에도 우리의 가치판단 과정에서 작동해온 전통적인 정의 관련 감정들에서 비롯되는 기시감이다.

동양사상적 맥락에서 정의는 필자가 보기에 대체로 다음과 같은 두 가지 맥락을 지니고 있다. 하나는 그 사람다움과 올바름 자체를 포함하는 도(道) 또는 다르마(dharma)를 향하는 실천적 열망이라는 진여적(眞如的) 또는 보편적 맥락이고, 다른 하나는 타자와의 관계 또는 연기성이 인간의 존재성을 규정짓는 핵심 요소라는 명제를 전제로 그 관계를 바람직한 방향으로 이끌어가는 과정에서 올바른 원칙 또는 기준이 존재한다는 관계적 맥락이다. 이 둘의 관계는 하나도 아니고 둘도 아니거나 섞이지도 않고 분리되지도 않는다는 불이적(不二的) 관계론으로 다루어져 왔고, 그것이 한국사상 속에서는 성리학과 불교라는 이름으로 학문적·실천적 토대를 쌓는 데 성공했다.

21세기 초반을 살아가고 있는 우리 한국인들에게 이런 전통적 맥락의 정의관은 어떤 의미를 지닐 수 있을까? 이 물음이 본 장의 중심 화두를 이룬다. 한국전통사상의 중심을 이루고 있다고 평가되는 불교와 성리학을 중심으로 이 물음에 대한 답을 찾아보고자 하고, 그 과정에서 서양사상적 맥락의 정의론 또한 함께 논의할 수밖에 없을 것이다. 그러면서 중심에 두고자 하는 것은 그 정의관이 작동할 수 있는 공간으로서의 21세기 한국사회에 대한 사회윤리학적 성찰이고, 그것은 다시 어떻게 살 것인가와 관련된 구성원 각자의 해답과의 연계로 이어질 수 있기를 기대할 수 있다.

'21세기 초반 한국사회'의 정의 문제

우리 한국사회의 정의 문제

✱   우리 자신이 몸담고 살아가고 있는 시간과 공간에 대한 분석은 스스로를 그 주체와 대상으로 동시에 설정해야 한다는 점에서 주관성의 오류로부터 온전히 자유로울 수 없다. 그런 점을 고려한다면 외부자의 시선이 더 많은 객관성을 담보할 수 있지만, 그 시선은 내부자의 체험세계를 온전히 수용할 수 없다는 한계를 지닐 수밖에 없고 그나마 우리 사회의 경우 그런 시선마저 쉽게 찾기 어렵다는 점에서 스스로 분석의 주체이자 대상이 되는 시도를 포기하기 어렵다.

　　서력 기원을 일반적인 표준으로 채택하고 있는 우리는 현재를 21

세기 초반으로 규정짓는 데서 큰 어려움을 경험하지는 않는다. 그러나 우리에게는 동시에 음력이라는 시간구분법이 동시에 작동하는 공간이 남아있을 뿐만 아니라 불기(佛紀)라는 붓다의 탄생을 기준으로 삼는 구분법 또한 일부의 공간에서는 살아남아 있다. 설날이나 추석이라는 명절을 통해 체험하는 굴절된 음력의 시간은 여전히 양력의 달력이나 휴대전화의 시간표 속에서 희미한 흔적으로 남아 있고, 불자 집안에 걸려 있는 달력에는 그 음력의 시간과 함께 불기의 흔적이 가득 담겨 있는 비현실적인 시간이 동시에 새겨져 있다.

공간으로 시선을 옮기면 상황은 좀 더 명료해진다. 건축물로 상징되는 물리적 공간은 아파트와 고층빌딩, 양옥집과 거미줄 같은 도로망으로 구체화되어 우리 삶의 세계에 자리하고 있다. 시민사회로 상징되는 구조적 공간은 일단 평등과 자유를 근간으로 삼아 민주자본주의의 구현으로 구체화되고 있다. 단순한 정치경제 이념으로서의 민주자본주의를 넘어선 생활원리로서의 경쟁의 정당화, 최소 안전망으로서의 복지의 불안한 착근 등으로 구체화되어 있다. 거기에 분단구조의 고착으로 인한 불안정에의 익숙함으로 남북의 대립 양상과 통일지향 사이의 갈등이 반복되고 있는 상황이기도 하다.

그렇다면 이러한 21세기 초반 한국사회는 정의로운 사회일까? 이 물음에 대한 답은 기준을 어떻게 설정하느냐에 따라 달라질 수 있다. 만약 이승만 정권이나 박정희, 전두환 정권 같은 독재적 성향을 지닌 정권의 시대를 비교 기준으로 삼는다면 현재 우리 사회는 상당한 정도의 정의를 구현한 사회로 분류될 수 있다. 그러나 현재 우리의 사회운

영 과정 자체에 초점을 맞춘다면 누구도 쉽게 긍정적인 답을 하기는 어려워진다. 이 답을 찾아가는 과정에서 우리는 2010년 베스트셀러로 등장했던 마이클 샌델의 『정의란 무엇인가』를 떠올려볼 수 있다. 이 책은 그것이 읽히는 이유에 대한 분석이 또 하나의 단행본을 만들어낼 정도로 많은 관심의 대상이 되었다.[1]

도서평론가 이권우는 그동안 제시된 여러 의견들을 종합해서 '정의라는 키워드가 민감하게 다가오는 사회분위기', 보다 구체적으로는 재화 획득과정의 불공정과 소득의 불균등, 공공영역의 사유화와 탐욕 등 사회 부정의 현상에 대한 시민들의 인식이 이 책을 베스트셀러로 만든 핵심 요인이라고 주장하고 있다.[2] 그의 주장을 판단하기 위해서는 좀 더 치밀한 검토가 필요하지만, 확실한 사실은 우리 사회가 정의 문제에 대해 상당히 민감한 반응을 지속적으로 보여왔다는 점이다. 우리 현대사 속에서 광주민주화 운동을 폭압적으로 진압하고 등장했던 전두환 정권이 자신들의 핵심 구호로 '정의사회 구현'을 내걸었던 것도 거꾸로 보면 자신들이 결여한 절차적 정당성을 보완할 수 있는 핵심어가 정의라고 판단했기 때문이라는 분석이 가능하다.

한국사회와 한국인들이 보이는 이러한 정의에 관한 관심은 일단 광복 이후 정착한 공교육 중심의 교육체제를 통해 실시된 민주시민교육의 성과라고 볼 수 있고, 급속한 경제 성장의 과정과 결과 속에서 갖게 된 공정하고 정의로운 사회에 대한 열망 또는 현실적 불만족에서 비롯된 것이라고 볼 수도 있다. 그런데 그런 요소들 말고 모든 인간에 대한 연민과 자비를 강조하는 불교나 각각의 직분에 맞는 역할도덕성을 강하게 요구하는 유교윤리의 영향이라고 말할 수 있는 부분은 없는 것일까?

　필자는 민주시민교육의 성과와 경제성장에 따른 시민의식의 자각이라는 현대적 요소 못지않게 불교와 유교윤리를 관통하는 '타자의 인간다운 삶에 대한 최소한의 공감과 자비'와 '직분에 맞는 공정한 기회 보장과 역할 도덕성'이라는 전통적 정의관이 21세기 한국사회와 한국인들의 정의관에 일정한 영향력을 행사하고 있다는 가설을 전제하고자 한다. 이 가설을 온전히 검증하기 위해서는 경험연구를 기반으로 삼는 다층적인 분석이 필수적이겠지만, 이 글에서는 다만 한국 불교와 유교의 윤리를 현재의 정의 문제를 중심으로 재구성하는 수준의 시도를 하면서 논의의 출발점을 마련하는 데 그치고자 한다.

현대 정의론의 자유주의적 경향과 한국사회

✳　　　우리의 정의관에 영향을 미치고 있는 정의론을 한두 가지로 정리해내는 일은 가능하지 않겠지만, 21세기 초반을 살고 있는 한국인이 어떤 상황과 직면하여 부정의하다고 느끼거나 정의의 기준에 부합한다고 판단하는 과정에서 작동할 가능성이 높은 정의관이라는 프리즘을 통해 일정하게 추론해내는 일은 가능하다.

　우리 사회에서 많은 사람들을 공분으로 몰고 가는 정의 관련 사안은 많고 또 다양하기도 하지만, 2010년 이후 가장 많이 등장한 사례는 힘 있는 자의 특권 또는 힘 있는 자에게만 유난히 관대한 법 집행이다.

이명박 정권 시절 공정성 시비를 불러온 장관 자녀의 특채 의혹이라든지, 박근혜 정권에서 불거진 재벌그룹 회장의 벌금을 대체하는 일당의 과도한 책정 문제 등이 그 대표적인 사례들이다.[3]

이 두 사례에서 작동하고 있는 정의의 기준은 공정한 기회의 보장과 처벌의 공평한 분배라고 볼 수 있다. 이런 기준들은 모두 「헌법」에 보장된 것들이고, 따라서 비난여론은 헌법정신에 위배되는 채용과정과 법집행 과정에 대한 비판이기도 하다. 한국인의 이러한 정의관은 외면적으로는 현대 자유주의 정의론을 대표하는 롤스의 정의관과 달라 보이지 않는다. 그의 정의관의 핵심은 일차적으로 계약을 전제로 하는 시민사회에서 인간의 자유와 존엄성을 평등하게 실현하는 정의의 두 원칙으로 요약될 수 있고, 그것은 다시 '시민사회의 포괄적 교리들 간의 합당한 불일치를 조율할 수 있는 공적 정의'로 규명해볼 수 있다.[4]

그런데 그 외적 원칙의 내면에서 작동하는 정의감에 초점을 맞추면 일정한 정도의 차별성이 부각된다. 롤스가 전제로 하는 사회계약의 산물로서의 사회관이 민주시민교육의 정착에 따라 우리들에게서도 일정 부분 작동할 가능성을 배제할 수는 없지만, 더 강하게 작동하는 것은 상호의존적 인간관일 가능성이 훨씬 더 높다. 장동진은 이 문제와 관련지어 롤스 정의관의 핵심내용인 기본적 자유의 평등과 차등의 원칙이 다문화와 다인종, 다언어화되어 가는 한국적 현실에서 적극적인 해결의 원칙들을 제시하지 못하고 있다고 말하면서 그의 정의관이 한국사회의 기반이 되고 있는 가족의식과 공동체의식, 민족의식

과 끊임없는 갈등의 관계로 진행될 수도 있다고 우려한다.[5]

물론 이런 갈등의 관계는 장동진도 유념하고 있는 롤스 자신의 반성적 평형의 과정을 통해 해소될 수 있는 가능성이 있지만, 가치관 또는 세계관의 갈등이 그것을 뒷받침하는 사상적·문화적 범주를 전제로 한다는 점에서 쉽게 결과를 낙관할 수는 없다. 이 지점에서 좀 더 깊은 관심을 가져야 하는 문제 중 선행되어야 하는 것은 21세기 초반 한국인의 정의관을 형성하고 있는 두 축, 즉 자유주의적 맥락의 정의론과 불교와 유교를 전제로 하는 전통적인 정의론을 좀 더 심도있게 논의하고 비교해보는 일이다. 그렇지 않은 경우 자칫 서구적 맥락의 자유주의와 공동체주의 논쟁에 섣불리 합류하는 오류를 범하거나 두 맥락 중 어느 하나에만 집착함으로써 문제의 본질을 흐리는 공허한 이론적 수준에만 그쳐 한국사회의 정의 문제를 분석하고 실천적 대안을 찾는 실천적 힘을 상실할 수 있는 가능성이 높아질 수밖에 없다.[6]

전통적 정의관의 보편성과 관계론적 맥락

올바름의 지향으로서의 정의: 보편성

✳ 현재의 우리에게 전통은 구체적으로 무엇을 지칭하는 개념일까? 전통의 정의를 어떻게 내리느냐에 따라 이 질문에 대한 답도 달라질 수 있겠지만, 일반적인 관점에서 우리의 전통은 조선

시대를 기점으로 삼아 고려와 통일신라, 삼국을 거쳐 단군조선으로 이어지는 역사적 맥락 속에서 형성되어 현재에 이르고 있는 정신적·물질적 유물들을 가리키는 것으로 정의해볼 수 있다. 여기서 조선시대를 기점으로 삼는 이유는 두 가지인데, 하나는 현재의 우리와 가장 가까운 역사라는 점 때문이고 다른 하나는 바로 그 때문에 현재의 우리에게 가장 강력한 형태로 남아있을 가능성이 높다는 점 때문이다. 전통적 정의관은 그중에서도 정신적인 유물로 살아남아 현재 우리에게서 작동하고 있는 관점이다.

그렇다면 우리는 조선시대를 지배했던 정의관이 무엇이었을지를 추론해보는 노력을 할 필요가 있다. 우리가 잘 알고 있는 것처럼 일차적으로 조선은 성리학 또는 주자학을 통치이념으로 삼아 500년의 역사를 지니게 된 양반 또는 선비들의 나라이다.7 양반이나 선비를 명료하게 정의하는 일이 쉽지는 않지만, 대체로 그들은 성리학적 소양을 지니고 있으면서 수기치인(修己治人)의 자세를 견지하고자 했던 소수의 지배층이었다. 다시 말해서 도덕과 정치의 통합을 지향하면서 자신의 개인적 삶의 영역과 공동체적 삶의 영역을 분리시키지 않았던 지배층이자 학자였던 것이다.

그러한 선비들의 정의관은 선진유교의 의(義) 개념에서 유래하여 성리학의 의리(義理)로 이어지는 유교적 정의관이라고 규정지을 수 있다. 선진유교의 의는 '인(仁)의 실현에 필요한 객관적 규범으로서의 의'라는 공자의 관점과 '가족관계에서 확장하여 인간관계 전반에서 지켜야 할 마땅한 도리 또는 바람직한 행위 양태'라는 맹자의 관점으로 정리될 수 있다.⁸ 선진유교의 핵심원리로서의 인(仁)과 의(義)가 타자와 자신을 동시에 비추면서 인간이라면 마땅히 지켜야 하는 도리 또는 규범으로 정착했고, 그것은 다시 인의 정신에 입각해서 대상의 자격에 따라 차등있게 대우함으로써 마땅함을 찾는 덕으로 정착하게 된 것이다.⁹

성리학의 의(義)개념은 이러한 선진유교의 의미를 계승하면서도 좀 더 실천성을 더하는 방향으로 발전한다.

> 의(義)와 이(利)는 서로 상대를 이루는 것이지만 실상은 상반되는 것이다. 의에서 벗어나면 바로 이로 들어가게 된다. 즉 둘 사이의 간격이 매우 미세하므로 공부하는 사람은 마땅히 정밀하게 살펴보아야 한다. 글의 뜻으로 말하자면 **의는 천리(天理)의 마땅한 것이고, 이는 사람의 감정(人情)이 욕망하는 것**이다. 욕망한다는 것은 얻기를 바라는 것이다.¹⁰

주희의 제자 진순은 의는 천리의 마땅함이 구현된 것인 반면에 이(利)는 인간의 욕망이 드러난 것이라고 대조시킴으로써 의의 윤리적 보편성을 좀 더 부각시키고자 했음을 알 수 있다. 그는 더 나아가 의는 공(公)이고 이는 사(私)라고 대비시키면서 재물과 이름, 지위, 작록 등 그 자체로는 이로 간주할 수 없는 사물들에 빠지는 인간의 경향성이 곧 이(利)라고 규정짓고 있기도 하다.¹¹

이상과 같이 유교의 정의(正義)는 천명 또는 천리가 마땅하게 드러난 것, 즉 하늘의 도를 전제로 하는 올바름 그 자체라고 규정지을 수 있다. 그 올바름은 한편으로 하늘에 뿌리를 두고 있으면서도 다른 한편 인간의 내면세계 속에도 자리 잡은 원리 또는 규범이다. 내면화의 정도가 일정 수준을 넘어서면 우리는 그것을 덕성으로서의 정의로 분류해볼 수 있다. 덕성을 갖춘 인간으로서의 군자(君子) 또는 선비[士]는 반드시 올바름으로서의 정의를 내면화하고 있어야 하고, 그렇지 못할 경우 소인(小人)으로 전락하고 만다. 그런 점에서 유교의 정의는 인격체의 덕성을 이루는 실천적인 덕목의 하나이자 다른 모든 덕목들을 이끌어갈 수 있다는 점에서 올바름의 실체 자체라고 할 수 있다.

불교의 경우에도 정의는 다르마(dharma)를 향하는 올바름의 지향과 깊은 관련성 속에서 논의된다. 고타마 붓다, 즉 깨달은 자로서의 고타마는 "전륜성왕으로 **정의로운 분**이요 법다운 왕이었고 사방을 정복한 승리자였으며 나라를 안정되게 하였고. … 그는 바다를 끝으로 전 대지를 징벌과 무력을 쓰지 않고 **법으로써 승리하여 통치한 자**"이다.[12] 여기서 법은 진리, 즉 다르마이다. 전륜성왕이라는 상징적인 통치자로서의 붓다가 정의롭고 진리로 통치하는 자라는 초기경전의 규정을 통해서 우리는 다르마와 정의, 깨달음 사이의 연계성을 확인할 수 있다.

이러한 불교의 정의관은 보다 구체적인 계율의 차원에서 보다 잘 드러나고 있다.

> 만약 율의계와 정법계를 모두 갖추고 있다고 해도 중생계를 갖추고 있지 못하면 자신의 이익을 위한 행동이 이타행을 포함하지 못하게 된

다. … 만약 중생계가 있다고 해도 율의계와 선법계를 갖추지 못하면 오직 이타행만 있고 자리행이 없게 되어 다시 범부로 돌아가게 된다.[13]

대승계를 상징하는 삼취정계를 중심으로 자리(自利)와 이타(利他) 모두가 보살이 되기 위해 필요하다는 주장을 펴는 원효를 통해서 우리는 불교의 정의론이 나와 타자를 분리하지 않으면서 모두의 깨달음으로 이끌어가고자 하는 보살심(菩薩心)을 근간으로 하고 있음을 알 수 있다. 그에게서 보살이 지켜야 하는 계인 보살계는 "(한마음) 돌이켜서 큰 율의 근원으로 돌아가는 일임과 동시에 **사악함을 버리고 올바름(正)을 취하는 핵심 통로**"이기도 하기 때문이다.[14]

정의는 올바름이고 이 올바름은 보살계를 통해서 비로소 얻을 수 있다는 원효의 계율관은 수행을 통한 지혜의 추구와 자리와 이타의 구분을 허용하지 않는 동체(同體)의 자비행(慈悲行)으로 구체화된다. 깨달음을 지향하는 보살이 지녀야 하는 바라밀은 내면적인 깨침을 향하는 지계와 인욕, 정진, 수행, 지혜와 타자와의 관계 속에서 보살심을 실천하는 자비로 나눌 수 있지만, 이 구분은 상대적인 것일 뿐 모두 다르마를 향하는 과정에서 지녀야 하는 것들이라는 점에서 서로 긴밀한 연계성을 지니게 된다.

올바름으로서의 정의는 팔정도(八正道)를 통해서 보다 분명하게 드러난다. 바른 행동과 언어, 직업 등 여덟 가지의 바른 도를 통해서 깨달음을 얻을 수 있다는 생각은 개인과 사회에 요구되는 정의가 다름 아닌 바로 이러한 올바른 생각과 행동들 자체라는 전제를 깔고 있다고 볼 수 있다. 다시 말해서 팔정도를 통해 유추해낼 수 있는 불교의 정의는 개인과 사회 또는 공동체의 구분을 허용하지 않는 가운데 깨달음을 지향하는 길의 올바름 자체라는 것이다.

올바른 관계 지향으로서의 사회정의: 관계론적 맥락

✳   불교와 유교에서 사회는 인간들 사이의 관계와 다르지 않다. 불교의 경우 인간의 존재성을 규정짓는 핵심 요소는 인간을 비롯한 모든 존재자들과의 연기적 관계 또는 연기성(緣起性)이다. 다른 존재자들과 의존적 관계를 맺지 않고서 존재한다는 것은 불가능하고 그 의존적 관계마저 고정된 실체가 아니라 끊임없이 변화하는 것일 뿐이라는 공(空)의 진리가 불교 존재론의 근간을 이룬다. 그런 점에서 공은 곧 연기이고 연기는 곧 공이다.

공을 근간으로 삼는 불교철학에서 사회는 그럼 무엇으로 볼 수 있을까? 초기불교 시절부터 승가공동체는 물론 재가신도를 포함하는 사부대중공동체가 확립되어 있었다는 점을 상기해보면 불교에서 사회란 대중의 공동체라고 규정해볼 수 있다. 이 공동체는 수행에 전념하는 수행자들의 공동체인 승가공동체와 그 승가공동체를 외호(外護)하면서 일상적 깨침을 추구하는 재가공동체로 분류될 수 있지만, 고타마 붓다는 그 범위를 벗어나 존재하는 정치공동체 등과의 원만한 관계에 대해서도 깊은 관심을 보였다. 지금까지 존재하는 상좌불교 공동체 계율의 상당 부분은 그러한 공동체들 사이의 관계를 훼손하지 않기

위한 목적으로 제정된 것들이다.[15]

불교 공동체의 경우 외형적으로는 그 공동체 자체의 고유한 존재성을 상정하고 있다고 볼 수도 있지만, 그 공동체란 구성원들의 연기적 의존성이 잠정적인 경계선 안에서 작동하는 임시적 실체일 뿐 뒤르껭 식의 유기체성을 갖는 것은 아니다. 고타마 붓다 스스로 늘 사회참여적 자세를 잃지 않았다고 전제하는 로이(David R. Roy)도 불교 사회이론(Buddhist social theory)이 우리 자신과 공동체 또는 사회 사이의 미분리성에 근거할 수밖에 없다고 말하면서 사회적 고통(social dukkha) 개념을 중심으로 좀 더 실용적인 사회이론을 구축해갈 필요가 있다고 주장하기도 한다.[16]

이런 전제 속에서 도출해낼 수 있는 불교 사회정의관은 동체적 연기성에 대한 자각인 지혜(智慧)를 바탕으로 하는 자비(慈悲)의 시선과 손길 자체이다. 다시 말해서 나와 타자가 서로 분리되지 않는다는 동체(同體)의 연기성(緣起性)을 깨닫기 위해 노력하면서 그것에 근거한 자비의 눈길과 시선을 보내고자 노력하는 성향 또는 태도가 곧 정의이자 사회정의이기도 한 것이다. 이런 불교 정의관에 근거한 정의로운 행위는 사회적 차원의 악이 실체로 존재하는 것이 아니라 내 안의 무명(無明)의 그림자, 즉 서로 간의 연기적 의존성을 제대로 보지 못하는 데서 오는 자신의 어리석음과 탐욕과 분리될 수 없다는 전제 속에서 이루어지는 행위라는 차별성을 지니게 된다.

유교의 공동체 개념은 불교의 그것과 유사하면서도 공동체 자체의 일정한 존재성을 인정한다는 점에서 차별화된다. 유교에서 인간은 한편으로 하늘의 명령[天命]을 수용할 수 있는 능력을 갖춘 자이지만, 다른 한편으로 그 명령을 타자와의 감응(感應)이라는 관계적 맥락 속에서 받는 존재자이고 그 관계적 맥락은 다시 인간들의 도덕공동체로 확장되어 교육과 정치의 원천을 이룬다.

이와 관련하여 유교적 사유 속에서 인간 또는 개인의 위상을 자기성찰과 수양이라는 개인적 차원과 사회적 역할이라는 공동체적 차원으로 나누어 고찰하고 있는 션(Kwang-loi Shun)은 유교에서 개인은 그가 공동체 안에서 맡고 있는 사회적 역할과 분리될 수 없다고 주장한다. 그는 자신의 주장을 정당화할 수 있는 근거를 다음과 같은 네 가지로 제시한다.[17] 첫째는 인간과 동물의 차별성 근거를 사회적 규범을 수용할 수 있는 능력으로 보고 있다는 것이고, 둘째는 유교가 강조해온 전통적인 사회체제를 전제로 하는 윤리적 이상을 수용하고 있다는 점이며, 셋째와 넷째는 자신이 자라난 사회의 영향력에 강하게 의존하는 존재라는 점과 그 사회의 질서를 사회적 역할 수행을 통해 스스로 바꿔갈 수도 있는 가능성을 열어두고 있다는 점이다.

이승환은 유교에서 추구하는 이상적인 사회란 "구성원들이 서로를 보살펴주고 서로의 복지를 위해주는 덕인(德人)들로 구성된 화목한 공동체"이고 그런 대표적인 사례가 다양한 유교 경전을 통해 보여지는 '화목한 가족'이라고 말한다.[18] 자유주의와의 대비를 통해서 그는 유교적 자아정체성 또한 타인과의 관계 속에서 차지하는 자신의 위치를 확인함으로써 얻어진다고 강조한다.[19] 유교의 인간관이 지니는 관계론적 맥락을 전제로 할 때 이승환의 이런 주장에 대해서는 동의하지 않을 이유가 없지만, 다만 여기서 주의해야 할 점은 유교의 인간관과 사회관에서 모든 관계를 정당한 것으로 받아들이지는 않는다는 사실이다. 관계론적 맥락은 천명을 전제로 하는 보편론적 맥락과 긴밀한 연계성 속에서 존재하고, 그 결과 후자에 어긋나는 관계에 대해서는 거부할 수 있는 가능성을 열어놓고 있다. 바로 이 지점에서 유교의 사회정의관이 작동할 수 있는 공간도 확보된다.

존재하는 것들 사이의 연기적 관계성에 주목하는 불교의 경우에도 그 연기성은 자각의 대상이자 극복의 대상이기도 하다는 점에 유의할 필요가 있다. 우리의 일상 속에서 제대로 알아차릴 수 없는 연기성을 자각하는 일이 불교 수행의 주된 목적이고 그 자각은 자비의 윤리로 확장되어야 하지만, 다른 한편 연기성은 다음과 같은 두 가지 차원에서 극복의 대상이 되기도 한다. 하나는 연기성의 극복인 해탈과 열반의 차원이고 다른 하나는 연기성을 자각하는 과정에서 지니고 있어야 하는 중도(中道)의 차원이다.

해탈과 열반은 연기성의 극복이다. 연기성의 시간적 전개인 윤회로부터의 벗어남이 불교 수행의 궁극적 목적이고, 그 목적 달성은 연기성에 대한 자각에서 시작해서 결국은 벗어남을 목적으로 한다. 그러나 이런 목적 달성은 쉽게 이루어질 수 있는 일은 아니기 때문에 우리는 오히려 수행과 일상 속에서 지니고 있어야 하는 중도의 지향에 더 많은 관심을 가질 필요가 있다. 중도는 다르마를 전제로 하는 걸림없음[無碍]의 지향으로 구체화될 수 있다. 이 걸림없음은 연기적 관계에 충실하면서도 동시에 그 연기성을 넘어서고자 하는 자세로 현실화되고, 그 과정 속에서 불교적 사회정의관이 지닌 특성이 드러난다. 다시 말해서 불교적 사회정의관은 개인의 그것과 온전히 구분될 수 없다는 전제를 바탕으로 삼아 다르마를 전제로 하는 연기적 관계성에의 충실과 극복이라는 이중적 특성을 지닌다는 것이다.

21세기 초반 한국사회의 정의관 확립을 위한 몇 가지 과제

✽ 21세기 초반 한국사회의 정의관은 한편으로 우리 사회에서 현재 작동하고 있는 정의를 바라보는 관점이지만, 다른 한편으로는 우리 한국인들 개개인의 삶 속에서 구현되고 있거나 구현될 가능성이 있는 정의관을 의미하기도 하다. 그렇게 본다면 '21세기 초반 한국사회의 정의관'이라는 개념 자체가 애매성은 물론 모호성까지도 풍부하게 지니고 있는 불명료한 개념일 수밖에 없다는 사실을 받아들여야만 하고, 그 인식의 정도가 심해질 경우에는 우리의 논의 자체는 적실성은 물론 실효성까지 상실할 우려도 있다.

그럼에도 우리가 이런 논의를 전개해가야 하는 근거 또는 필연성을 찾고자 한다면, 아마도 우선 그것은 우리 일상을 가끔씩 엄습하는 '부정의한 사회 현상'과 '부정의한 개인의 행위'가 지니는 파괴성과 거부감에서 찾을 수 있을 것으로 보인다. 우리는 세계화 시대에 살고 있으면서도 실제적인 삶은 대한민국이라는 국가공동체를 전제로 해서 영위해가고 있고, 그 대한민국은 국방의 의무나 사회복지, 부정의한 행위에 대한 법적 제재 등의 주체로 엄연하게 작동하고 있다. 물론 그 대한민국이 각각의 구성원에게서 지니는 의미나 비중은 다를 수 있지만, 모든 대한민국 사람들의 최소한의 기반을 공유하게 하는 사회적 기반이라는 사실 자체를 부인할 수는 없다는 것이다.

21세기 들어 우리 사회는 이미 사교육 팽창으로 인한 교육의 기회 격차 문제나 의료 복지 배분의 방식과 기준 등을 놓고 격론을 벌이고 있고, 무상급식 등 보다 구체적인 보편적 복지 문제를 놓고 정치적인 논쟁을 거듭해 오고 있기도 하다. 그런 과정에서 어떤 정의관이 작동하고 있고 또 작동해야 하는가에 대해서 여러 의견들이 나오고 있지만, 그중 상당수는 롤스나 샌델식의 자유주의와 공동체주의 논쟁을 전제로 전개된 서구식 정의관을 적용하는 수준을 벗어나지 못하고 있다. 물론 그런 논의들이 이미 자유주의와 자본주의를 삶의 방식이자 원리로까지 받아들이고 있는 우리 사회에서 지닐 수 있는 적실성을 애써 부정할 필요는 없지만, 그렇다고 해서 그런 접근들이 우리 정의 문제의 모든 것을 온전히 해소해줄 수 있을 것으로 기대하는 자세 또한 비현실적이다. 왜냐하면 그 정의관들이 포용할 수 없는 한국인들 내면의 전통적인 정의관이 어떤 방식으로든지 동시에 작동할 것이기 때문이다.

이런 기본적인 문제의식을 바탕으로 삼아 지금까지 살펴본 유교와 불교 기반의 전통적인 정의관이 현재 우리 사회에서 지닐 수 있는 의미와 한계를 동시에 정리해보는 것으로 논의를 마무리하고자 한다.

보편론적 정의관은 여전히 유효한가?

✱ 전통적 정의관은 보편적 진리의 존재를 당연히 받아들이는 전제 위에서 천명 또는 다르마를 향하는 올바름의 열망으로 구현된다. 이 보편적 진리는 물론 동양 전통사상만의 고유한 전제는 아니다. 이데아와 신으로 상징되는 서구의 보편성에 대한 믿음도 오랜 시간 존속해온 보편적 진리에 대한 인간의 헌신을 상징한다. 분배적 정의와 시정적 분배 개념을 중심으로 서구적 정의관의 토대를 구축했던 아리스토텔레스의 경우는 "정의란 옳은 사람으로 하여금 그 선택에 의하여 옳은 일을 하게 하는 덕"이고 그 옳음의 구체적인 내용은 디카이온(Dikaion), 즉 균등하게 나누는 것이라고 강조함으로써 이러한 보편적 신에 대한 믿음을 직접 언급하지 않는다.[20] 그러나 그 덕이 "올바른 이치를 따른 상태일 뿐만 아니라 올바른 이치를 머금고 있는 상태"라고 정의하는 과정을 통해 올바른 이치라는 보편적 진리의 영역을 배제하지 않는다.[21]

동양사상적 맥락의 정의관은 종교적 차원의 신보다는 올바름의 원천인 이법적 하늘이거나 다르마를 전제로 해서 성립된 것이기는 하지만, 그렇다고 해서 21세기 한국에서 과연 하늘의 도나 보편적 법인 다르마에 대한 전제가 통용될 수 있는 것일까? 우리의 일상어에서 '그런 법은 없다.'는 말을 통해 흔적을 남기고 있는 전통적 정의관이 가치상대주의 또는 다원주의 사회로 급속히 편입되고 있는 현재의 한국 사회에서 온전히 통용될 수 있다고 판단할 근거는 거의 없다. 오히려 그 보편적 믿음의 대상으로 무신론을 전제로 하는 자연주의와 과학적 합리성이 떠오르고 있다는 판단이 가능할 정도이다. 눈으로 볼 수 있는 직접적인 이득의 추구나 자신의 이익을 따지고 계산하는 능력에 대한 과신 등이 21세기 한국인의 삶을 이끌어가는 핵심적인 원칙으로 받아들여지고 있는 상황 속에서 보편적 하늘이나 진리를 전제로 해야만 성립 가능한 전통적 정의관이 어느 정도 받아들여지고 있고 또 받아들여져야 하는지는 충분한 논쟁의 대상이 될 수 있다.

그렇다면 우리는 이 지점에서 보편론적 전제를 지닌 전통적 정의관을 포기해야 하는 것일까? 이 물음에 대해서 우선 우리 자신의 가치관 구조 어느 곳에 새겨져 있는 전통적 정의관을 임의로 포기하는 일이 생각만큼 쉽지 않다는 사실을 떠올릴 필요가 있지만, 그렇다고 해서 그것이 작동하는 모든 영역을 허용해줄 수는 없을 것이다. 오히려 그 실체를 일정 부분 인정한다는 전제 속에서 보편론적 정의관을 적극 인식하면서 할 수 있는 일을 찾아보는 것이 더 현명한 대안일 수 있다. 그 일의 하나가 올바른 삶에 대한 열망, 즉 삶의 의미 지향의 문제를 좀 더 적극적으로 담론의 장에 끌어들이는 일이다.

급속한 경제성장과 민주화 과정을 통해 최소한의 생존 기반을 마련하는 데 성공한 21세기 한국인들의 삶은 이제 생존과 이념, 문화의 시대를 넘어서 그 의미 자체를 갈구하는 단계로 접어들고 있다.[22] 전 국민의 상당수로 나타나는 종교인구수와 명상 열풍 등을 통해 미루어 짐작할 수 있는 이러한 삶의 의미 물음에 대한 관심은 당연히 각 개인의 고유한 영역이다. 그런 이유로 어느 누구도 쉽게 간섭할 수 없지만,

그 의미 물음을 올바르게 자신에게 던질 수 있는 능력을 갖게 하는 일까지 불간섭의 대상일 수는 없다. 오히려 교육의 의무 범위 안에 시민으로 하여금 그런 능력을 갖추게 하는 일이 포함된다고 보는 것이 타당하다.

시민사회에서는 그 시민의 공공적 삶의 영역에서 요구되는 도덕만을 교육의 대상으로 삼아야 한다는 관점은 도덕교육의 주된 목표를 가치판단 능력 함양으로 설정하고 그 이상의 올바른 삶 또는 좋은 삶에 대한 논의는 각 개인의 사적인 맥락에 맡겨야 한다고 주장한다. 이 관점은 미국 사회과 교육(social studies)을 통한 가치교육 또는 도덕교육이 그 교과가 만들어진 이후 현재에 이르기까지 지속적으로 견지해온 관점이었고, 그 영향력을 배제하기 어려운 우리 공교육의 역사 속에서 확산되어온 것이기도 하다. 그러나 콜버그로 상징되는 이러한 자율론적 관점은 도덕 또는 가치판단 능력이 사회가 요구하는 도덕성을 갖춘 시민을 길러내는 데 실패하고 있다는 비판이 제기되면서 이 관점의 영향력이 점차 축소되어오고 있는 추세이다.[23]

삶의 의미 물음은 좋은 삶 또는 바람직한 삶과 관련성을 지니는 최대도덕 차원의 물음이고, 이 물음은 개인적 차원뿐만 아니라 사회적 차원의 올바름을 묻는 물음이기도 하다. 이 물음을 던지는 과정에서 각 개인은 자신의 도덕적 전통에서 자유로울 수 없고, 그런 점에서 모든 정의관은 일정 부분에서 전통의존성을 지닐 수밖에 없다는 명제를 수용하게 된다. 그렇게 본다면 올바름으로서의 정의라는 동양사상적 맥락의 보편론적 정의관 또한 삶의 의미 물음과 관련지어 우리 한국인들의 삶 속에서 여전히 살아 있을 수 있는 전통이라고 할 수 있다. 자연과학적 배경의 합리성에 대한 믿음과 함께 이법적 하늘이나 다르마로 상징되는 보편적 진리의 세계에 대한 열망을 간직하는 일은 충분히 병행할 수 있고, 그런 병행을 가능하게 하기 위해서는 학교 교육의 목표로 의미 물음을 스스로에게 던질 수 있는 능력으로 상징되는 철학함과 도덕함이 포함되어야 마땅하다.

관계론적 정의관의 재구성 과제

✳   올바른 관계 지향으로서 사회정의라는 전통적 정의관은 사회를 구성하는 핵심 요소를 관계성 또는 연기성으로 보는 관점이라고 요약될 수 있고, 이제 우리에게 남은 과제는 현재 시점에서 그 관계성 또는 연기성을 어떻게 인식하고 받아들일 것인가 하는 실천적 문제이다. 현대 자유주의 정의관과 근본적으로 충돌할 수 있는 지점이기도 한 이 문제는 인간관 자체의 차이에서 비롯되는 것이기 때문에 쉽게 그 접점을 찾기 어려울 수도 있다. 고립되고 이기적인 개인의 경제적 합리성을 논의의 출발점으로 삼는 자유주의와 관계적 또는 연기적 연결망을 인간 존재성의 출발점으로 삼는 유교와 불교의 관점이 충돌할 경우 남는 문제는 각 개인의 선택일 수밖에 없는지도 모른다.

그러나 그 개인이 진공 속의 개인이 아니라 '한국'이라는 공간과 역사 속에서 성장한 '전통의존적인 개인'임을 떠올려보면 개인의 선택은 온전히 개인의 몫일 수 없고, 설령 그 개인의 몫으로 인정해준다고 해도 그 맥락을 고려하지 않은 선택이 합당한 것이 되지 못할 가능성도 높다. 이 지점에서 우리는 21세기 초반 한국인의 삶 속에서 관계가 지니는 의미를 다시 생각해볼 필요성과 직면하게 된다. 오랜 시간 효(孝)라는 가치를 중심으로 하는 가족관계에 익숙해져 있던 한국인들에게서 가족은 이제 조부모에서 손자녀에 이르는 대가족적인 관계망보다 부모와 자식으로만 구성되는 핵가족의 관계망을 의미하는 개념이 되었고, 더 나아가 그런 관계망으로부터도 일정 부분 자유로울 수 있는 1인 가족도 갈수록 늘어가는 추세이다. 자연마을 중심의 전통적 지역공동체망은 대부분 해체되어 버렸고, 전라도와 경상도로 상징되는 광역의 지역감정은 선거철이 되면 완고하게 모습을 드러내는 정도의 왜곡된 모습을 갖추고 있을 뿐이다.

우리 사회에서 모든 타자를 자비의 대상으로 바라보는 연기적 관계망이라는 다른 맥락의 관계망이 어느 정도로 작동하고 있는지에 대해서도 부정적인 결론을 내릴 수밖에 없다. 그것의 원천인 한국 불교계의 상황만 보아도 승가공동체와 재가공동체 사이의 연기적 관계망은 형식적·편의적으로만 작동한다고 전제하고 있을 뿐 진정한 의미의 사부대중공동체는 현재 존재하지 않는다. 그것의 사회적 확산인 한국사회 전반의 연결망은 불완전한 가상공동체의 양상으로 가끔 출현하기도 하지만, 그것 또한 동체적 전제를 가진 연기적 연결망과는 거리가 멀다.

이런 상황 속에서 우리에게 요구되는 정의관은 무엇으로 규정할 수 있을까? 이 물음은 지속적으로 답을 찾아가야 하는 열린 질문이자 동시에 그 정의관이 지니는 실천적 힘으로 인해 쉽게 포기할 수 없는 실존적 차원의 물음이기도 하다. 그 답을 찾아가는 출발점으로 자유주의와 관계론 모두를 설정할 수 있지만, 전통적 정의관이 지닌 관계론적 맥락을 논의의 출발점으로 삼는 일은 최소한 두 가지 점에서 여전한 유효성을 지닌다는 판단이 가능하다. 우선 그것은 이미 우리 삶에서 작동하고 있는 정의관의 하나라는 실천적 유효성을 지니고 있고, 우리 삶 자체가 관계성을 온전히 떨쳐버릴 수는 없다는 점에서 실존적 유효성을 지니기도 한다.

첫 번째 유효성에 대해서는 경험 연구를 통한 보다 엄밀한 검증이 필요하기 때문에 더 이상의 논의는 삼가야겠지만, 두 번째 유효성에 대해서는 좀 더 진전된 논의가 가능하다. 현재 우리 한국인들의 삶에서 관계 또는 관계성이 차지하는 비중이나 위상은 각각 다를 수 있지만, 그 누구도 관계성으로부터의 온전한 탈피라는 목표를 달성할 수는 없다. 설령 그가 자신을 둘러싸고 있는 모든 관계망으로부터 벗어나 산골에 들어가 홀로 살고자 한다고 해도 그의 실존 국면 속에서 감내해야 하는 고독감이나 고립감까지 떨쳐내지는 못할 것이기 때문이다.

우리 삶의 본질적인 관계적 맥락에 대한 적극적 수용으로서의 전통적 정의론이 21세기 한국사회의 정의론으로 여전히 유효할 수 있는 가능성이 바로 이 지점에서 찾을 수 있다 우리에게도 사회 정의는 일차적으로 희소한 자원에의 공평한 접근 기회 보장과 공정한 분배 기준으로 다가오지만, 다른 한편 그것은 스스로 인간답고 올바른 삶을 살아가야 한다는 개인 윤리적 차원의 열망임과 동시에 나와 관계를 맺고 있는 사람들 또한 최소한의 인간다운 삶이 보장받아야 한다는 사회윤리적 차원의 요청이기도 하다. 관계적 맥락 속의 인간들의 삶이 지니는 온전성이 나의 그것과도 긴밀하게 연계되어 있다는 전제를 갖는 전통적 정의관이, 자유롭고 경쟁적이며 이기적인 개인을 전제로 하여 주로 공정한 분배의 기준을 찾고자 하는 서구의 정의관과 어떻게 접점을 찾아갈 수 있을 것인지에 대한 개인적·학문적 고민이 본격화되어야 하는 구비의 어느 지점을 우리는 통과하고 있다.

전통적 정의관의 현대적 의의와 교육적 과제

✳︎   동양과 서양의 전통은 물론 서구 계몽주의 이후 형성된 근대성의 영향을 모두 받고 있는 21세기 초반 한국사회와 한국인들에게 정의는 일차적으로 사회적 가치와 자원에 대한 공평한 접근기회 보장과 공정한 분배라는 사회적 정의관으로 다가온다. 그런 점에서 롤스와 샌델로 상징되는 현대 정치철학과 윤리학의 정의론은 충분한 시의성을 지닐 수 있고, 이미 우리는 그 시의성에 기반한 공감을 일정 부분 공유한 기억을 갖고 있기도 하다. 그러나 다른 한편 올바름과 진리를 향한 보편적 열망과 인간다운 삶을 전제로 하는 올바른 관계지향으로서의 정의라는 전통적 정의관 또한 '최소한의 복지와 공정한 경쟁'을 전제로 하는 자본주의를 공식적인 삶의 원리로 채택하고 있다고 보이는 한국사회와 한국인들의 실존적 삶의 영역에서 어떤 방식

으로든지 작동하고 있다는 사실을 부정할 길은 없다. 물론 그 작동 양상 속에는 이른바 전두환식의 조직폭력배 의리 문화나 개인의 자유로운 사적 영역에 대한 폭력적 간섭이라는 부정적 양상이 포함되어 있고, 그것은 자유와 프라이버시라는 가치를 포기할 수 없는 한국인들에게서 전통에 대한 무조건적 적대감을 불러일으키는 요인으로 작동하고 있을 가능성도 있다.

우리의 정의관이 지니고 있는 그러한 중첩적인 맥락에 유의하는 일은 매킨타이어(Alasdair MacIntyre)가 말한 "비교의 다원성을 확보하지 못한 윤리적 탐구가 명백한 결함을 지닐 수밖에 없는 시대"를 살고 있는 우리들에게 필수적인 과제로 다가온다.[24] 그 과정에서 우리에게 더 강하게 요구되는 것은 급속한 경제발전 속에서 부정적인 극복의 대상으로만 상정해왔던 전통적 정의관에 대한 최소한의 관심과 재구성이다. 보편론적 열망과 관계론적 지향을 특성으로 삼은 불교와 유교 배경의 전통적 정의관은 21세기 초반 한국인들에게 삶의 의미 추구 과정에서 하나의 준거로서 활용할 수 있는 유효성과 사회적 차원의 분배기준과 훼손된 공정성을 시정할 수 있는 시정적 정의의 준거로서의 유효성을 여전히 지니고 있다는 것이 이 작은 논의의 결론이다. 이 결론의 타당성을 좀 더 실천적으로 확보하기 위해서는 자라나는 세대가 전통의 맥락을 정당하게 인식할 수 있는 능력을 기르는 균형 잡힌 교육 기회의 보장과 함께 그 교육의 과정을 결여했을 가능성이 높은 기성세대들 자신의 성찰적 삶이 전제되어야만 한다.

전통의 맥락을 정당하게 인식할 수 있는 능력을 기르기 위한 교육에 대한 구체적인 접근은 다양하게 시도될 수 있지만, 우선적으로 국가 수준 교육과정에서 전통사상과 문화에 대해 충분히 접근할 수 있는 내용과 방법을 담고 있어야 하고 교사 양성과정에서 이러한 교육과정을 실천적으로 구현할 수 있는 역량을 갖춘 교사가 양성될 수 있도록 충분한 주의를 기울여야 할 것이다. 기성세대를 위해서는 구체적인 대안을 제시하기가 쉽지 않지만, 삶의 의미 물음을 적극적으로 담지할 수 있는 사회적 차원의 시간과 공간을 마련하기 위한 공동의 노력을 통해 어느 정도 가능할 수 있을 것으로 보인다.

정의의 문제는 올바른 삶이라는 지향을 전제로 해서 개인적 차원과 사회적 차원 모두와 긴밀하게 연결되어 있다. 물론 우리가 주로 접하는 것은 사회정의 문제일 가능성이 높지만, 그것이 사회구성원 개개인의 삶의 맥락과 긴밀하게 연계되어 있다는 인식틀이 꼭 필요하다는 점에 대해서는 누구나 동의할 수 있다. 그 동의를 구체화하는 과정에서 우리는 동양사상적 맥락의 정의관과 만나게 되고, 바로 그 이유에서 이 정의관에 대한 보다 적극적인 관심과 성찰이 요청된다고 말할 수 있다.

2부

우리 시대의
교육 문제와
남명의 실천

4장 남명의 경 사상에 기반한 우리 인성교육의 방향

21세기 초반 한국사회의 교육적 모순과 현실

✳   학문적 탐구와 분석 대상으로서의 우리 현실은 복잡성과 복합성을 지닐 수밖에 없다. 여기서 복잡성은 주로 다양한 요소들이 얽혀 있음을 일컫는 개념이고, 복합성은 그 다양한 요소들 사이의 다층적인 관계를 일컫는 개념이다. 따라서 우리가 자신이 속해 있는 사회 또는 공동체의 현실을 분석의 대상으로 삼고자 할 경우, 이러한 복잡성과 복합성을 동시에 유의해야만 한다는 당위적 요청이 수반할 수밖에 없다.

서력 기원으로 '21세기 초반'인 한국사회는 그런 대상의 전형적인 경우에 속한다. 개화기 이후 자신을 어떻게 바라보아야 하는지에 관한 새로운 시각을 요청받으면서 등장한 위정척사나 적극적인 개화 모두 성공을 거두지 못한 채 맞은 일제강점기는 전통에 대한 철저한 부정과 경멸의 시선으로 남았고, 남북분단과 한국전쟁, 상호경쟁적인 남북한의 공업화와 남한의 민주화 등으로 이어지면서 외적 성장과 제도적 민주화, 남북대립의 지속 등으로 21세기 초반 한반도 상황을 규정짓고 있다.

'세계 최고의 대학 진학률'이나 '세계 최고의 청소년 자살률', 또는 '높은 학업성취도'나 '창의성의 현저한 부족' 같은 모순된 결과물들을 접하면서 우리 교육은 상당 부분 표류하고 있다. 미국이나 핀란드 같은 나라의 사례를 연구해서 받아들여야 한다는 주장도 더 이상은 설득력이 없고, 극심한 입시 위주의 교육과 그로 인한 인성교육의 실패 같은 진단에도 우리는 충분할 만큼 무감각해져 있다. 교육과정 개정에 관한 논의와 연구가 지속되고 있지만 현장 교사들의 관심은 거의 나타나지 않고 있고, 단지 교육과정 개정의 '피로감'이라는 형태의 냉소적인 분위기만 감지될 뿐이다.

무엇이 어디에서부터 잘못된 것일까? 이 물음은 일단 현실로부터의 거리두기를 요구한다. 우리가 처해있는 현실로부터 한 발짝 물러서서 먼저 그 복잡하면서도 복합적으로 얽혀있는 실타래를 바라보는 일이 먼저다. 그렇지 않고 섣불리 실타래를 풀려고 할 경우에는 더 심각하게 얽혀서 더 이상 사용할 수 없는 무용지물이 되어버릴 가능성이 높다. 오늘 우리의 출발점은 바로 이 지점이다. 우리 현실에 대한 인식과 대책 마련을 주로 교육이라는 화두, 그것도 시민성교육이라는 화두를 중심에 두고 모색해보고자 한다는 것이다. 이 작업 또한 매우 방대한 것이어서 제한점을 둘 수밖에 없고, 이 장의 구체적인 제한점은 16세기 조선의 상황을 비판적으로 성찰하면서 분명한 목소리와 몸짓을 보여준 남명의 시각이다.

우리의 교육 현실에 관한 인식 문제: 시민의 기본 인성요소를 중심으로

우리 교육 현실의 복잡성과 인성교육 문제

✽   우리의 교육 현실에 관한 인식은 그 현실이 매우 복합적일 뿐만 아니라, 정치나 경제, 사회문화 같은 다른 영역과 복잡하게 연결되어 있기 때문에 결코 쉽지 않은 과제로 분류되고 있다. 많은 전문가들이 우리 교육 현실을 그 나름의 관점에서 분석하고 대안을 제시해왔지만, 대부분의 경우 외면 받는 이유도 상당 부분 이러한 교육 현실 자체의 복잡성과 복합성에 기인한다. 다시 말해서 복잡하게 얽힌 현상의 어느 한 부분에 주목하는 분석과 대안 제시로는 전혀 예측하지 못한 변수가 출현할 경우 오히려 문제를 더 악화시키는 결과로 나타날 가능성도 배제할 수 없다는 것이다.

교육 현실은 교육이 작동하고 있는 시간과 공간을 지칭하는 개념으로 해석될 수 있다. 우리 교육 현실은 주로 21세기 초반 한반도 남쪽이라는 시공간 속에서 작동하는 교육 관련 모든 현상을 지칭한다. 그 안에는 공교육 체제가 중심이 되겠지만, 사교육과 가정교육, 사회교육 등 모든 교육이 포함될 뿐만 아니라 통시성 속에서 역사적 배경과 문화를 반영하고 공시성 속에서 세계화와 지역화라는 현재의 쟁점들이 모두 포함된다.

이러한 우리 교육 현실을 상징할 수 있는 대표적인 현상으로 꼽을 수 있는 것들은 대체로 다음과 같은 것들이다. 극심한 입시 위주의 교육으로 인한 공교육 체제의 붕괴와 비정상적인 사교육 팽창, 경쟁의 극대화로 인한 세계적인 수준의 청소년 자살률, 인성교육과 적절한 창의성 교육의 실패 등이다.[1] 그 외에도 여러 가지 현상들이 꼽힐 수 있겠지만, 이상의 것들만으로도 우리 교육의 문제가 얼마나 심각한 수준인지를 파악해내는 데는 전혀 어려움이 없다.

이러한 문제들이 부각된 배경에는 급속한 경제 성장과 교육을 중시하는 유교적 전통, 외형적인 시민사회의 정착에 부합하는 시민성교육의 실패 등이 자리하고 있다는 주장들이 나오고 있다. 이와 관련된 주장들이 각각 지니는 일정한 함축에 대해서 굳이 부인할 필요나 이유는 없을 것이다. 왜냐하면 그 각각의 요인들이 어떤 방식으로든지 우리 교육 문제에 영향을 미쳤을 것이라는 사실은 비교적 분명해 보이기 때문이다.

그러나 그런 요인들 각각을 모두 모아놓는다고 해서 문제의 실체가 온전히 드러나리라고 기대하는 것 또한 비현실적인 것이다. 우선 다양한 요인들의 나열만으로 실체가 규명되지는 않기 때문이고, 더 나아가 과연 그 각각의 요인들에 관한 분석이 어느 정도의 적실성을 지니고 있는지에 대해서 판단하기가 쉽지 않기 때문이기도 하다. 이 지점에서 우리는 우리 교육 문제를 인식할 수 있는 총체적인 틀과 함께 이미 부각되어 있는 문제들에 대한 보다 정확한 인식과 판단의 요구와 마주하게 된다.

이러한 요구들을 모두 충족시키는 일은 이 작은 논의의 범위를 넘어서는 일이기 때문에 여기서는 그 문제들 중에서 중심부를 차지하고 있다고 판단되는 인성교육(人性教育)의 문제를 소재로 삼아 논의를 전개해가고자 한다. 인성교육은 인간을 대상으로 하는 교육이 시작되는 그 시점에서부터 현재에 이르기까지 늘 교육의 중심 주제였을 뿐만 아니라 21세기 초반 한국 상황 속에서도 여전히 쟁점으로 부각되어 있다는 점에서 이 주제는 우리 교육 문제 논의의 핵심축을 이루기에 충분한 자격을 갖추고 있다고 판단된다.

인성교육은 학습자의 인성(人性)을 보다 나은 방향으로 이끌어내고자 하는 교육적 노력을 통칭하는 개념이다. 전통적으로 우리의 인성교육은 맹자의 성선설(性善說)에 기반을 두고 이미 타고난 선함의 단서를 길러 온전한 인격을 갖춘 인간으로 만들고자 하는 노력으로 정의되어 왔다. 선진유교와 불교가 만나 서로를 극복하는 과정에서 등장한 성리학(性理學)의 경우에도 이러한 본성에 관한 관심이 마음과의 관련성 속에서 심학(心學)으로 심화되었고 인성교육 또한 심학의 깊이를 더해 보다 심화된 수양(修養)의 방법론을 포용할 수 있게 되었다.

그런데 개화기 이후 우리에게 도입된 국민교육으로서의 수신교육(修身敎育)은 한편으로는 이러한 전통을 계승한 것이면서도 다른 한편 국가의 주권 상실 위기 상황 속에서 '개인의 신체를 개조하여 그것을 어떻게 국가에 복무시킬 것인지'에 집중한 긍정적인 의미의 국가주의적 방향을 지닌 것이었다.[2] 대한제국을 건설하면서 강조한 이러한 교육입국의 지향은 그러나 일제 식민지주의자들에 의해 의도적으로 왜곡되는 과정을 거치면서 일본 천황에 대한 무조건적 복종과 맹목적인 성실을 강요하는 수신교육으로 전락하고 만다.

광복 이후 한국동란과 4·19 등의 역사적 상황을 거쳐 등장한 박정희 정권은 이러한 수신교육의 역사를 되살리고자 노력했고, 그 과정에서 국사와 국민윤리 같은 국책과목이 다시 출현했지만 1987년 6월 항쟁 등 지속적인 민주화 노력을 통해 극복되는 역사가 이어졌다. 제3차 교육과정기인 1970년대 초반 독립교과로 등장한 도덕·국민윤리는 시민교육의 핵심교과인 사회과와의 중복 문제를 지속적으로 불러일으키면서 점차 인성교육의 중심교과로서의 위상과 도덕함을 구현할 수 있는 교과로서의 가능성을 확보하고자 노력하며 현재에 이르고 있다.[3]

그런데 문제는 현재 시점에서 우리가 목표로 삼아야 하는 인성이 무엇인지에 관한 의견일치가 쉽지 않다는 데서 생긴다. 유교와 불교를 배경으로 삼은 전통적 인성 개념이 현대 교육심리학의 영향으로 수용한 성격(personality)으로서의 인성 개념과 충돌할 가능성이 높아진 것이다. 성격으로서의 인성은 기본적으로 가치중립적인 개념이기 때문에 이 개념에 기반한 인성교육은 원만한 성격 형성 정도를 목표로 삼을 수밖에 없다. 원만한 성격이 전통적인 인성 개념과 모든 점에서 충돌하는 것은 아니지만, 단지 목표가 그 지점에서 멈출 경우 하늘의 명령[天命]을 전제로 그것이 인간의 내면세계 속에서 구현되기를 기대하는 전통적인 인성교육은 물론 그것에 근거해서 오랜 시간 합의된 것으로 받아들여져온 성실(誠實)이나 자비(慈悲) 같은 덕목들에 대한 수용이 어려워지는 상황이 출현한다.

이런 상황 속에서 설정될 수 있는 인성교육은 전통적인 인성 개념과 현대 교육심리학적 인성 개념을 나열하면서 그 모두를 강조하는 방향이나 그중 어느 하나에 의존하여 다른 것을 배척하는 방식으로 전개될 가능성이 높고 실제 우리의 인성교육이 그런 혼란 속에서 전개되고 있기도 하다. 특히 1997년 구제금융사태[IMF] 이후로 국제적인 경쟁력이 강조되면서 등장한 창의성 교육이 교육의 중심축을 차지하는 과정에서 그 하위 변수 정도의 위치를 차지할 수밖에 없는 인성교육은 형식적인 강조와 실질적인 경시라는 모순된 대접을 받을 수밖에 없었고 그것은 현재까지 지속되고 있다.

우리 교육의 문제가 물론 인성교육에 한정되는 것은 아니지만, 인성교육이라는 변수는 극심한 입시 경쟁 위주의 교육과 그로 인한 공교육 체제의 위기 및 사교육의 팽창, 청소년 자살률 등 다른 교육 변수들과 긴밀한 연계성을 확보하고 있기 때문에 이 문제를 논의의 출발점으로 삼아 우리 교육 현실에 대한 분석과 대안 모색을 시도하는 일은 충분한 의미를 지닌다. 다만 현재 시점에서 인성이 단순히 개인적인 차원의 그것에 그치는 것이 아니라 공적인 차원으로 확장되어 다루어져야만 하고, 그 공적인 차원의 논의가 현재 상황 속에서는 시민(市民, citizen)으로 연결될 수밖에 없다는 사실을 감안한다면 시민사회를 전제로 하는 시민교육 또는 시민성교육을 함께 다루는 것이 바람직한 논의의 방향이 될 것이다.

시민사회의 기본 인성: 성실, 배려와 자비, 정의

✳   인간의 삶은 개별적인 맥락과 함께 관계적 맥락 속에서 전개된다. 불교나 유교와 같이 관계적 맥락을 중심에 두는 관점이 있는가 하면, 근대 계몽주의 이후의 자유주의 사상과 같이 개별적인 맥락에 초점을 두는 관점도 있다. 현재 우리의 상황 속에서는 그중 후자가 좀 더 강화되면서 전자가 그에 비례하여 약화되는 추세가 나타나고 있다. 여기서 우리가 합의할 수 있는 최소한의 사실은 온전히 분리된 개별적인 맥락이나 관계적인 맥락 중 어느 하나만으로 인간의 삶이 유지될 수는 없다는 명제 정도일 것이다.

이기성과 고립성을 전제로 하는 롤스류의 무지의 베일 속 개인은 계약을 전제로 삼아 정의의 원칙을 찾아가기 위한 가상의 전제로만 성립될 수 있을 뿐이다. 역으로 모든 인간의 삶이 곧 연기성(緣起性)의 산물이라는 불교적 관점에서는 그것이 확대되어 해석될 경우 각 인간의 고유한 개체성을 훼손하는 결과를 낳을 수 있는 가능성을 지닌다. 그런 점에서 불교 사회철학은 연기적 독존주의(緣起的 獨尊主義)로 재해석될 필요가 있고, 그렇게 해야만 그 연기성이 제대로 구현될 수 있는

가능성이 커질 수 있다.[4]

　인간의 삶이 지니는 그런 이중적 맥락을 받아들인다면, 인성교육 또한 개별적인 맥락의 그것과 관계적인 맥락의 그것으로 나누어 접근할 수 있다. 물론 이 두 맥락은 서로 긴밀한 연결고리를 형성하면서 한 인간의 인격으로 통합되는 것이라는 전제 또한 당연히 요청된다. 한 인간의 삶에 있어 개별적인 맥락에서 작동할 수 있는 인성 요소는 주로 습관과 내면적 성찰로 나타날 가능성이 높다. 자신의 삶을 건강하게 이끌어갈 수 있는 도덕적 습관과 현재의 삶을 성찰의 대상으로 내놓을 수 있는 내면적 성찰은 한 인격체가 지니고 있어야 하는 기본 요소일 수밖에 없다. 그 과정에서 드러날 수 있는 기본 덕목은 **성실**(誠實)이다. 유교적 성(誠)의 개념에서 유래하는 성실은 기본적으로 하늘의 도[天之道]이지만, 인간의 경우에도 그 성을 실현하고자 하는[誠之] 염원을 가질 수 있다는 점에서 인간이 지향해야 하는 실천적인 도[人之道]이기도 하다.

　관계적 맥락은 좀 더 다층적이다. 그것은 한편으로 인간의 정치적 속성, 즉 호모 폴리티쿠스(Homo politicus)의 영역으로 정의되기도 하고 경제적 속성인 호모 에코노미쿠스(Homo economicus)의 영역으로 규정되기도 한다. 그 외에도 광범위한 의미의 '사회적 동물'로서의 인간으로 규정되거나 사회적 진화의 산물로 도덕성을 정의하는 경우 호모 에티쿠스의 개념으로 표현되기도 한다. 어떻게 정의하든 인간 삶의 관계적 맥락은 한편으로 생존(生存)을 가능하게 하는 기제로 해석될 수 있을 뿐만 아니라, 삶의 의미 영역을 건드리는 실존(實存)과도 긴밀하게 연결된다. 불교의 개념을 활용한다면 그것은 각각 생멸(生滅)과 진여(眞如)라는 두 차원으로 전개되어 육체적인 생존은 물론 정신적인 실존을 가능하게 하는 기제로 작동한다.

인성교육과 시민성교육의 관계는 바로 이 관계적 맥락 속에서 좀 더 직접적으로 나타난다. 시민성교육은 기본적으로 시민사회(civil society)를 전제로 해서 이루어지는 교육이다. 시민사회의 주체인 시민을 어떻게 길러낼 것인가를 고민하는 교육으로서의 시민교육은 그 핵심 영역으로 그 시민이 갖추고 있어야 하는 기본 인성과 기초 역량을 포함하고, 그렇게 본다면 시민교육과 시민성교육의 엄격한 분리는 불가능하다. 실제로 이 두 개념은 서로 혼용되는 경우가 많고, 굳이 구분해야 할 필요성도 느끼기 어렵기 때문에 우리 논의에서도 맥락에 따라 혼용하고자 한다. 다만 시민성교육이라는 개념을 우선적으로 택한 이유는 인성교육과의 관련성에 주목하고자 하기 때문이다.

시민사회를 전제로 하는 관계적 맥락 속에서 살아야 하는 인간에게 요구되는 핵심 덕목 또는 기초 핵심 역량은 무엇으로 규정될 수 있을까? 이 물음에 대한 답은 다양할 수 있지만, 우선적으로 그 맥락의 속성이 지니는 두 가지 차원에 주목하면서 답을 찾아갈 필요가 있다. 그것은 각각 그 관계가 지니는 물질적 이익의 차원과 정신적 연대의 차원이다. 우리는 물질적 이익을 얻기 위해 경쟁하거나 협력할 필요성과 직면할 때가 있지만, 동시에 그 자체가 목적이 되는 정신적 연대를 위해 관계를 갈망하기도 한다.

이러한 이익과 연대의 두 차원을 바람직한 방향으로 이끌어가기 위해 요구되는 핵심 덕목은 무엇일까? 우선 협동 또는 협력을 떠올려 볼 수 있고, 존중과 책임 등의 덕목을 떠올려 볼 수도 있다. 이 각각의 덕목들이 모두 일정한 유효성을 지님에 틀림없지만, 자신과의 관계 속에서 내면적 성찰이 가능하게 하는 성실에 해당하는 수준의 덕목들이라고 보기는 어렵다. 협력과 협동은 서로를 돕는 과정을 중심에 두고 있는 덕목들이고, 존중과 책임 또한 상대방에 대한 태도를 주로 지칭하는 덕목으로서의 성격이 강할 뿐 그 과정과 결과를 아우르는 것이라고 보기는 어렵다는 것이다.

이 지점에서 우리가 대안으로 상정할 수 있는 덕목은 배려(care)와 자비(慈悲)이다. **배려**는 배려윤리학과 배려교육이라는 비교적 새로운 논의를 통해 부각된 덕목이고, 자비는 불교윤리의 핵심 개념으로 제시되어온 덕목이다. 이 둘의 외형은 모두 인간이 지니고 있는 공감 능력에 기반을 두고 타자에 관한 관심을 펼쳐가는 것을 중심에 둔다는 점에서 크게 다르지 않지만, 배려의 경우는 기본적으로 개개인의 삶의 영역을 존중하는 개인주의적 관점이 배경으로 깔려있는 데 비해 자비는 동체(同體)라는 두터운 관계론을 배경으로 한다는 점에서 차별화된다.

시민사회에서 받아들일 수 있는 덕목은 그중에서 당연히 배려이고, 이 덕목은 기본적으로는 이익을 상정하지 않는 타자에 대한 공감을 전제 조건으로 삼는다. 인간에게 공감 능력이 내재되어 있는지에 관한 논쟁이 여전히 진행 중이지만, 최소한의 합의가 가능한 사실 중 하나는 인간관계를 이끌어가는 핵심 능력이 바로 공감 능력이라는 점이다. 공감(empathy)은 '한 개인이 다른 사람의 감정을 느끼면서 일어나는 두 사람 사이의 사회적 상호작용'으로 정의될 수 있다.[5] 이러한 공감은 단계적으로 일어나는데, 그 두 단계는 상대방의 상황에 대한 인지와 반응이다. 물론 이 두 단계는 대체로 거의 동시적으로 전개되는 경우가 많다.

인간에게서 나타나는 악(evil)에 초점을 맞추고 공감을 연구하는 베이런 코헨(Baron-Cohen)은 공감이 상대방을 수단으로 대할 때는 나타나지 않는다고 주장한다. 악이 나타나는 지점이 바로 인간을 수단으로 인식하는 순간이라는 것이다. 이 말은 마틴 부버(Martin Buber)의 '나와 그것의 관계' 속에서만 악이 비로소 출현할 수 있다는 주장으로 이어진다.[6] 이처럼 한 인간을 인격체로 받아들이면서 그에 상응하는 관계를 맺고자 하는 자세 또는 태도가 곧 배려이다.

건강한 민주주의 체제를 위한 시민을 양성하기 위해 학교가 어떤 역할을 해주어야 하는지에 대해 묻는 누스바움도 타인의 관점에서 세계를 볼 수 있는 능력 계발하기와 타자에 대해 진심으로 관심을 기울이는 능력 계발하기 등의 과업을 제시하는 과정에서 공감에 기반한 배려교육의 중요성을 강조하고 있다.[7] 그는 이러한 교육이 성공을 거두기 위해서는 자신이 살고 있는 지역에 관한 풍부한 지식과 관심을 전제로 이런 교육 내용들을 가르쳐야 하고, 그것은 더 나아가 그 교육법, 즉 페다고지를 통해서도 다루어져야만 한다고 강조하고 있다.[8]

시민사회에서 배려에 관한 강조는 당연한 것으로 받아들일 수 있다. 각 개인의 정치적 권리와 경제적 사유권을 근간으로 삼아 성립된 근대 시민사회는 공공의 영역을 어떻게 간직해낼 것인가와 관련된 과제를 안게 되었고, 그 과제를 수행해내는 과정에서 반드시 필요한 덕목이 함께 살아가고 있는 일반적인 타자에 대한 관심과 배려이기 때문이다. 시민사회에서도 부모와 같은 의미있는 타자의 경우, 인간의 본능에 의존하는 최소한의 관심을 유지해내는 일이 어렵지 않지만 별다른 의미가 없는 타자에 대한 관심을 유지하는 일은 결코 쉬운 과제가 아니다. 바로 이 지점에서 배려를 정당화할 수 있는 논리적 기제가 요구된다.

우리는 왜 자신의 이해관계와 관련이 없는 우리 사회의 다른 사람을 배려해야 하는가? 이른바 복지사회의 딜레마로 받아들여지기도 하는 이 물음은 그 답을 대체로 다음과 같은 두 가지 방법으로 찾아볼 수 있다. 하나는 자신과 이해관계가 없다는 사실 자체에 대해 의문을 제기하는 방법이고, 다른 하나는 인간에게 내재된 타인에 관한 본능적인 관심과 관련된 경험적 증거를 찾는 방법이다. 전자는 우리의 삶이 본질적으로 타자와의 의존을 통해서만 가능하다는 형이상학적 근거를 찾는 방법으로 불교의 연기론(緣起論)이 그 대표적인 이론이다. 후자는 최근에 지속적으로 제시되고 있는 신경과학이나 뇌과학의 연구 성과에 의존하는 방법으로 이미 상당 부분 거울뉴런의 존재가 입증되는 단계에 이르고 있기도 하다.

인간의 삶이 타자와의 의존 속에서만 비로소 지속가능하다는 연기론적 관점은 필연적으로 그 연기적 의존 관계에 있는 타자에 관한 적극적인 관심과 배려를 요구한다. 그런데 이때의 관심과 배려는 개인주의에 기반한 그것과 질적으로 다르다. 다시 말해서 그 타자에 관한 관심은 말 그대로의 타자가 아닌, 내 삶에서 적극적인 의미를 갖는 타자에 관한 관심이고 더 나아가 불교적 관점에서는 자신과 분리가 불가능한 동체적 관계(同體的 關係)에 있는 타자에 관한 관심이다. 그 적극적인 관심과 배려가 곧 **자비**(慈悲, mercy/compassion)이다. 자비는 '살아있는 모든 존재자들이 고통과 고통의 원인으로부터 자유롭기를 간절히 바라는 마음'이지만,[9] 그 기본 전제는 나와 모든 존재자들이 하나의 몸으로 이어져 있다는 동체의식이다.

    문제는 이러한 형이상학적 인식이 시민사회의 구성원들에게 얼마나 의미있게 받아들여질 수 있는가에 있다. 시민사회에서 통용될 수 있는 도덕은 기본적으로 각 개인의 삶을 이끌어가는 데 도움을 줄 수 있는 수준의 최소 도덕인데, 자비의 경우 전형적인 최대 도덕에 속한다. 최소 도덕의 적용범위는 각 개인들의 삶이 공유해야만 하는 공공재 영역에 그치고, 각 개인들의 사적 영역에까지는 미치지 않는 것을 원칙으로 한다. 그런데 자비의 경우 그 선을 넘어서는 것이기 때문에 부당한 간섭으로 비판받을 수 있는 소지를 충분히 갖고 있다. 그런 점을 고려하여 롤스나 콜버그 등의 자유주의자들은 시민윤리의 핵심을 자유로운 경쟁을 전제로 하는 공정성으로서의 **정의**(正義, justice)로 규정하고자 했고, 그럴 경우 교육이 간섭할 수 있는 범위도 각 개인들이 합리적인 도덕 판단을 내릴 수 있는 능력을 길러주는 지점까지로 한정하고자 했다.

유교철학의 성과 경, 그리고 남명의 경 사상

우리 시대의 시민윤리 논의와 최대 도덕 문제

✽   시민사회의 주체는 당연히 시민이고 그는 정치적 권리와 경제적 사유권을 기반으로 삼아 자유로운 삶을 펼쳐나가는 자유인이다. 그 시민에게 우리가 요구할 수 있는 도덕은 자유에 기반한 자율성과 그에 따른 법적인 책임감 정도이다. 그런 점에서 도덕적인 책임감은 타자의 시선을 통해 일정한 압박을 가할 수 있을 뿐 그에게 강요할 수 있는 것은 아니다.

그런데 앞서 논의한 불교적 배경의 자비나 유교적 배경의 성(誠)에 기반한 경(敬)의 윤리를 시민에게 요구할 수 있을까? 우리는 이 물음에 대해서 일단 부정적인 답변을 할 수밖에 없다. 그것들은 시민의 사적 영역에서 내면적으로 선택할 수 있는 여러 대안들 중 하나일 뿐 어느 누구도 강요하거나 요구할 수는 없기 때문이다. 그런 관점에서 본다면, 우리 시대 한국의 시민들에게 성실이나 자비, 경 등의 최대 도덕적 성격의 덕을 요구하는 일은 부당한 간섭이라고 판단되어야 마땅하다.

그럼에도 우리는 여전히 불교나 유교에 기반한 전통적인 덕과 공부에 관한 논의를 지속시키고 있고, 그런 일들이 지니고 있는 가치에 대해서도 일정하게 평가하는 문화 속에서 살고 있다. 이 모순적인 현상을 어떻게 받아들여야 할까? 물론 역사로서의 유교와 불교를 공부하고 연구하는 일의 정당성과 가치에 대해서는 누구나 인정할 수 있겠지만, 그것을 현재의 한국 시민이 지니고 있어야 하는 시민윤리의 내용으로 연결시키는 일은 분명히 신중을 기해야 하는 것임에 틀림없다. 우리 시대의 시민은 보살이나 선비와 다를 수밖에 없기 때문이다.

시민윤리 논의가 기본적으로 다른 시민과의 관계 속에서 지켜져야 하는 최소 도덕을 중심으로 전개되어야 한다는 전제는 성실이나 자비, 경 같은 최대 도덕의 성격을 지니고 있는 덕들에 관한 논의에 강한 제약 요건으로 작동한다는 사실을 인식하는 일이 꼭 필요하지만, 그렇다고 해서 그런 논의 자체가 불필요하거나 불가능하다는 주장으로 곧바로 이어지지는 않는다. 그 이유는 두 가지인데, 하나는 시민의 내면적인 삶의 영역 속에서의 유효성에 대한 주목이고, 다른 하나는 시민사회의 공공영역에 관한 재인식의 가능성에 대한 주목이다.

시민들 개개인의 사적 영역의 삶은 기본적으로 그 개인의 몫으로 돌려지지만, 그것이 곧 그 개인들이 마음대로 살아가도 좋다는 의미로 해석될 수는 없다. 시민사회는 '교육받은 시민'이 이끌어가는 사회이고, '교육받은 시민'은 자신의 삶을 의미있게 이끌어갈 수 있는 능력을 갖춘 시민을 포함할 뿐만 아니라 그 의미 추구를 다른 시민과의 관계 속에서 이루어내는 능력을 갖춘 시민이라고 규정지을 수도 있다. 왜냐하면 한 개인의 삶의 의미가 상당 부분 행복에 의해 규정된다고 볼 때 그 행복을 결정짓는 주요 변수가 타자와의 관계이기 때문이다.

이렇게 본다면 시민교육을 통해 우리가 각각의 시민에게 제공해주어야 하는 요소 속에 다른 시민과 더불어 자신의 삶을 의미 있게 이끌어갈 수 있는 능력이 포함되는 것은 당연하다. 더 나아가 그 '더불어'

의 영역은 시민사회의 공공의 영역, 즉 공화(共和, republic)의 영역으로 이어진다. 자유주의에 기반한 모든 시민사회가 해결해내야 하는 공통의 과제는 그 사회가 유지되는 데 필요한 공공재를 어떻게 확보하고 유지하느냐 하는 문제이다. 이른바 '목초지의 비극'으로 상징되는 공공재의 비극을 해결할 수 있는 방안은 법적이고 제도적인 대안을 마련하는 것과 시민들의 사회적 상상력에 기반한 사회윤리의식을 확보하는 것이다. 이 두 방안은 서로 협력적인 관계를 형성해야 하지만, 선후를 따질 경우 후자가 중심을 차지하는 것이 바람직하다고 할 것이다.

우리 사회의 시민으로 살아가기 위해 필요한 사회학적 상상력은 21세기 한국사회를 세계화와 지역화의 안목을 동시에 작동시키면서 파악할 수 있는 사회인식 능력과 다른 구성원들과의 경쟁과 연대라는 이중적 요구에 관한 인식 능력으로 구체화될 수 있다. 이 두 가지 능력에 더해질 수 있는 것은 우리 사회의 전통적 맥락, 즉 불교와 유교로 상징되는 전통사상에 근거해서 역사적 과정을 통해 형성되어 현재에 일정 부분 계승되고 있는 전통에 관한 비판적 인식 능력이다. 이 능력을 결여하고 있을 경우, 이미 자신의 삶을 통해 작동하고 있는 가치관의 한 부분을 외면하는 결과를 빚거나 우리 의식의 상당 부분을 차지하고 있는 문화식민지적 열등감을 자신도 모르는 사이에 강화시키는 결과를 가져올 수도 있다.

그런 점에서 우리의 전통 가치관 구조 속에서 일관되게 강조되어 왔을 뿐만 아니라 현재까지도 일정한 영향력을 갖고 있다고 판단되는 불교윤리와 유교윤리에 관한 비판적 인식은 시민윤리 형성 과정에서 필수 요건이라고 주장할 수 있다. 특히 그중에서도 불교는 자비(慈悲)의 윤리에 주목할 필요가 있고, 유교는 성(誠)에 근거한 경(敬)의 윤리에 주목할 필요가 있다.

유교윤리에서 성과 경

✸　　　　　유교윤리(儒敎倫理)는 유교(儒敎)에 근거해서 이끌어낼 수 있는 모든 윤리적 논의와 원리, 원칙 등을 포괄하는 개념이다. 역사적으로는 주로 공자와 맹자의 사상과 삶에 근거해서 이끌어낼 수 있는 윤리로서의 성격을 우선적으로 지니지만, 우리의 경우 정주학과 그것에 기반한 조선 성리학에 근거해서 이끌어낼 수 있는 윤리가 좀 더 구체적으로 다가온다. 오히려 우리 유교윤리는 후자에 지나치게 치우친 면이 있고, 그것은 퇴율학(退栗學)이 지니는 일정한 독자성과 자율성을 감안한다고 해도 쉽게 바뀔 수 있는 평가가 아니다.

그 가운데 공맹으로 상징되는 선진유교와 정주로 상징되는 성리학 사이의 균형을 유지하면서 유교가 지니는 윤리적 속성, 다시 말해서 실천성을 강조했을 뿐만 아니라 스스로의 삶을 통해 구현하고자 노력했던 남명의 위상은 독특할 뿐만 아니라 귀중한 역사적 모범으로 평가받을 만하다. 퇴계 이황과 같은 시대를 살았던 남명 조식은 선진유교의 윤리적 가르침으로 유교윤리가 이미 완성되었다는 입장을 일관되게 고수했고, 다만 남은 것은 우리 자신의 삶을 통해 구현하는 일일 뿐이라는 강한 실천지향성을 보였다. 더 이상의 철학적 논의가 불필요하다는 남명의 생각은 주희조차도 불교와 노장에 대한 비판적 대안으로 성리학을 내세우면서 강조했던 실학적 사유의 상징으로 평가받을 만하다.

이러한 남명의 학문적 특징, 즉 실학적 특징을 제대로 이해하기 위해서는 바로 그런 연유로 선진유교의 윤리적 지침이 무엇인지를 정확하게 파악해야 한다는 요구와 만나게 된다. 주지하다시피 남명이 유교윤리의 핵심 덕으로 강조했던 것은 내면적 차원의 경(敬)과 관계적 맥락의 의(義)이다. 그런데 이 둘을 뒷받침하는 유교의 형이상학적 논거는 바로 천도(天道) 또는 천명(天命)으로서의 성(誠)이다. 그 성을 인간의 삶 속에서 구현하고자 하는 노력이 곧 성지(誠之)로서의 경(敬)이다.

여기서 성과 성지로서의 경, 그리고 그 외현(外現)으로서의 의는 기본적으로 개인과 사회의 관계를 구분짓지 않는다는 유가적 관계론 위에 있는 개념들이다. 수신에서 제가, 치국, 평천하가 일관성 있게 전개되는 관계론이 유가철학의 존재론이자 가치론의 토대를 이루고 있고, 그렇게 본다면 경의는 내면의 윤리임과 동시에 관계 확장의 윤리라고 할 수 있다. 그 논의에서 시민사회적 개인주의는 설 땅이 없음은 당연하다. 그런데 불교적 배경의 자비 또한 성과 성지, 경의로 이어지는 맥락과 유사한 관계론적 맥락을 지니고 있고, 그런 점에서 본다면 개인주의를 전제로 하는 배려의 윤리는 범주 자체가 다른 개념이라고 말할 수 있다. 따라서 우리가 이 개념들을 비교하고자 할 경우에 그러한 범주의 차이에 유념하는 자세가 반드시 필요하지만, 이미 우리들 가치관 체계 속에서 이러한 개념들이 중층적으로 얽혀 있다는 사실적

직관을 토대로 삼아 비교해가는 일은 논의의 명료성은 물론 실천적 함의 모색을 위해서도 바람직하다고 판단하여 논의를 지속해가고자 한다.

경을 이해하는 유교적 방식은 다양할 수 있고 역사적으로도 조금씩 초점이 달라지는 모습을 보여주기도 했다. 그 과정에 충분히 유념하면서도 우리에게 요구되는 자세는 지금 이 시점에서 경을 어떻게 이해하고 받아들일 것인가 하는 현재적 관점이다. 다시 말해서 시민윤리의 관점에서 경을 어떻게 이해하고 받아들일 것인가가 논의의 중심이 되어야 한다는 것이다. 남명은 자신의 독자적인 이론 제시나 저서 발간에 관심을 갖지 않았고, 대신 선진유교나 정주학의 핵심 가르침을 모아서 행동의 지침으로 삼는 방법을 택했다. 그것은 성과 경에 관한 논의에서도 동일하게 적용된다.

성을 바라보는 선진유학의 관점은 『맹자』에 잘 나타나 있다. 효도의 의미와 방법을 설명하는 과정에서 "부모를 기쁘게 하는 방법이 있는데, 그것은 자기 스스로를 정성을 다해 반성하는 일이다. 자신을 정성스럽게 하는 방법은 선함에 대해 분명히 하는 것이다. 그런 이유에서 성은 하늘의 도이고, 성을 생각하는 것은 인간의 도이다."라고 강조하고 있다. 이러한 관점은 "성은 하늘의 도이고 그 성을 간직하고자 노력하는 것은 인간의 도"라는 표현으로 『중용』에서도 거의 그대로 찾아볼 수 있다.[10]

이러한 성에 관한 이해는 성을 하늘의 도와 동일시함으로써 인간이 마땅히 따라야 하는 보편적 진리가 존재함을 전제로 하는 철학이자 윤리로서의 선진유교의 성격을 잘 드러내는 것이다. 성 그 자체가 하늘로 상징되는 보편적인 진리의 세계이기 때문에, 그 성을 인간이 구현하는 방법은 당연히 선함을 분명하게 추구하는 것이다. 성에 관한 이러한 이해는 신유학 또는 성리학에서도 계승되어 심화된다.

주돈이와 정호, 정이, 주희 등으로 통해 계승된 성 개념은 성 자체에 관한 논의와 함께 성지(誠之), 즉 인간의 도로서의 성을 간직하고자 하는 노력 또는 열망을 경(敬)과 연계시키는 방식으로 심화되는 과정을 거친다. 이러한 성과 경 사이의 관계 설정은 선진유교에서 순자에 의해 어느 정도 이루어진 것이기도 하다. 순자는 군자가 "자신의 마음을 함양하는 과정에서 성을 중심에 두고 선을 행하고자 노력해야 한다고 강조하면서 이 성을 간직하고자 간절히 노력하면 다른 일들이 필요 없어진다."고 말하고 있다.[11] 다만 그는 성 자체를 강조하기보다는 외적인 태도인 공경(恭敬)의 자세를 통해 마음속에 성이 자리 잡는 과정으로서 예를 강조한다는 점이 맹자와 차별화되는 지점이다.

정호와 정이 형제에 의해 맹자 이후로 끊긴 선진유학의 도통(道統)이 회복되었다고 판단한 주희는 특히 '이정(二程)이 태극을 강조하지 않고 … 경(敬)을 강조한 뜻'을 해석하면서 형이상학적 보편으로서의 성(誠) 또는 태극(太極)보다는 일상생활 속에서 경의 자세를 간직하고자 노력하는 것이 중요하다는 경 공부로의 전환을 피력한다.[12] 특히 주희에게 강한 영향을 미친 정이의 경 공부 방법이 성리학의 대표적인 공부 방법으로 정착하게 되는데, 그것은 리(理)를 확보하기 위한 방법으로서의 경 공부이다.

이정(二程)과 그들을 계승한 주희가 공히 비판적으로 극복하고자 했던 공부법은 선불교의 간화선(看話禪)이다. 간화선은 화두를 중심에 두고 현실을 있는 그대로 바라볼 수 있는 깨침을 추구하는 공부법으로 계율 준수와 경전 공부를 통한 지혜의 추구와 함께 불교의 세 가지 공부법[三學] 중의 하나인 선정(禪定)에 속한다. 정호, 정이와 주희가 파악한 선불교의 수행법 또는 공부법의 특징은 주정(主靜)이었다. 주로 좌선을 통해 정적인 상태를 유지하면서 화두에 몰입하는 공부는 그들이 보기에 이미 드러난 마음[已發心]을 관찰하거나 아직 드러나지 않은 마음[未發心]을 함양하기에 부적절한 것이었다. 오히려 하늘의 도 또는 명령으로서의 성(誠)을 마음속에 구현하기 위해서는 "멀리서 구할 것이 아니라 가까운 나 자신에게서 구하면서 사람의 도리를 밝히고 경하기만 하면 된다."고 생각했던 것이다.[13]

주희는 이러한 스승들의 경 공부를 계승하면서 경 개념을 네 가지로 요약한 후에 자신의 관점을 추가한다.[14] 그 네 가지는 각각 정이에 의해 제시된 한 가지에 집중하는 주일무적(主一無適)과 정제엄숙으로서의 경, 항상 깨어있는 상태인 성성법(惺惺法)으로서의 경, 마음을 수렴하여 다른 어떤 것도 용납하지 않는 마음 수렴으로서의 경이다. 주희는 그것에 더해 상제가 내 앞에서 나를 바라보고 있는 것처럼 여겨 삼가고 두려워하는 태도인 외경(畏敬)으로서의 경을 덧붙인다.[15] 그러면서 경 공부의 중요성과 구체적인 방법을 다음과 같이 제시하고 있다.

요즘 사람들은 모두 근본과 최상의 이치를 쉽게 긍정하려고 하지 않는다. 경에 대해서도 말로만 떠들 뿐 실천하려고 하지 않는다.[16]

이처럼 주희는 마음공부의 핵심을 경 공부로 설정하고 그것이 아직 드러나지 않은 마음과 이미 드러난 마음 모두를 대상으로 하는 공부임을 강조하면서도 특히 일상생활 속에서 늘 깨어있는 자세를 갖고 선을 실천하고자 노력하는 것이 핵심임을 강조했다. 이러한 주희의 경 공부는 조선 성리학자들에게 적극적으로 수용되었고, 조선 성리학의 대표적인 공부법으로 자리 잡기에 이른다.

남명의 경: 유가철학의 경에 관한 남명의 실천적 수용

✳ 남명이 경과 경 공부를 어떻게 받아들이고 해석했는지에 대해서 우리는 그의 공부 과정을 엿볼 수 있는『학기유편』을 통해 짐작해볼 수 있다. 그가 모아놓은 경(敬)에 관한 언급들을 분석한 후에 김충렬은 남명이 공자 이전부터 출발해서 정이천과 정명도, 주희에 이르는 포괄적인 경에 관한 해석을 포용하고 있다는 결론에 이른다.[17] 물론 그중에서 주희의 경에 관한 해석이 차지하는 비중이 적지 않지만, 그렇다고 해서 그에게 치중하고 있는 것은 결코 아니다.

남명의 경론(敬論)이 지니는 두 번째 특징은 경과 함께 늘 의(義)를 언급함으로써 내면적 성찰이 사회적 관계 속에서 구현되어야 하는 쌍을 이루는 개념임을 강조하고 있다는 점이다. 경과 의는 때로 체용(體用)의 관계로 설정되기도 하고, 내외의 관계로 설정되기도 한다.

또 한 가지 주목할 만한 점은 성(誠)과 경(敬)의 관계 규정이다. 성 그 자체는 하늘의 도이고 그 성을 자신의 내면 속에 간직하고자 노력하는 성지(誠之)를 인간의 도라고 규정짓는 유가철학의 맥락 속에서 그 성지는 곧 경으로 해석될 수 있다. 왜냐하면 경은 내 마음 속에 성을 간직하고자 하는 노력 그 자체로 해석될 수 있기 때문이다. 남명이 인용하고 있는 이천의 글인 '주일지위성 경일지위주(主一之謂誠, 敬一之謂主)'나, 남헌 장씨의 글인 '성자천지도 경자인사지본(誠者天之道, 敬者人事之本)' 등에서 이러한 깊은 관련을 확인할 수 있다.

남명의 경사상은 이러한 유가철학의 맥락을 수용하면서 실천 속에서 구현하는 방향으로 전개되었고, 그런 점에서 우리는 그의 경사상 자체보다는 현재의 우리 상황 속에서 그것을 어떻게 구현할 수 있을지를 고민해보는 것이 남명사상의 특질에 부합하는 일이 될 것이다. 이러한 본격적인 논의를 전개해보기 전에 남명이 주목했던 경을 정리할 필요가 있다.

남명에게서 경은 우선 일상생활 속에서의 성 또는 천리(天理)의 실천으로 정리될 수 있다.

> 일상생활에서 실천할 수 있는 일을 궁구함이
> 하늘의 이치에 도달하는 근본이 된다.
> 온갖 이치가 다 우리 본성 속에 갖춰져 있어
> 운용에 따라 모든 것이 활발해진다.[18]

모든 것이 우리 본성 속에 갖춰져 있기 때문에 그것을 일상 생활 속에서 어떻게 운용하느냐가 관건이라는 남명의 생각은 형이상학적

리(理)의 차원을 경시하지 않으면서도 그것이 마치 '물이 웅덩이를 다 채우고서야 비로소 아래로 흘러가듯이 평소에 덕행을 쌓는 것이 마땅하다.'는 실천 지향성을 강하게 내포하고 있다.[19] 즉 남명은 공부 과정에서 우선 이미 드러난[己發] 본성으로서의 자신의 행동을 늘 성찰의 대상으로 삼는 관찰의 방법으로서의 경을 강조하고 있는 것이다.

남명의 경에 관한 관점이 지닌 두 번째 특징은 아직 드러나지 않은[未發] 본성을 함양하는 방법으로서도 경을 강조하고 있는 점이다.

경을 통하여 그 근원을 함양하고
하늘의 법칙을 근본으로 삼아야 한다.[20]

유가의 공부법에서 중심이 되는 함양과 체찰 모두를 경을 중심에 두고 강조하고 있는 남명은 자신이 스스로 그러한 모범을 보임으로써 또 다른 공부와 교육의 경지를 보여주고 있다. 남명은 전 생애를 통해서 이미 드러난 자신의 행동에 잘못된 부분이 없었는지를 늘 성찰했고, 동시에 마음을 흔들림 없이 집중함으로써 자신의 내면 속에 숨어있는 성(誠)의 경지를 성지(誠之)의 차원으로 이끌어내고자 노력했다. 이렇게 하기 위해 필요하다면 불교와 노장의 수행법에 대해서도 부정적인 태도를 보이지 않았다.

이러한 남명의 실학적 공부 방법과 태도를 통해 우리가 오늘날 배울 수 있는 교훈 중 하나는 중심을 잡을 수 있다면 여러 공부법의 장점을 수용하는 데 특별히 망설일 필요가 없다는 사실이다. 특히 인성교육과 관련하여 다양한 성격심리학과 도덕심리학의 연구 성과를 적극적으로 수용하면서도 그 지향점에 관한 생각을 분명히 하는 일이 중요함을 생각해볼 수 있다. 자연주의에 기반한 다양한 인성론이 제시되고 있는 현재의 학문적 상황 속에서 그것들을 적극적으로 수용하면서도 그 한계에 관한 인식 또한 분명히 하는 태도가 필요함을 남명의 학문관과 공부법을 통해 배울 수 있다. 이제 이러한 생각을 인성교육과의 적극적인 관련을 전제로 해서 펼쳐 볼 단계이다.

시민사회에서도 남명의 경에 기반한 인성교육은 가능한가?

전통 인성론의 형이상학적 전제에 대한 재검토

✳   21세기 초반 한국사회에서 인성교육은 어떤 지향점을 가져야 할까? 이 물음은 우선 '21세기 초반 한국사회'에 관한 객관적 인식과 '인성교육'에 관한 정의를 요구하지만, 그 각각의 주제가 이미 하나의 논문 수준을 넘어서는 과제이기 때문에 이 논의에서는 인성교육에 관해서만 간단한 논의를 추가하고자 한다.

인성교육은 앞선 논의에서도 일정하게 다룬 것처럼 인간의 본성 또는 성품에 관한 교육을 의미한다. 다시 말해서 그것은 일정한 가치 지향을 전제로 해서 인간의 본성을 보다 나은 상태로 이끌어가고자 하는 모든 교육적 노력을 지칭하는 개념이다. 여기서 문제가 되는 인성은 각각 두 단계에서 다른 양상으로 나타난다. 하나는 교육 이전의 단계에서 교육자가 파악하고 있어야 하는 현상으로서의 인성이고, 다른 하나는 교육을 통해 도달하고자 하는 지점에서 나타날 것으로 기대되는 목표로서의 인성이다.

전자의 인성 개념을 파악하는 데 도움을 받을 수 있는 학문적 배경으로 우리는 크게 전통적 인성론과 현대의 심리학적 배경의 인성론을 떠올릴 수 있고, 그중 전통적 인성론으로는 특히 불교와 유교의 인성론을 고려해야만 한다. 그런데 이 두 인성론 모두 천명(天命) 또는 다르마(dharma)라는 강한 형이상학적 전제를 지니고 있고, 이 전제는 자연주의적 성향이 강화된 현대적 상황 속에서는 쉽게 받아들일 수 없는 것이라는 데서 반성적 성찰이 요구된다.

우리가 주목하고 있는 남명의 경 사상 또한 이러한 인성론의 전형적인 유형에 속한다. 그렇다면 우리는 이런 인성론에 기반한 경의 공부법을 현재의 상황에 적용하고자 하는 시도가 과연 적절한 것인지를 물을 수 있다. 물론 이홍우와 같이 "형이상학에서 실재(實在)를 탐구하는 것은 무엇이 참으로 있는가를 알아내는 것 그 자체가 중요해서라기보다는 그것을 통해 사람이 어떻게 살아야 하는가에 대답하기 위해서이고, 사람이 어떻게 살아야 하는가를 묻는 것은 사람을 어떻게 교육해야 하는가를 묻는 것과 다른 것이 아니다."는 관점을 통해 그 유효성을 당연한 것으로 받아들일 수도 있다.[21]

그러나 그것으로 충분한가? 자연주의 자체도 실재를 설명하는 하나의 형이상학이고, 따라서 모든 형이상학은 그 나름의 존재 가치가 있다는 점에서 정당화가 일정하게는 가능하겠지만, 그렇다고 해서 인간의 본성과 관련된 다양한 경험적 증거를 경시하거나 무시하는 전제 위에서 전통적인 인성론과 인성교육론을 그대로 받아들이는 것 또한 쉽게 정당화될 수 없는 일임에 틀림없다. 인간의 본성 속에 근본 또는 천리(天理)가 들어있다는 강한 믿음을 전제로 하는 남명의 경도 그런 관점에서 재검토의 대상이 되는 것이 바람직하다.

인간의 본성 속에 천리 또는 천명이 들어있다는 인식은 정주학 이후 조선 성리학에서 사단칠정론(四端七情論)으로 심화되어 확산되었다.[22] 사단은 인간다움의 단서 또는 뿌리로 해석될 수 있고, 그것은 인간에게 선함의 단서가 주어져 있다는 전제에서 출발하는 것이기도 하다. 이러한 성선설은 과학적 근거를 통해서도 입증될 수 있는 주장인가? 인간의 이기심에 주목하는 많은 주장들은 인간의 본성 속에 내재된 선함의 단서에 대해 회의적인 입장을 갖고 있는 것처럼 읽히기도 한다. 그렇지만 인간은 물론 영장류에 이르기까지 협동할 수 있는 능력이 갖춰져 있고, 이 협동과 상대방에 대한 배려가 자신의 이익과 관계없을 때도 가능하다는 주장들이 설득력을 얻어가고 있기도 하다.

침팬지와 원숭이를 대상으로 하는 지속적인 연구를 통해 그들 사이에 존재하는 협동과 배려의 능력을 확인하는 데 성공한 프란스 드 발(Frans De Waal)은 동물의 세계에서도 약육강식의 무자비한 원칙만이 통하는 것은 아니라고 주장한다.

"이 책의 주요 목적은 인간의 조건과 관련해 생물학이 제시하고 있는 음울한 전망을 수정하는 것이다. 평화가 가장 중요한 단일 의제가 된 우리 시대에 우리 인간들에게 있어서 화해를 통해 평화를 되찾는 것은 전쟁을 하는 것만큼이나 본성에서 우러나오는 자연스러운 행위임을 증명해주는 수많은 증거를 소개하는 것은 너무나도 중요한 일이라 할 수 있다."[23]

영장류에 속하는 인간의 본성 속에 전쟁을 하는 본성만큼이나 서로 협력하면서 평화를 만들어갈 수 있는 능력이 있음을 강조하는 드 발의 연구는 인간에게 선함의 단서가 내재해 있다는 유가철학의 주장을 입증할 수 있는 한 근거로 해석될 수 있다. 그런데 그 전쟁과 평화를 결정짓는 핵심 변수는 바로 칠정의 위험한 속성들이고 그것들을 다스리고자 지속적으로 자신의 마음을 점검하는 노력이 바로 경(敬)이라고 말할 수 있다.

유사한 주장이지만 다른 방식으로 선함의 내재를 주장하는 도덕심리학자로 조너선 하이트(Jonathan Haidt)를 들 수 있다. 그는 자신의 학문적 정체성을 '우리가 어떻게 남들에게 대해 판단을 내리고 어떻게 사람들과 이런저런 팀을 이루며, 또 어떻게 갈등에 대비하는지(혹은 어떻게 용서와 화해를 구하는지) 그 정신 기제를 연구하는' 도덕심리학자로 규정지으면서 다음과 같이 주장한다.

"우리 인간은 날 때부터 바른 마음(the righteous mind)을 갖고 있다. 그러나 나와 비슷한 사람들이 정확히 무엇을 바르다고 여기는지는 반드시 배움을 통해서만 알 수 있다."[24]

"도덕성은 식욕, 성욕과 같이 인간성의 가장 기본적인 측면의 하나이다."[25]

특히 하이트의 주장 속에서 우리 주제와 관련지어 주목할 만한 부분은 그가 인간의 마음속에 바른 마음이 내재되어 있다는 주장과 함께 무엇을 바르다고 여기게 되는지는 반드시 배움을 통해서만 알 수 있다는 주장이다. 도덕심이라는 단어보다 좀 더 가치중립적인 '바른 마음'이라는 개념을 사용함으로써 그것을 곧 선함의 단서로 해석하는 일을 경계하고 있다고 판단되지만, 그럼에도 인간에게 도덕적 직관으로서의 바른 마음이 내재되어 있고 그것이 배움을 통해 제대로 정립될 수 있다는 가설을 다양한 실험과 관찰을 통해 정당화하는 데 성공하고 있다는 점에서 충분히 주목받을 만하다.

하이트의 인간성에 대한 가설에 대해서도 좀 더 유의할 필요가 있다. 그는 인간본성으로 이해될 수 있는 인간성(humanity)의 가장 기본적인 측면 또는 특성으로 식욕과 성욕 이외에 도덕성까지 포함시켜야 한다고 주장하고 있다.[26] 이러한 도덕성이 제대로 길러지기 위해서는 반드시 교육의 과정을 통해야만 하고, 그 교육이 곧 인성교육이자 도덕교육이다. 이 교육에서 중심에 두어야 하는 것이 곧 자신의 드러난 행위에 관한 성찰과 마음 자체에 관한 성찰이고, 그것이 곧 경이라고 해석될 수 있다는 것이다.

이처럼 인간에게 선함의 단서가 내재되어 있지만, 그것에 주목하는 것을 배우고 스스로 지속적인 경의 자세를 간직하지 않으면 제대로 길러질 수 없다는 유가와 남명의 경 사상은 과학적 정당화 근거를 일정 부분 확보하고 있다. 다만 그것을 지나치게 확대해석하여 유가의 모든 형이상학적 전제들이 정당화 근거를 확보하고 있다고 말하는 것에 대해서는 경계해야 할 것으로 보인다. 그럴 경우 이미 어느 정도 확보된 근거조차 왜곡될 수 있는 가능성이 있기 때문이다.

남명의 경에 기반한 인성교육의 방향 모색

✱   이제 우리에게 남은 마지막 실천적 과제는 이러한 경을 현재적 관점에서 재구성하여 교육, 특히 인성교육에 실천적으로 적용하는 문제이다. 남명의 경은 인간에게 내재되어 있는 천리 또는 천명으로서의 성(性), 또는 성(誠)을 자신의 내면세계 속에서 발견함과 동시에 삶의 영역 속에서 드러내고자 하는 지난한 시도이자 노력이다. 그렇게 정의하고 나면 경에 기반한 인성교육은 다음과 같은 두 가지 차원으로 전개될 수 있다.

첫 번째 차원은 자신의 내면세계 속에 내재해 있는 선함의 단서 또는 바른 마음을 발견하게 하는 과정으로서의 인성교육이다. 인간에게 내재되어 있을 뿐만 아니라 더 많은 빈도로 나타나는 이기심과 욕심[物慾]을 대상화시켜 성찰하면서 그것과 함께 공존하고 있는 선함의 단서를 발견하고자 노력하는 자세를 심어주는 것이 인성교육의 핵심 축을 이루어야 한다는 주장으로 펼쳐질 수 있다.

두 번째 차원은 이미 드러난 선함의 단서들을 찾아봄으로써 그 선함을 확충하게 하는 과정으로서의 인성교육이다. 자신과 타자의 행위 속에 이미 드러나 있는 선함의 단서를 공유하면서 그것을 보다 키우고자 하는 과정이 곧 인성교육의 과정이자 방법이 된다. 이상호의 경우처럼, 2001년 일본 지하철 신오쿠보역에서 취객이 선로로 떨어지는 것을 보고 뛰어들어 구하고자 했던 이수현 군의 이야기를 공유하면서 '선로에 떨어진 사람을 안타깝게 여기는 마음'을 망설임 없이 행동으로 옮긴 행동을 성찰의 대상으로 삼는 방식이다.[27]

그런데 이러한 인성교육의 두 차원 또는 방향은 유가철학 전반에 걸쳐 통용될 수 있는 것들이기 때문에 남명의 경에만 기반한 것이라고 말할 수는 없다. 바로 이 지점에서 우리는 남명의 고유성, 즉 일상의 지속적인 실천을 통한 인성교육의 완성을 주목할 필요성을 느낀다. 남명은 기본적으로 공맹에서 주희에 이르는 유가철학의 형이상학적 전제와 공부법을 제대로 계승한다는 입장을 지니고 있었을 뿐만 아니라 이론적 탐구는 더 이상 필요하지 않다는 실학적 자세를 간직하고자 했다. 그러면서 자신이 할 수 있는 일은 그렇게 정리된 내용들을 우리 일상 속에서 실천하는 일임을 지속적으로 강조했을 뿐만 아니라 스스로 모범을 보이고자 노력한 스승으로서의 정체성을 지니고 있었다.

현재 우리의 인성교육이 제대로 자리를 잡지 못하고 있는 원인과 배경에 대해서는 다층적이고 복합적인 분석이 필요하지만, 그것을 어떻게 극복해 나갈 것인가를 고민하는 과정에서 핵심을 이루어야 하는 것이 곧 인성교육에 관한 교사 자신의 적절한 인식과 실천 자세라는 점은 분명해 보인다. 그 과정 속에서 불교와 유교를 포함하는 우리 교육전통 속에서 일관되게 선택해온 인성교육의 방법인 구체적 모형제시는 의미 있게 되살아날 필요가 있다. 유교의 서원(書院)이나 불교의 총림(叢林) 모두 공자나 석가 같은 상징적인 스승과 함께 그 교육의 공간을 정신적으로 지탱하는 구체적인 역사적 스승을 모시는 방식을 채택해 왔고, 이러한 방식의 인성교육은 제사와 교육의 일치라는 방식으로 구현되어 오기도 했다.

남명은 특히 인성교육의 실천적 지향의 모형으로 평가받을 만하다. 그의 확고한 경의 실천은 내면의 세계에 관한 성찰과 그것을 기반으로 하는 지속적인 실천의 병행으로 구체화되었고, 우리의 인성교육 또한 그의 모범을 따라 가정과 학교의 교육 현장 속에서 구현되는 과정으로 재구성될 필요가 있다. 이런 노력들은 한편으로 자신의 내면세계를 대상으로 하는 성실(誠實)과, 관계적 측면을 대상으로 하는 배려(care)와 자비(慈悲), 그리고 건강한 공동체를 지향하는 정의(justice)라는 기본 인성요소를 중심으로 하는 인성교육으로 구체화될 수 있을 것이다.

남명의 인성론과 윤리관을 통한 시민교육으로서의 인성교육

✱   21세기 초반 한국사회에서 인성교육은 가장 절실한 과제로 부각되어 있지만, 그 구체적인 방향이나 대안에 대한 의견들이 분분할 뿐 확실한 방향성을 잡지 못한 채 표류하고 있다. '2022 개

정 교육과정'이 이미 공포되었고 이 국가수준 교육과정을 통해 지향하는 인간상은 '포용성과 창의성을 갖춘 자기주도적인 사람'으로 정해졌다. 이전 교육과정 개정과 비교해서 주목할 만한 점은 '창의융합형 인재'에서 '포용적이고 창의적인 사람'으로 바뀌고 있는 점이다. 인간 자체에 주목함으로써 우리 교육의 지향점을 보다 분명하게 할 수 있을 것으로 기대된다. 우리 교육은 한편으로 인성교육이면서 동시에 시민교육이다. 이때의 인성은 기본적으로 시민사회의 시민이 갖추고 있어야 할 최소도덕을 포함하여 문화적 감수성과 삶의 의미 물음을 스스로에게 던질 수 있는 도덕함의 능력을 포함해야 한다.

21세기 한국시민이 갖추고 있어야 하는 인성은 다른 말로 하면 시민성이기도 하다. 이 시민성은 물론 '자율과 책임을 전제로 하는 시민들이 평등한 자유인으로서 개별적·관계적 맥락의 일상을 영위해 나가는 시민사회'를 전제로 하고 '이들에게 요구되는 도덕의식은 타인과 더불어 살아가는 데 필요한 자율과 책임이라는 최소 수준의 도덕'일 수밖에 없다.[28]

그런데 문제는 그러한 시민이 온전한 시민으로 자라나기 위해서는 교육이라는 과정을 필요로 한다는 데서 생긴다. 그들이 자신의 개인적 차원의 삶을 바람직한 방향으로 이끌 수 있는 객관적 능력을 갖추게 하는 일 또한 교육의 과제가 될 수밖에 없다는 것이다. 이 과제는 시민이 단순한 정치경제적 능력뿐만 아니라 문화성과 도덕성을 갖춘 교양인이어야 한다는 사실과도 이어진다. 구체적인 공교육의 장에서 특정 종교나 이데올로기에 근거한 가치교육이 이루어지는 일이 허용될 수는 없지만, 시민들이 자신의 삶을 성찰하고 더불어 살아가야만 하는 존재라는 사실을 인식할 수 있는 능력을 갖추게 하는 일까지는 교육의 목표 속에 포함될 수 있어야 한다는 당위적 요구라고 할 수 있다.

바로 이 지점에서 우리는 보편적 이법의 세계인 하늘을 전제로 하는 천명(天命)에서 성(性)과 성(誠), 성지(誠之)로 이어지고 그것이 다시 경(敬)과 의(義)로 구현되는 남명의 인성론과 윤리관이 되살아날 수 있는 공간의 가능성을 확보할 수 있다. 나 자신의 내면에 자리하고 있는 전통적 철학함의 대표적인 방법으로 되살려냄으로써 내면적인 성찰 능력과 더불어 살아가는 능력, 즉 우리 시대가 요청하는 인문학적 소양을 갖춘 시민을 길러내는 데 적극적인 도움을 받을 수 있는 가능성을 모색해볼 수 있을 것으로 기대된다.

5장 '교사로서 남명'의 권위에 관한 현재적 해석

21세기 교육적 관계와 교사의 권위 문제

✳︎ '압축성장의 신화'를 썼다는 평가를 받는 우리 20세기 역사는 황국신민(皇國臣民)의 종속성과 수동성, 자기 비하 등의 부정적 정서를 극복하고 시민(市民)으로서 주인의식을 정립하는 역사임과 동시에, '보릿고개'로 상징되는 절대빈곤을 극복하고 1인당 국민소득에서 괄목상대할 만한 성장을 보여준 역사였다. 흔히 민주화와 산업화로 표현되는 두 영역 모두에서의 성공은 세계 10위권의 경제력과 그보다도 앞서는 군사력은 물론 문화 영역에서도 주목할 만한 성취를 보여주었다. 객관적으로도 충분히 자부심을 느낄 만한 지표들이 지속적으로 우리에게 다가오고 있다.

그러나 다른 한편 우리의 21세기는 그런 성공의 역사에서 비롯되는 어두운 그림자로 높은 자살률과 우울증, 극단적인 각자도생의 경쟁, 그것으로 인한 사교육비 지출 등에서 비롯되는 세계 최저 수준의 출산율이라는 결과를 지니고 있기도 하다. 더 심각한 문제는 이런 그림자들이 점점 더 깊어지고 있는 데서 드러난다. 그중에서도 교육 문제는 그 자체로 우리 사회의 모든 문제가 집약된 복합적이고 복잡한 문제로 자리 잡았고, 그것은 '입시지옥'과 감당하기 어려운 사교육비, 교사들의 급속히 흔들리는 지위 등으로 표출되고 있다.

2023년은 학교 교사들에 대한 일부 학부모와 학생들의 공격적인 언어와 행동이 그들을 자살로 몰아갈 정도로 심각해져 있음을 우리 모두가 알게 된 해로 기억될 수 있을 것 같다. 2023년 7월 18일자로 알려진 이른바 '서이초 교사 사건'을 계기로, 사회적 자살이라고 부를 수 있을 정도로 교사들의 자살이 확산하면서 교사 사회는 물론 전 국민적인 관심사가 되었다. 물론 이 사건 자체에 대한 경찰 조사 결과는 학부모의 괴롭힘과 교사의 자살 사이에 직접적인 연결고리를 찾지 못했다는 것으로 발표되었지만, 많은 교사들과 국민들의 의구심은 쉽게 사그라들지 않았다.[1]

이 사건을 전후하여 드러난 많은 관련 사건들은 이전에는 상상하기 어려운 수준의 언어나 행동을 퍼붓는 학부모들과 학생들의 행태를 적나라하게 드러내면서 충격을 안겨주었다. '스승의 그림자도 밟지 않는다.'는 전통적인 교사관이 더 이상 통용되지 않는다는 사실은 알고 있었지만, 이런 지경까지 이른 사실을 공유하게 되면서 어떻게든 대책을 마련해야 한다는 생각들이 우리 시민사회 전반에 확산하는 계기로 작동하기도 했다. 그 결과로 교육관련법과 아동학대법이 개정되었고, 학교폭력 사안을 다룰 수 있는 전문 인력이 학교에 투입될 수 있는 통로가 마련되기도 했다.

전반적인 상황이 나아질 수 있는 여건이 갖추어지고 있음을 확인할 수 있지만, 그렇다고 해서 모든 문제가 일거에 해소되리라는 기대를 하기는 어려운 상황이기도 하다. 이 문제가 일차적으로는 교사의 정당한 지도를 '아동학대'라는 잣대로 몰아세울 수 있는 법적인 장치가 마련되면서 급속히 확산한 것이지만, 그 배후에는 학교와 교사를 바라보는 우리 사회 전반의 문화와 시민들의 가치관 변화가 자리하고 있기 때문이다. 따라서 문제 해결과 해소에 접근하는 근원적인 대책을 마련하기 위해서는 법적인 보완과 함께, 반드시 그 문화와 가치관을 문제 삼는 논의와 실천으로까지 이어져야만 한다.

그런 문제의식을 출발점으로 삼아 이 장의 논의에서는 '교사의 권위'에 초점을 맞추고자 한다. 교사의 권위는 학생과의 수평적 인격 관계를 토대로 하면서도 동시에 교육활동이 이루어지기 위해 필요한 '교육적 관계'의 기반이다. 이 권위의 양상은 사회구조와 그에 수반하는 문화 의식에 따라 달라질 수 있지만, 만약 권위 자체가 존재하지 않는다면 교육적 관계 자체도 성립할 수 없게 된다는 것이 우리 논의의 전제이다. 논의의 전개 과정에서는 이 전제 자체에 관한 검토까지 포함하여 현재 우리 학교 교사의 권위가 맞고 있는 도전 양상을 분석해 보고자 하며, 그런 후에 특히 '교사의 전통적 권위'를 상징하는 인물 중 하나로 평가받을 만한 남명 조식을 '교사로서 남명'이라는 측면에서 불러내 그 현재성을 묻는 방식으로 전개하고자 한다.

우리 학교 현실 속 교사의 권위 물음

✽   우리 학교의 현실은 우리 사회의 현실 자체이기도 하다. 물론 학교는 사회 속에 속해 있으면서도 그 사회로부터 일정한 거리를 전제로 하는 유예를 보장받는 상대적 자율성을 지니고 있지만, 그럼에도 온전한 분리는 불가능할 뿐 아니라 바람직하지 않은 측면도 있다. 인간이 지니는 원천적인 사회성에 비추어 보아도 그렇고, 학교가 지니는 사회화 기능과 비판적 기능 모두를 고려해 보아도 그렇다.

'우리 학교 현실'이라는 개념은 그러나 일정한 모호성은 물론 애매성까지도 배제할 수 없는 개념이다. 하나의 사회현상으로서 학교현상은 그 자체로 복잡하고 복합적인 성격을 지니고 있고, 그 현상에 접근할 수 있는 우리의 인식적·방법론적 한계는 늘 존재할 수밖에 없기 때문이다. 그렇다고 해서 아예 접근 자체를 거부할 수 있을 정도의 문제라고 보기는 어렵고 오히려 그런 한계에 유념하면서 접근한다면 일정한 분석과 이해, 예측까지도 일정 부분 가능한 문제로 보는 것이 바람직하다. 왜냐하면 이 문제로부터 자유로운 사람들을 찾기 힘들 정도로 그 심각성이 높아져 있다고 판단하기 때문이다.

우리 학교 현실과 교사

✽   교육이 학교에서만 이루어지는 것은 아니지만, 근대 시민사회 정립과 함께 모든 시민이 교육의 대상이자 주체로 인정받기 시작한 후로 학교가 그 교육의 중심축을 차지했다는 사실을 부인할 수는 없다. 가정과 사회 전반이 지니는 교육적 역할과 기능까지도 상당 부분 학교 교육과의 긴밀한 연계성 속에서만 설정되거나 파악될 수 있을 정도가 되었다.

우리 학교 현실은 그럼 어떠할까? 이 물음에 관한 답을 찾는 주체이자 동시에 대상이기도 한 우리는 일정한 망설임을 경험할 수밖에 없다. 우리 학교 교육에 대한 외부의 평가가 민주화와 산업화 과정의 주역 중 하나이거나, 극단적인 입시경쟁으로 인해 정상적인 교육이 실종된 상태라는 식으로 엇갈리고 있어 외부의 평가에 의존하기도 어렵다. 이런 상황 속에서 일반 시민은 물론 정책 결정과 집행을 담당하는 관료와 정치인들까지 '자신이 직접 경험한 학교'는 강력한 영향력을 지닐 수밖에 없다. 그것만큼 생생하고 확실한 것을 찾기 어렵기 때문이다.

그러다 보니 대학입시 정책을 결정하거나 교육과정을 결정하는 국가 수준의 위원회에서도 이런 체험에 기반한 확신에 찬 이야기를 듣는 일이 어렵지 않다.[2] 그러나 이런 의견들은 개인의 경험을 쉽게 일반화하는 '성급한 일반화의 오류'로부터 자유롭지 못할 뿐만 아니라, 쉽게 신념과 확신 차원으로 전환되어 다른 의견들에 대한 수용성을 현저히 떨어뜨릴 수 있는 위험성마저 안고 있다. 그런 점에서 이 문제에 관한 학문적 접근의 중심을 이루는 우리 교육학계의 논의 수준과 범위에 일정 부분 기대는 것이 불가피하다.

우리 교육학계의 전반적인 미국 종속성과 그로 인한 식민성으로 이 문제에 관한 분석과 설명 또는 이해 수준이 기댈만하지 못하다는 비판도 가능하다. 그렇지만 전국의 시·도 교육청에 이른바 '진보교육감'들이 자리하기 시작한 이후에는 우리 학교와 교육 현실에서 출발하는 논의에 관한 관심도 일정 부분 확보될 수 있었고 그 결과에 주복할 경우 어느 정도 도움을 얻을 수 있게 되었다는 사실도 인정할 필요가 있다.[3]

21세기 초반 우리 학교 현실에 관한 논의를 위해 우리 교육학계의 연구 성과를 참조할 수 있는 것 중에서 대표적인 것은 두 가지이다. 하나는 '교실에서 자는 아이들'에 관한 관심을 토대로 한 교육사회학적 분석 결과이고, 다른 하나는 위에서 살펴본 '혁신학교와 혁신교육'의 실행 및 그 평가 결과이다. 혁신학교의 목표를 다양하게 분석해볼 수 있겠지만, 그중 핵심은 대학입시에 종속되지 않는 교육의 자율성 확보라고 볼 수 있다. 그것은 '학생과 교사 모두 행복한 학교'로 표현되기도 하고, '소외되는 학생들이 없는 학교'로 표현되기도 했다. 그것이 어느 정도 가능한지 또 얼마나 실현되었는지에 대해서는 대체로 부정적인 평가가 우세한 편이지만, 그것이 그런 시도 자체의 정당성을 온전히 상실하게 하는 요인이 되지는 못한다.

다른 하나인 '수업 시간에 자는 아이들' 현상 분석은 주로 성열관의 연구가 중심이 된 것이지만, 그도 외부 위원으로 함께했던 경기교육연구원(당시 원장 이수광)의 지속적인 학교 현장 상황에 관한 관심과 지원으로 지속적이고 심층적인 주제로 부각할 수 있었다.[4] 성열관의 연구에서는 특히 수업 시간에 자는 아이들의 행동을 학교 문화 전반에 대한 저항의 표현이라기보다 무력감의 표출로 분석한 부분을 새겨볼 만하다.[5] 이 무력감이 교과수업에 대한 참여 실패를 낳고 그것은 다시 대학입시에 종속된 우리 중등학교 전반의 문화와 연결되어 있다는 점에서 '수업 시간에 자는 아이들'이라는 주제는 우리 학교 현실을 상징하는 명제로 받아들여질 만하다.

수업의 주체는 학생과 교사이고, 따라서 수업 시간에 자는 아이들은 그들과 마주해야 하는 교사의 존재를 전제로 할 수밖에 없다. 그들과 마주하면서 교사들은 자존감 훼손 같은 심리적인 압박은 물론 자신의 수업 진행에 직접적인 방해를 받는다는 실제적인 압박을 견뎌야 한다. 그렇게 자는 아이들을 깨우고자 한다면 자칫 강한 저항과 마주하게 될 가능성도 배제할 수 없어 울며 겨자 먹기로 방치하게 될 수도 있다. 깨우고자 하는 교사의 의도가 제대로 실행에 옮겨지기 위해서는 어떤 힘이 수반되어야 하고, 바로 이 지점에서 우리는 '교사의 권위'라는 오래된 주제와 만나게 된다.

지금도 교사의 권위는 꼭 필요할까?

✳︎   교사의 권위에 관한 인식 중에서 부정적인 인식이 있다. 교사와 학생 사이의 관계를 수직적 관계로 규정했던 전통 시대

에나 권위가 필요했던 것 아니냐는 인식이다. 일정 부분 공감할 수 있는 입장이다. 근대 이후의 학교에서 교사와 학생의 관계는 수평적이고 인격적인 관계로 재정립되었고, 그렇다면 이전의 관계를 뒷받침했던 권위도 사라져야 하는 것 아니냐고 물을 수 있기 때문이다.

우리 근대 학교의 역사 속에는 이런 인식을 유도할 수 있는 어두운 역사가 숨겨져 있다. 그것은 대한제국기에 씨를 뿌린 전 국민 대상 교육체제가 식민 지배라는 강한 목적을 가진 일본제국주의자들에 의해 상당 부분 실현된 역사이다. 식민지배자들은 대한제국기에 소학교 교사 양성을 위해 세워진 한성사범학교에 더해 평양과 대구, 전주에 사범학교를 세웠고, 면 단위에 하나 정도의 소학교를 세운 후에 황국신민학교로 이름을 바꾼다. 이 황국신민학교의 교사들은 제복에 칼을 차고 들어가는 폭력적인 권위를 내세웠고, 그 교사들은 다시 교장에게 절대복종하는 수직적 관계망을 구축했다. 이런 상황 속에서 학생들은 교사의 상시적인 폭력에 노출되었고, 폭력을 전제로 하는 권위는 당연히 극복의 대상이 될 수밖에 없었다.

이런 역사는 이승만과 박정희, 전두환이라는 독재자들로 이어져 학교는 교사의 폭력을 묵인하거나 어떠한 경우에는 필요한 것이라는 생각까지 허용하는 상황으로 전개되었다. 민주화의 과정을 성공적으로 거치면서 교사의 권위는 독재자들의 부당한 권력과 엮여 무너뜨려야 하는 대상이 되는 운명을 맞았다. 그런 폭력적인 권위는 당연히 극복의 대상이다. 그러나 교사의 권위가 폭력적인 권위로 제한되는 것일까?

"결과적으로 교육기관의 문제는 교육목적에 부합하는 권위를 존중하는 원리와 의사결정 참여라는 민주적 의사결정 사이에 어느 정도 균형을 찾는 데 있다. … 교사는 아이들의 학습을 도모하라고 사회로부터 권위를 부여받았고, 만약 아이들이 공부하는 공간에 참여하게 된다면 그것은 최소한의 명령에 따라야 하는 상황이 된다. 따라서 아이들이 반드시 준수해야 하는 규칙이 있게 마련이고, 이런 사회 통제는 권위주의적 명령을 수반한다. 하지만 그것은 합리적으로 수행될 수 있다. 규칙은 교육 상황에서 수업 목표나 학교 전체의 교육목적이 효율적인 결실을 맺도록 관련되어야만 하고, 또 그렇게 이해되어야만 한다."[6]

권위와 권위주의를 구분하는 피터스(Richard S. Peters)는 교사에게 주어진 권위는 기본적으로 아이들의 학습을 도모하라고 주어진 것이기 때문에 그 목적에 맞게 합리적으로 행사되어야만 한다고 주장하고 있다. 베버(Max Weber)가 권위를 전통적인 권위와 카리스마적 권위, 합법적이고 합리적인 권위로 구분했음을 상기하면서, 피터스는 교사의 권위가 합리적 권위가 되어야 한다는 생각을 갖고 있는 것으로 보인다. 충분히 공감할 수 있는 주장이다.

"교육의 위기는 비록 그것이 좀 더 일반적인 위기와 근대 사회의 불안정성을 반영하지 않는다고 하더라도, 현재의 경우에서 보듯이 언제든 심각한 우려를 자아낼 수 있다. 왜냐하면 교육은 인간사회의 가장 기초적이고 불가피한 활동 가운데 하나이고, 결코 있는 그대로 존속하는 것이 아니라 새로운 성원들이 사회에 영입되면서, 즉 탄생을 통해 지속적으로 되풀이되기 때문이다. 더욱이 신참 성원들은 완성된 상태가 아니라 생성의 상태에 있다. 따라서 교육의 주체인 아이는 교육자에게 이중적 측면을 갖는다. 아이는 교사에게 낯선 세계에 들어선 낯선 존재임과 동시에 생성과정 속에 있는 한 사람의 새롭게 되어가는 존재이다. 이러한 이중적 측면은 짐승의 생활 형태에는 적용되지 않는 것으로 결코 자명한 것이 아니다. 이러한 이중성은 한편으로는 세계에 대한 관계로, 다른 한편으로는 생활에 대한 관계로 나타나는 이중적 관계와 상응한다."[7]

20세기 중반 격동기를 독일과 미국을 옮겨가며 살아야 했던 아렌트(Hannah Arendt) 또한 당시 상황 속에서 교육이 위기에 처했다고 진단한다. 교육이 인간사회의 가장 기초적이고 불가피한 활동 가운데 하나이기 때문에 사회가 위기에 처하면 그 증상이 가장 먼저 나타나는 영역 중 하나일 수밖에 때문이라는 분석이다. 그런데 그의 교육위기 분석 중에서 우리 주제와 관련지어 살펴볼 만한 지점은 아이를 교육의 주체로 상정하면서도 그 아이가 이중적 측면을 지닌다고 본 점이다. 아이는 새로운 세계에 들어선 신참 구성원임과 동시에 한 사람의 새롭게 되어가는 존재라는 것이다. 바로 이 이중성의 측면에서 우리는 교사에게 권위가 요청된다는 주장을 이끌어낼 수 있다.

우선 교사는 아이들이 들어선 새로운 세계의 기성 구성원을 대표하는 사람 중 하나로서의 자격을 부여받아 그들에게 새로운 세계를 이해하고 그 세계를 움직이는 규율 등에 적응할 수 있도록 도와주어야 한다. 또한 그는 그러면서도 새롭게 되어가는 존재로서 학생이 자신의 가능성을 최대한 발휘할 수 있는 기회를 제공해주는 교육적 역량을 갖추고서 교육의 장에서 만나야 한다는 요청과도 마주한다. 이 두 지점 모두에서 우리는 교사의 권위를 이끌어 낼 수 있다. 기성세대를 정당하게 대표할 수 있는 권한을 부여받는다는 사실 자체에서 교사의 권위는 정당성을 지닐 수 있고, 더 나아가 아이들 각자에게 세계와 생활 영역에서 다가가 그들에게 꼭 필요한 것들을 제공해 줄 수 있는 역량을 갖추어야 한다는 점에서 전문적 권위의 요청이 정당화될 수 있다.

물론 교사와 학생의 관계는 일차적으로 인격적 관계이다. 두 인격체가 서로를 존중하면서 만나는 관계인 것이다. 그런 점에서 서로의 인격을 존중하려는 노력은 두 주체 모두에게 필요하지만, 동시에 이 관계를 가능하게 하는 전제 조건으로 교육이라는 목적이 설정되어 있음도 함께 고려할 수 있어야 한다. 교육을 전제로 하지 않으면 이 관계 자체가 성립될 수 없고, 따라서 교사와 학생의 관계는 단순한 인격적 관계를 넘어서는 교육적 관계이기도 하다고 보는 것이 적절하다.

교육은 지식을 전달하는 것과 인격을 함양하는 일이라는, 서로 긴밀하게 연결된 두 목적을 지닌다. 근대 학교가 전자를 지나치게 강조하게 됨으로써 인격 함양을 통한 자율적인 인격체 완성이라는 목표를 뒷전에 놓게 되었다는 비판이 나오는 이유도 두 목표가 본래 분리될 수 없는 것이기 때문이다. 그런데 지식을 전달하는 과정에도 교사의 권위는 필요하다. 지식을 단순한 시험 통과를 위한 것으로 볼 경우에는 교사의 권위가 그 지식을 확실히 알고 있다는 믿음 정도로 제한될 수 있지만, 그럼에도 권위 자체가 필요하지 않다고 말할 수는 없다.

지식을 체화된 지식으로 상정할 경우 교사가 그 지식을 자신의 삶과 어떻게 연결시키고 있는지를 보여줄 수 있어야 하고, 이 경우에는 교사의 권위가 전문성 영역을 넘어 도덕성 영역으로까지 확장된다.

지금까지의 논의를 바탕으로 우리는 교사에게 권위가 필요하고, 그 권위는 전문성에 기반한 전문적 권위와 도덕성에 기반한 도덕적 권위라는 결론을 이끌어낼 수 있다. 아렌트의 견해를 수용하여 권위를 '자발적인 수용을 가능하게 하는 힘 또는 그 힘의 원천'으로 본다면, 전문성과 도덕성을 전제할 수 있을 때라야 비로소 교사의 교육활동에 대한 자발적인 수용도 가능해질 것이기 때문이다.[8] 그런 점에서 현재 우리 학교에서도 교사의 권위는 교육활동을 위해 꼭 필요하다는 명제에 합의할 수 있고, 그렇다면 남은 문제는 이 권위를 어떻게 회복할 수 있을까이다.

교사로서 남명의 권위와 그 현재성

전통적 권위의 현재적 해석 가능성

✳ 교사로서 남명의 권위는 16세기 조선의 문화와 도덕적 분위기 속에서 나타난 것이다. 그런 점에서 그의 권위는 일단 베버의 전통적 권위와 가까운 것이라는 사실을 인정해야 한다. 다시 말해서 그의 시대는 우리 시대와는 달리 유교를 도덕과 정치의 이념으로

삼아 일정한 수준의 도덕정치(道德政治)를 구현하고자 하는 공동체적 합의와 노력이 존재했다. 물론 그 수준이나 합의의 범위 등에 대해서는 전면적인 비판도 가능하지만, 그럼에도 우리가 최소한 현재 우리의 정치인 수준과 비교해볼 수 있을 정도의 균형감각은 지니고 있어야 한다. 정도전을 비롯한 건국사상가들이 꿈꾸었던 조선은 당대 세계사 속에서 비교해 보면 상당히 넓은 수준의 정치참여를 보장하고자 했고, 오늘날은 부정적인 의미에서 '능력주의'의 상징이 되어버린 과거시험 확산을 통해 공정성을 보장하고자 했다. 남명의 시대는 사림(士林)이라고 하는 새로운 정치세력들이 도덕과 정치 차원에서 중앙권력에 도전해 비판적 대안세력으로 자리 잡아 가던 때였다.

이 사림들에게는 왕까지도 자신들의 도덕적 통제 범위 안에 있어야 하는 존재여야 했고, 그런 지향이 때로 왕권에 대한 위협으로 해석되면서 여러 차례의 사화(士禍)를 부르기도 했다. 이런 곡절 속에서도 유교공동체 조선의 정체성은 지속적으로 강화되었고, 그 배경 속에서 아버지와 스승은 때로 왕을 넘어설 정도의 권위를 보장받을 수 있었다. 군사부일체(君師父一體)는 이런 문화가 잉태시킨 도덕적 명제였고, 그 중심은 효(孝)의 대상인 아버지였지만 그 아버지가 절대적으로 존중하는 스승은 오히려 더 강한 권위의 상징으로 자리 잡을 수 있었다. 교사 또는 스승으로서 남명의 권위 또한 일차적으로는 바로 이러한 전통에 기반한 권위로 해석될 수 있다는 것이다.

그런데 우리는 남명의 경우에 그 전통적 권위에 괄호를 치더라도 특별히 주목할 만한 다른 권위를 지니고 있었던 것 아닌가 하는 생각을 하게 된다. 그런 생각을 내게 하는 지점은 다시 두 가지로 나누어 볼 수 있다. 하나는 유독 그의 제자 중에서 임진왜란 때 의병장으로 나선 이들이 압도적으로 많았다는 사실에 근거한 것이고, 다른 하나는 그가 다른 선비들과 주고받은 편지 속에서 찾아볼 수 있는 폭넓고 명료한 학문적 지식과 그것에 근거한 확고한 가르침에 근거한 것이다.

임진왜란 당시 이순신 장군과 함께 남쪽 지방을 지켜내는 데 결정적인 역할을 한 홍의장군 곽재우를 비롯한 남명의 제자들도 참전한 진주대첩의 경우를 보자. 당시 진주권이 전반적으로 남명의 가르침에 영향을 받고 있었다는 사실을 떠올려 보면, 의병장과 의병뿐만 아니라 진주성대첩에 참여했던 진주의 백성들 모두에게 남명의 가르침이 일정 부분 실천적 힘으로 작동했을 수 있다는 합리적 추측이 가능해진다. 이런 영향력은 어떻게 가능했을까?

물론 우리는 이 지점에서 남명의 권위에만 주목하면서 진주목사 김시민과 같이 책임감으로 무장하여 백성들을 이끈 지도자들의 리더십을 평가절하하는 우를 범해서는 안 된다. 그렇지만 당시 정치풍토 속에서 한 고을의 책임자가 고립된 리더가 아니라 특정 유림세력을 전제로 하는 유교공동체의 지도자였음도 동시에 고려할 필요가 있다. 그 공동체는 우리가 조선 역사를 통해 확인하는 것처럼 때로는 부정적인 영향을 미친 경우도 있었지만, 진주대첩의 경우에서와 같이 민관군이 상호협력하여 어려운 전투를 승리로 이끄는 동력으로 작동하기도 했다는 사실도 동시에 볼 수 있어야만 한다. 그 중심축 중의 하나로 우리는 남명의 도덕적·정치적 권위를 어렵지 않게 상정할 수 있다.

"요즘 서원을 보니, 사의(私意)로 서원을 세우려고 하면 감사(監司)가 허락하지 않을 듯합니다. 이런 사당은 허사(虛祠)나 하나의 빈 사당에 지나지 않을 것입니다. 도주(道主)에게 아뢰기를 바라는 것은 한두 사람이 사사로운 의견을 말한 데서 나온 것이 아니고, 한 시대 공공의 의견이 모아진 데서 나온 것이어서 오래도록 전할 수 있게 하려는 것입니다. 다행히 그 지역 사람들이 이런 의논을 한다고 들었습니다. 직접 찾아뵙고서 아뢰지 못하고 지면을 통해 말씀드리게 되어 외람된 마음을 금치 못하겠습니다."9

조금 다른 맥락이기는 하지만, 청도 고을 원님에게 보낸 남명의 서신 속에서도 그의 살아있는 권위를 어렵지 않게 확인할 수 있다. 청도 지역 사람들에게 영향을 끼친 좌랑 김대유를 위한 사당 건립에 관한 이야기를 하면서 남명은 그 장소를 동창(東倉)이 아니라 향소(鄕所)로 하는 것이 어떻겠느냐라고까지 제안하고 있다. 물론 그 배경에 '한 시대 공동의 의견이 모아진 것'이라는 전제를 깔고 있고, 이 전제는 당시 남명이 지니고 있었을 것으로 짐작되는 권위가 당대의 공공의 권위를 상징하는 수준이었음을 짐작하게 하는 것이기도 하다.

남명의 권위를 사회적으로 뒷받침해준 전통적 권위는 상당한 수준의 합의된 가치관과 문화를 전제로 해야만 성립할 수 있었다. 이런 전통적 권위는 그럼 21세기 초반 한국 시민사회를 전제로 해서는 이끌어낼 수 없는 것일까? 혹은 불러내서는 안 되는 것일까? 대체로 우리는 이 두 물음 앞에서 회의적인 자세를 취할 가능성이 높다. 전통 자체가 무너졌을 뿐만 아니라 정치적 다원주의를 전제로 성립된 것으로 믿어지는 민주자본주의 사회에서 특정 가치를 중심에 두는 공동체는 가능하지 않을 뿐만 아니라 바람직하지 않다는 신념을 공유하게 되었기 때문이다. 그런 점에서 정치철학자 존 롤스는 현대사회에서 공동체는 가능하지 않고 다만 자유롭고 평등한 시민들 사이의 협약체로서의 사회만 가능하다고 주장했다.[10] 자유주의자인 롤스의 주장은 전통 의존적인 합리성만이 가능하다고 주장하는 매킨타이어 등의 공동체주의나 공화적 연대를 통한 느슨한 공동체의 가능성을 모색하고자 한 마이클 샌델 등의 반론에 직면하기도 했지만, 우리 사회에서는 여전히 막강한 영향력을 미치고 있다.

우리가 인간으로서 삶을 제대로 영위할 수 있기 위해서는 특정한 인간공동체에서 태어나 자라나야 한다는 사실은 상식이다. 그리고 그 이후의 삶에서 자신의 노력을 통해 무엇인가를 이루고자 할 때에도 이른바 운(運, luck)이라고 불리는 요소들이 상당히 중요한 역할을 한다는 사실 또한 점점 더 확실해지고 있다. 그 운에는 내가 어떤 유전자를 갖고 태어나느냐 하는 것과 어떤 나라나 문화권, 가정에서 태어나 어떤 교육을 받느냐 하는 것이 가장 결정적인 작용을 한다. 최근에는 유전자가 발현되는 과정에서도 어떤 환경에 노출되느냐에 따라 발현되거나 감추어지는 유전자가 있음이 밝혀지고 있기도 하다.[11]

전통은 그 자체로 모두 전승되어야 하는 대상일 수 없지만, 그렇다고 해서 그 전통을 온전히 무시하면서 살아갈 수 있는 사람 또한 존재할 수 없다는 사실을 인식하는 일도 중요하다. 특히 우리와 같이 그 전통에 대한 적대적이고 비판적인 시선을 전제로 이른바 근대화를 급속도로 이루어낸 '압축성장의 신화'를 쓴 나라의 구성원들은 이 전통을 대하는 객관적이고 공정한 시선을 회복하는 일이 필수적이다. 그럴 수 있을 때라야 비로소 우리 자신과 나라를 있는 그대로 볼 수 있는 가능성이 높아지고, 그 토대 위에서 진정한 성숙도 가능할 수 있을 것이기 때문이다. 남명의 권위에 포함되어 있는 전통적 권위를 그 시대 상황과 맥락을 충분히 고려하면서도, 현재적으로 살려낼 수 있는 방안이 있는지 모색할 필요가 있는 이유이기도 하다.

도덕적 권위와 전문적 권위의 표상으로서 남명

✻ 　　　　교사로서 남명의 권위는 당시 시대 상황 속에서 작동하고 있던 전통적 권위의 기반 위에서 작동한 것이지만, 그 공동체적 배경에 괄호를 치더라도 주목받을 만한 권위를 인정받았다는 우리의 명제는 다음 질문으로 '그 다른 권위의 원천이 무엇이었을까'라는 물음을 불러낸다. 이 물음에 제대로 답변하기 위해서는 그의 교육을 받은 제자들과 주변 사람들의 음성 모두에 귀를 기울이면서 실마리를 찾으려고 노력해야 하지만, 그 노력은 이 작은 논의의 범위를 넘어서는 것이다. 여기서는 단지 남명 자신의 목소리와 그의 편지를 받은 사람들의 음성도 담겨 있는 듯한 느낌을 주는 편지글에 주목하고자 하고, 그중에서도 제자 오건과 동년배 유학자였던 퇴계에게 준 편지로만 한정하여 살펴보고자 한다.

"나는 평생 다른 기예들은 배우지 않고 혼자 책만 보았을 뿐입니다. 입으로 성리(性理)를 말하고자 하면 어찌 남보다 못하겠습니까마는, 오히려 그 점에 대해 기꺼이 말하고 싶지 않습니다. 그대는 매양 기미를 살피지 못하니, 하루아침에 화란이 생기면 피하기 어려울 것입니다. 붕우 사이에는 선(善)으로 권면해야 하는데, 나는 지금 그대에게 화로써 분부하고 있으니 좋지 않은 일입니다."[12]

남명이 편지를 쓸 당시에 어사 벼슬을 하고 있던 제자 오건에게 준 이 편지에서 우리가 주목하고자 하는 부분은 세 가지이다. 하나는 제자임에도 붕우(朋友), 즉 친구 관계임을 전제로 하고 있다는 사실이고, 둘째는 의(義)를 전제로 벼슬길에서 물러나야 하는 시기임에도 그런 기미를 제대로 살피지 못하는 제자에 대한 남명의 준엄한 꾸짖음이며, 셋째는 "입으로 성리를 말하고자 한다면 어찌 남보다 못하겠느냐."고 말하는 남명의 학문적 자신감과 실천적 겸허함이다. 물론 이 셋은 서로 긴밀하게 연결되어 있다.

세 번째로 주목한 부분부터 살펴보자. 남명은 당대의 학문으로 부각되고 있던 성리학(性理學) 공부에 대한 자신감을 갖고 있었음에도 그것을 부각시키기보다는 늘 일상의 실천에서 미치지 못하는 점에 대해 스스로를 경책하고 있음을 확인하게 된다. 바로 이 지점이 교사로서 남명이 갖출 수 있었던 권위의 두 원천이라고 할 수 있다. 하나는 학문적 탁월함이고, 다른 하나는 체화된 공부를 통한 실천적 겸손함이다. 후자는 곧바로 도덕성으로 연결되어 도덕적 권위의 원천이 되고,

전자는 당대 학문의 최고봉에 도달한 탁월성으로 전문적 권위의 원천이 된다. 남명은 당대 공동체의 지원을 받을 수 있는 위치에 있었지만, 그것만으로 교사의 권위를 확보한 것이 아니다. 그는 오늘날의 교사에게 더 많이 요구되는 전문적 권위와 도덕적 권위도 함께 갖추고 있어 그런 영향력 발휘가 가능했다고 보아야 한다.

제자와의 관계를 친구 관계로 설정하면서도 가르침을 주고자 하는 내용에서는 명료하고 단호한 자세를 취한 첫 번째와 두 번째 요소 또한 오늘날 우리 교사에게 필요한 권위에 관한 많은 생각을 할 수 있게 해준다. 우선 교사와 학생 관계는 인격적이고 수평적인 관계여야 하지만, 동시에 가르침을 주고받는 관계이기도 하다는 사실을 분명히 인식해야 한다. 그런 전제 위에서 남명의 경우는 교사가 어떤 자세로 살고 어떤 전문성을 가지고 수업과 지도에 임해야 하는지를 보여주는 사례로 손색이 없다.

제자를 친구로 상정하면서 동시에 단호한 가르침을 내리는 대상으로 생각한 남명의 자세는 동년배 친구라고 할 수 있는 퇴계 이황과의 관계에서도 거의 유사하게 나타나고 있다. 그것은 공부하는 사람들 사이의 관계를 모두 진리를 향한 길 위에 서 있는 동료이자 선생으로 생각해 온 선불교(禪佛敎)의 도반(道伴) 관계와 맞닿은 것이기도 하다.

"평생 마음으로만 사귀면서 지금까지 한 번도 만나지 못했습니다. 앞으로 이 세상에 머물 날도 얼마 남지 않았으니 결국 정신적 사귐으로만 끝나고 마는 것인가요? … 요즘 공부하는 자들을 보건대, 손으로 물을 뿌리고 비질을 하는 절도도 모르면서 입으로는 하늘의 이치를 논하여 헛된 이름이나 훔쳐서 남들을 속이려 하고 있습니다. 그러나 도리어 남에게 상처를 주고 그 피해가 다른 사람에게까지 미치고 있으니, 아마도 선생 같은 어른이 꾸짖어 그만두게 하지 않기 때문일 것입니다. 저와 같은 사람은 마음을 보존하는 것이 황폐하여 배우러 찾아오는 사람이 드물지만, 선생 같은 분은 몸소 상등의 경지에 도달하여 우러르는 사람이 참으로 많으니, 십분 억제하고 타이르심이 어떻겠습니까?"[13]

퇴계를 정신적 사귐의 관계를 이어온 친구이자 선생으로 상정하고 편지를 쓰면서도, 다른 한편 어른[長老]이라는 호칭으로도 부르고 있는 남명과 마주할 수 있는 편지이다. 두 사람 모두 조선을 대표하는 선비로 인정받고 있을 뿐만 아니라, 이처럼 직접적인 교제의 자료가 거의 없어서 널리 인용되는 부분이기도 하다. 당대의 공부한다는 자들이 쇄소응대(灑掃應對) 예절도 제대로 갖추지 못했으면서 입으로는 천리를 떠들고 있다고 비판하는 구절에 이르면 앞의 제자 오건에게 준 편지의 맥락과 직접적으로 연결되어 있다는 사실을 확인하게 된다. 다만 여기서는 공부하는 자들을 가르치는 위치에 있는 교사로서의 공감대를 전제로 퇴계에게 제대로 가르쳐야 하지 않겠느냐고 압박하는 남명의 모습이 더해져 있을 뿐이다. 당시의 시대를 의(義)가 통하는 시대로 볼 수 있느냐를 놓고 의견이 갈렸던 남명과 퇴계, 더 나아가 율곡의 자세까지 짐작할 수 있게 하는 부분이기도 하다.

퇴계에게 보내는 편지에서는 남명이 자신을 낮추면서 스스로를 '마음을 보존하는 것이 황폐한 사람'이라고 평하고 있지만, 앞의 제자 오건에게 보내는 편지에서 확인한 것처럼 '평생 책만 본 사람'이라는 자부심도 갖고 있었다. 당대에 접할 수 있는 학문 영역에서 누구에게도 뒤지지 않는 공부를 한 사람이라는 자부심을 바탕에 두면서도, 특히 실천 영역의 겸손함을 전제로 펼친 그의 교육과 교류는 남명의 전문적 권위와 도덕적 권위가 서로 긴밀하게 연결된 것이었음을 짐작하게 하는 실마리이기도 하다. 그런 점에서 그는 조선을 대표하는 도덕적 권위와 전문적 권위의 표상 중 하나였다는 평가가 가능하다.

그 현재성을 위한 논의: 우리 교사에게 필요한 권위

✳   우리 시대와 사회의 교사는 기본적으로 학교 교사가 중심축을 이룬다. 다른 교육기관에도 교사가 있고 부모의 교사 역할도 중요하지만, 길어지고 깊어진 교육의 시간과 폭을 감안해 보면 학교 교사가 교사를 대표한다고 말할 수 있기 때문이다. 그런 맥락에서 학교 교사를 대하는 우리 사회의 태도와 분위기는 교사 역할을 하는 모든 주체들에게도 적용될 수밖에 없는 구조적 연관성을 지니고 있기도 하다.

2023년은 한국 근대 이후의 교육사에서 '교사의 권위 훼손이 사회적 고통으로 새겨진 해'로 기억될 듯하다. 이제 그 고통의 실상을 어느 정도는 알게 되었고 법적으로도 일정한 대응책을 마련하게 되었지만, 배후의 분위기와 태도까지 바꾸는 방향으로 나아가지 못한다면 언제든 되돌아갈 수 있다. 그 부정적인 회귀를 막을 수 있는 방안으로 이 장의 논의에서 주목하고자 한 것이 '교사로서 남명의 권위는 무엇이고 어떻게 가능했을까'라는 화두(話頭)였다. 화두인 이상 그 정답을 찾는 일은 가능하지도 바람직하지도 않지만, 그럼에도 우리 논의의 맥락을 유지하면서 각자의 답을 찾고 그 안에서 지혜를 모아 보다 나은 방향으로 나갈 수 있는 실천까지도 시도해볼 수 있을 것이다.

교사로서 남명의 권위는 유불도 삼교(三敎)의 지속적인 융합과 도전 속에서 신유학을 중심으로 불교와 노장을 극복하고자 했던 유교공동체를 전제로 성립한 전통적 권위였음을 우리는 확인했다. 그것은 아버지에게 절대적 권위를 부여하면서 효(孝) 중심의 가부장적 질서를 세우고자 한 양반사회의 산물이었고, 현재를 기준으로 하면 이미 거의 사라져 버렸거나 남아 있다고 하더라도 파편화된 형태로만 유지되고 있는 문화가 되었다. 따라서 그것에 기반한 전통적 권위 자체도 이미 무너졌다고 보는 것이 합리적이다.

그런데 다른 한편 '교사로서 남명의 권위'는 남명 스스로의 삶과 공부, 실천에 원천이 닿아있는 것이기도 했다. 그 권위는 입으로 공부하는 데 그치지 않고 몸으로 공부하여 일상 속 실천이 가능했던 체화된 지식에 근거한 전문적 권위와 도덕적 권위이기도 했다는 것이다. 남명의 권위에 내재한 이러한 두 차원, 즉 시대적으로는 전통적 권위에 속하면서도 다른 한편으로는 교사의 권위 자체의 속성에 속하는 전문적 권위와 도덕적 권위의 차원이 섞여 있다는 사실에 유의하면서,

우리 사회 전반의 전통적 권위에 대한 무조건적 부정 또는 경멸에 뿌리를 내린 무지(無知)를 넘어서야만 한다는 것이 우리의 첫 번째 주장이었다. 우선 전통을 객관적이고 공정한 시선으로 보면서 그 구체적인 내용이 무엇이었는지를 알고자 하는 노력이 선행될 필요가 있다는 주장이기도 하다.

그런 공부의 토대가 마련되어야만 '교사로서 남명'에게 부여된 도덕적 권위와 전문적 권위가 우리 시대와 사회의 교사들에게도 부여될 수 있는지, 또 부여될 필요가 있는지 등의 물음을 다음 화두로 붙들 수 있게 된다. 치열한 논의와 고민이 모아져야 하는 지점이지만, 최소한 우리는 교사와 학생 사이의 관계가 인격적 관계에서 출발해야 하지만 그것으로 그쳐서는 안 된다는 결론을 이끌어낼 수 있었다. 이 관계가 학생들의 학업을 도모하기 위해 만들어지는 관계일 뿐만 아니라 특히 학생의 인격적 성숙을 위한 관계이기 때문이다.

20세기 이후 진보교육의 일관된 관심사였던 '아동 중심 교육'은 어느 때부터 '학습자의 자기주도 학습'이라는 이름으로 수입되었다. 우리 현대 교육사에서는 전국교직원노동조합이라는 역사적인 교직원단체의 주도적인 이념으로 수용되어, '진보교육감'을 표방하는 많은 시·도 교육청의 정책으로 시행되어 현재까지 부분적으로 이어져 오고 있기도 하다. 그런 정책들을 적극 펼친 결과 학교 민주화와 학생 인권의 확장 등에 기여했다는 긍정적인 평가를 받기도 했지만, 현재를 기준으로 그 결과를 보면 학습자 주도성이 신자유주의적으로 변용되면서 학습자 중심에서 수요자 중심으로, 자율에서 개별화된 무한경쟁으로, 교사에서 서비스 공급자로, 합리적인 선택에서 계층 양극화로 전락했다는 비판에 직면하고 있다.[14]

  수요자 중심과 개별화된 무한경쟁 또는 각자도생(各自圖生), 서비스 공급자, 계층 양극화 심화 등의 개념들은 교육을 둘러싸고 있는 우리 사회 전반에서 목격할 수 있는 현상이 되었다. 특히 그중에서도 약한 고리에 속하는 학교 일상에서 학부모와 학생, 교사 사이의 관계를 무너뜨리고 가르칠 수 있는 최소한의 요건마저 인정하지 않는 무법천지로 만드는 주범이 되고 있다는 비판이 제기되고 있다. 더 물러설 곳이 없고, 이제는 넘어진 이 땅을 잘 살펴서 짚고 일어설 방안을 함께 모색하는 대안밖에는 없는 듯하다. 이 장의 논의에서는 '교사로서 남명의 권위는 어떻게 가능했고 또 지금도 가능할 수 있을까'라는 물음을 그 지팡이로 삼아보고자 했고, 일정 부분 긍정적인 결론도 이끌어낼 수 있었다.

교육적 관계의 회복을 위한 과제: 남명의 전문적·도덕적 권위의 필요성

✴   우리 사회는 권위가 전반적으로 무너진 사회가 되었다. 전통에 의존했던 권위들은 영역을 넘나들면서 거의 무너져 내렸고, 그나마 남은 전문성에 기반한 전문적 권위도 전문직 자신의 윤리성 약화와 정보 접근의 용이성 등을 이유로 급속히 무너져 내리는

중이다. 그런 흐름으로부터 유·초·중등학교와 대학의 교사들도 자유로울 수 없고, 그중에서 중등학교 이하의 보통학교 교사의 권위가 무너지는 소리가 사회 곳곳에서 들려오는 중이다. 이제는 교사는 자신들이 내는 세금으로 돈을 받는 서비스직이니 학부모들이나 학생들이 원하는 것은 무엇이든지 들어주어야 할 의무가 있다는 주장을 드러내 놓고 펼치는 민원인이 있다는 소식이 들려올 정도이다.

교사들의 권위주의는 마땅히 무너져야 한다. 그러나 교육이 학습자의 학습 도모는 물론 인격적 성숙을 목표로 삼는 사회적이고 거시적인 과업임을 인정한다면, 그 교육적 관계를 뒷받침해줄 수 있는 권위는 꼭 필요하다. 그것을 어떻게 회복하고 확보할 수 있을까? 우리 모두가 함께 끌어안아야 할 화두이지만, 그 화두를 제대로 들기 위한 공부의 일환으로 이 작은 글에서는 '교사로서 남명의 권위는 어떠했을까'라는 새삼스런 질문을 던져보고자 했다. 그는 조선시대 전반을 통틀어서도 성공한 교사로 꼽히는 선비이기 때문이다.

무조건적으로 전통 자체에 기대는 권위주의로서의 전통적 권위를 비판하거나 괄호 속에 넣는다 해도, 교사로서 남명은 당대의 어떤 교사들과 비교해도 손색이 없는 학문적이고 실천적인 전문성에 기반한 전문적 권위를 갖고 있었고, 그것을 자신의 일상에서 구현하고자 최선을 다함으로써 제자들로부터 자발적인 복종을 이끌어낼 수 있는 도덕적 권위를 갖고 있기도 했다. 우리 교사에게도 이 전문적 권위와 도덕적 권위는 꼭 필요하고, 이제 우리는 변화된 상황 속에서 그 권위들을 어떻게 살려내야 하는지를 함께 고민해야 하는 과제를 떠안게 되었다.

(6장) # 도덕함의 모형으로서 남명의 삶과 실천

도덕성과 인성교육 그리고 교과적 접근으로서의 도덕교육

✱ 유교문화권에서 도덕은 힘이 세다. 최소한 외면적 영역에서는 도덕이 한 인간을 평가하는 핵심 기준일 뿐만 아니라, 만약 도덕성이 결여되어 있다는 평가를 받고 나면 그의 다른 능력까지도 폄하되는 경향이 나타나곤 한다. 공자에게까지 그 뿌리가 닿아 있는 이러한 도덕 중심 문화는 우리에게도 도덕정치를 표방했던 조선 오백년의 역사 속에서 굳어져 오늘에 이르고 있다.

정치와 도덕의 관계에 대해서는 여러 관점이 있을 수 있다. 이 둘이 서로 별개의 것이라는 마키아벨리적 관점이 있을 수 있고, 정치가 곧 도덕이 되어야 한다는 공자적 관점이 있을 수 있다. 그 사이에 도덕과 정치 사이의 적절한 긴장을 전제로 하는 연결고리를 강조하는 절충적 관점이 있을 수 있고, 현대의 정치이론 대부분은 그런 관점을 택하고 있다.

정치는 기본적으로 현실 속 재화의 분배 문제와 각자의 영향력을 확대하고자 하는 개인들 사이의 충돌 문제로 우리 앞에 다가온다. 전자의 경우는 그 분배의 기준을 찾는 과정에서 도덕이 작동할 여지가 생기고, 후자의 경우는 그 영향력의 정당성을 찾아가는 과정에서 도덕적 기준이 작동할 수 있게 된다. 인간과 짐승의 작은 차이에 주목하는 과정에서 등장한 동서양의 사상과 철학이 공통적으로 주목하게 된 지점이 바로 그 도덕이라는 점에서 도덕은 일단 인간다움을 결정짓는 핵심 요인이라고 할 만하다.

그럼에도 인간이 도덕만으로 살 수 없다는 사실 또한 부정할 수 없다. 인간에게는 도덕적 존재가 될 가능성과 함께 짐승처럼, 또는 짐승보다 못한 삶을 살 수 있는 가능성이 주어져 있고, 그런 사람을 주변에서 보는 일이 어렵지 않기도 하다. 도덕을 중심에 두고자 했던 조선시대에도 자신의 부모를 죽인 패륜아가 있었다는 기록을 보면, 인간의 양면성 또는 복합성은 그 자체로 인간의 고유한 특성이라고 할 만하다. 그런 이유로 인간의 본성과 행동 속 도덕성과 사회의 도덕적 기준에 관한 객관적인 관찰과 그것에 기반한 도덕교육의 중요성이 항상 부각될 수밖에 없다.

인류의 역사 속에서 출현했던 모든 문명은 그 나름의 도덕교육적 장치를 마련하고 있었고, 그중에서도 우리는 이성에 토대를 두고 도덕교육을 시도하고자 했던 유교문명과 헬레니즘, 신앙 또는 신행(信行)에 근거한 도덕교육을 강조한 불교문명과 그리스도교문명을 대표적인 문명으로 꼽곤 한다. 그 외에도 현재까지 강력한 영향력을 지니고 있는 이슬람문명권을 빼놓을 수 없다. 21세기 초반 한국사회에는 이 모든 문명권이 들어와 있다. 유교와 불교라는 전통문명은 말할 것도 없고, 급속한 근대화 과정을 거치면서 빠르게 흡수된 서구문명 속에 포함된 그리스도교와 그리스문명도 이제 남의 것이라고 말하기 어려울 정도다. 이슬람문명의 경우에도 취업이나 국제결혼 등을 매개로 삼아 우리 주변 가까운 곳에 성큼 자리하고 있다.

그런 가운데 우리는 도덕교육을 주로 유교문명권에 뿌리를 둔 교과적 접근의 형태를 취하고 있다. 도덕 교과를 인성교육의 중심축으로 삼아 모든 교과 및 학교생활 전반을 통한 인성교육을 시도하고 있고, 이런 사례는 이웃나라 중국과 일본, 대만, 싱가포르 같은 유교문명권에서 공통적으로 발견되는 것이기도 하다. 광복 이후 현대적 교육체제가 만들어지는 과정에서 결정적인 영향을 미친 미국의 힘이 과도하게 작동하여 도덕 교과에 대한 지속적인 견제와 비판이 이루어져 왔음에도 이 교과는 현재까지 비교적 온전한 독립교과의 형태를 유지하고 있다.

그러나 우리는 도덕 교과의 정당성에 관한 이런 역사적 고찰과는 별개로 도덕 교과가 실제로 해내고 있는 일에 관한 비판에 지속적으로 노출되어 있다는 사실을 부정할 수 없다. 그 비판의 핵심은 '도덕점수가 도덕성을 보장하지 못한다.'는 명제로 요약될 수 있다. 다른 교과의 경우에도 동일한 비판이 가능하지만, 도덕 교과만큼 이 비판에 취약한 교과는 찾기 어렵다. 교과의 목표 속에 도덕성과 이어지는 실천이라는 목표가 포함되어 있기 때문이다. 근대적 의미의 도덕 교과가 등장한 19세기 말 대한제국기 '수신(修身)' 교과의 역사를 제외하고 현대적 의미의 도덕 교과가 등장한 3차 교육과정기 이후만 헤아려도 어느새 50년 이상의 역사를 갖게 된 이 교과의 실천성에 관한 논의는 여전히 진행 중이다.

이 논의는 다양한 방식으로 전개될 수 있고 또 그런 다양한 논의 자체가 필요하기도 하지만, 특히 중요한 것은 어떻게 해야 도덕 수업을 통해 도덕성 자체에 접근할 수 있는가 하는 실천적 지점을 포함시키는 일이다. 쉽지 않은 일이지만, 우리는 이 시점에서 특히 일상생활 속에서 도덕을 구현하는 일 자체를 주목할 수 있고, 그것을 그런 일을 해낸 구체적인 인간상을 중심으로 펼쳐봄으로써 보다 구체적인 논의가 가능해질 수 있으리라는 기대를 할 수 있다.

도덕교육에서 도덕적 모형의 의미와 역할

도덕교육의 과정에서 도덕적 모형의 역할

✳︎　　　　　도덕교육에 접근하는 방법 중에서 도덕적 모형에 주목하는 접근은 상당한 정도의 역사를 축적하고 있다. 동서양을 통해 고르게 활용되어온 이 접근을 보다 적극적으로 수용한 것은 동양의

도덕교육 전통이다. 그중에서도 유교는 도덕적 모형 제시를 중심으로 삼아 그 모형이 갖추고 있는 덕성을 함양하는 것을 도덕교육의 과정으로 설정한 대표적인 관점이다. 그 모형의 중심은 당연히 성인(聖人)으로 추앙받아온 인간인 공자(孔子)이고, 그 성인과 유사한 수준의 군자(君子) 또는 선비[士]를 소인(小人)과 대비시켜가면서 실제적인 교육목표로 설정하고자 했다.[1]

불교 도덕교육론에서도 모형 제시 기법은 중요한 위치를 점한다. 인간의 본성 속에 불성(佛性)이 내재되어 있다는 전제 속에서 붓다와 보살(菩薩)이라는 모형을 제시함으로써 보다 완전한 깨달음을 구현하는 삶을 목표로 삼는 것이 불교 도덕교육론이다. 다만 우리가 속해 있는 북방불교의 전통 속에서 그 붓다와 보살까지도 자기 스스로의 깨달음에 방해를 주는 존재가 되면 극복의 대상이 되어야 한다는 살불살조(殺佛殺祖)의 지향이 포함됨으로써 공자를 숭배와 모범의 대상으로만 삼는 유교 도덕교육론과는 차별화된다.[2]

서양의 전통 도덕교육론에도 당연히 도덕적 모형 제시가 포함되어 있고, 리코나(Thomas Lickona)의 인격교육론이나 나딩스(Nel Noddings)의 배려교육론에도 유사한 내용이 중요한 도덕교육적 접근법 중 하나로 포함되어 있다는 점에서 어쩌면 이 방법이자 기법은 도덕교육에 관심을 갖는 사람이라면 누구도 쉽게 포기할 수 없는 보편적 기반을 지니고 있다는 평가도 가능하다. 그런데 문제는 어떤 도덕적 모형을 택할 것인가 하는 데서 생겨난다. 시민사회에서 우리는 누구나 일차적으로 시민으로서의 위상과 역할을 지닌다. 그 이상의 도덕적인 요구는 사적 영역에서만 작동할 수 있기 때문에 어느 누구도 타인에게 강요할 수 있는 것이 아니다. 그럼에도 우리는 여전히 도덕교육의 역사 속에서 지속적으로 호출되어왔던 공자나 소크라테스 같은 이상적 모형을 제시할 수 있는 것일까?

'이상적 인간상'은 항상 시대적 요청과 함께 그 사회구조적 배경을 지닐 수밖에 없다. 우리가 성인으로 추앙해온 공자의 경우에도 20세기 중반 중국에서 극복의 대상으로 설정되기도 했고, 비판의 대상이기만 했던 「흥부전」의 놀부가 자신의 이익을 잘 챙기는 실용주의적 인간상으로 부각되는 경우도 있다.[3] 우리 사회에 민주주의와 자본주의를 근간으로 하는 시민사회가 정착하기 시작한 1987년 시민혁명과 1997년 구제금융사태[IMF] 이후로 우리가 지향하는 인간상은 전통적인 도덕적 인간과 자신의 이익을 망설임 없이 잘 챙기는 이기적인 인간 사이의 충돌이 노골화되었고, 대체로 후자의 승리로 끝나는 경우가 많은 것으로 볼 수 있다.

민주주의와 자본주의의 습합 속에서 더 강한 힘을 발휘하는 것은 자본주의다. 자본주의가 우리 생존의 문제와 좀 더 적극적으로 만날 가능성이 높기 때문이다. 오랜 시간 가족을 중심으로 유지되어온 공동체 문화가 20세기 말 구제금융사태라는 기점을 중심으로 보다 적극적으로 해체되고 그 자리에 대신 자리한 자본주의 질서의 내면화는 보다 구체적인 한국인들의 가치관 속에서 개인화와 물질 중심의 사고, 위험사회의 등장 같은 현상으로 나타난다.[4] 이러한 변화 양상 중에서 윤리학적 관점에서 주목해야 하는 것은 개인화와 물질중심 사고의 급속한 확산(물질화 또는 물신화)이다. 그 이유는 우선 개인화가 전통적인 가족과 친족 유대관계로부터의 탈피이고, 그것은 물신숭배(物神崇拜)와 연결되면서 관계 중심적 윤리의 일정한 해체를 수반하는 것일 수밖에 없어 한국인 모두의 삶에 근원적인 변화를 이끌어내는 계기가 되고 있기 때문이다.

서구 사회에서도 외형적으로는 동일한 양상으로 전개된 개인화는 주로 계급연대로부터의 탈피를 의미한 데 비해, 한국사회의 개인화는 주로 부계 중심으로 가족과 친족 유대로부터의 탈피를 의미한다는 홍찬숙의 연구는 그런 점에서 주목받을 만하다.[5] 그는 울리히 벡(Ulrich Beck)의 개인화 이론에 토대를 두고, 한국을 비롯해서 급속한 산업화에 성공한 동아시아 국가의 개인화 현상이 지니고 있는 특징을 '압축적 개인화'라는 말로 잡아내고 있다. 압축성장과 그 결과로 나타나는 이러한 압축적 개인화는 불교와 유교윤리를 기반으로 굳건한 뿌리를 내리고 있던 우리의 전통적인 관계 중심의 윤리를 뿌리부터 흔들면서 해체시키는 결정적인 요인이 될 수 있다는 것이 그의 기본 주장이다. 그것은 저출산과 노인의 고독사 같은 여러 경험적 현상을 통해 이미 상당 부분 입증되고 있는 것이기도 하다.

개인화가 심화된 상황 속에서 모형 제시 또한 그 개인에게 초점이 맞춰지는 경향을 지니게 된다. 이기적이고 고립된 개인의 행복에 직접적으로 도움을 줄 수 있는 모형이 중시되기 시작하고, 그런 점에서 성공한 사람으로 평가받는 개인이 중심이 되어 자신의 몸값을 높일 수 있는 전략들이 자기개발서라는 이름으로 쏟아지기도 한다.[6] 도덕공동체를 전제로 삼아 관계 속 자아실현을 구현하는 데 초점을 두고 있었던 전통 기반의 도덕 모형은 이런 와중에 몇 가지 점에서 균열을 드러내게 될 가능성이 높아진다.

첫 번째 균열의 가능성은 공동체적 기반과 개인주의적 기반 사이의 충돌 가능성이다. 전통적인 도덕 모형은 관계를 중심축으로 삼아 자신과 가문, 더 나아가 국가공동체의 운명을 분리시키지 않는 데 비해, 개인주의를 전제로 하는 현대의 시민은 그 관계적 맥락조차 기본적으로는 계약의 과정을 거치는 것으로 받아들일 가능성이 높다. 그렇게 되면 외형적으로 유사한 도덕 모형이 실제적으로는 그것을 지탱하는 범주 자체가 달라 자칫 범주의 오류를 범하게 될 수 있는 위험성이 생긴다.

두 번째 균열의 가능성은 모형의 교육적 위상을 둘러싸고 생길 수 있는 것이다. 전통적 기반의 도덕 모형은 그 자체로 누구나 따라야 하는 모형으로서의 도덕적 권위를 인정받을 수 있는 데 비해, 개인주의적 배경의 모형은 권유의 대상이 될 수 있을 뿐 도덕적 강제의 대상이 될 수는 없다. 윤리학에서 구분하는 강제와 권유의 윤리 또는 도덕의 구분과 연결되는 지점이기도 하다. 이러한 개인주의적 모형은 그런 이유로 자유주의 도덕교육론에서는 일정하게 배제되는 결과로 이어지기도 했다. 예를 들어 자유주의 도덕교육론의 중심을 이루는 콜버그의 관점에서 도덕적 모형은 그다지 중시되지 않거나 자칫 자율적인 도덕성 발달을 저해할 수도 있는 요인으로 평가받기도 한다.[7]

그럼에도 우리가 도덕교육에서 모형제시 기법을 포기할 수 없다고 말할 수 있으려면 최소한 이 두 균열의 가능성을 인지하고 그로 인한 부작용 또는 역기능을 줄이고자 하는 노력을 전제로 해야 한다. 그 노력의 구체적인 과정 속에서 우리는 지속적인 탐구와 성찰이라는 이성(理性)에 기반한 실천을 포함시킬 수 있다. 도덕적 탐구는 우리 삶에서 접할 수 있는 도덕현상과 그 현상의 배경에서 작동하고 있는 규범에 대한 탐구를 가리키는 개념이고, 윤리적 성찰은 주로 자신의 일상과 내면의 도덕성에 관한 성찰을 가리키는 개념이다. 이러한 탐구와 성찰은 다시 실천으로 연결되면서 '도덕함(doing moral & ethics)'이라는 개념으로 통합된다.

2015와 2022 개정 도덕과 교육과정에서 '도덕함'의 의미

✳ 2015년 9월 고시된 '2015 도덕과 교육과정'은 5년 단위의 정권 교체를 중심으로 국가 수준 교육과정이 바뀌는 최근 관행의 산물이라는 점에서 그 자체로는 비판의 대상이다. 교육계 내부의 요구와 사회적 요구가 맞물리는 장이 국가 수준 교육과정이라는 점을 고려하면, 2015 교육과정은 사회적 요구 중에서 주로 박근혜 정권의 요구와 기업의 실제적인 요구를 반영하고 있을 뿐 교육계 내부의 요구는 제대로 담아내지 못한 결정적인 한계를 지니고 있다. 특히 한국사의 필수화와 국정교과서화가 그 한계를 상징하는 징표로 부각되었다.[8]

그럼에도 이미 교육과정이 고시되었고, 2018년부터는 학교 현장에 이 교육과정에 근거해서 집필되어 국정과 검정, 인정의 과정을 거친 교과서가 배포되었다. 이러한 현실을 일정 부분 수용할 수밖에 없는 상황임을 인식하고 나면, 우리는 이 교육과정이 지니는 장점과 한계를 동시에 받아들이면서 어떻게 하면 학교 교육이 정상화되는 데 도움을 줄 수 있을지를 고민해야 하는 요청과 마주하게 된다.

우선 2015 교육과정 개정은 그 과정에서 이전과 비교하여 달라진 점이 있다. 우선 총론과 각론 사이의 연계성을 강화할 수 있는 제도적 장치를 마련했다는 점을 주목해볼 수 있다. 총론팀과 각 교과별 각론팀 사이의 연계 고리를 마련하기 위해 조정회의를 만들었고, 그 과정에서 각 교과별 연구책임자들은 교과교육학적 관점을 총론에 반영해야 한다는 요구를 지속적으로 펼칠 수 있는 최소한의 기회를 얻을 수 있었다.[9] 물론 그러한 요구가 어느 정도 반영되었는지에 대해서는 다른 판단 기준이 필요하지만, 그럼에도 총론 차원에서 전체적인 구조를 결정한 다음에 각 교과에 그 틀에 맞는 내용을 채우는 수준의 개정을 요구했던 이전의 교육과정 개정과 비교하면 진일보했다고 말할 수 있다.

'2015 개정 도덕과 교육과정'은 이런 배경 속에서 학교 인성교육의 핵심교과라는 성격의 부각과 함께 '도덕함'이라는 개념을 중심에 두고 있다는 점에서 이전 교육과정과 차별화된다.

> 도덕함은 인간다운 삶을 위해 추구해야 하는 궁극적인 도리로서의 도(道)와 그것을 삶 속에서 구현하는 과정에서 요청되는 총체적인 능력으로서의 덕(德)을 스스로의 삶 속에서 실천하고자 하는 역동적인 과정을 가리키는 개념이다. 이 개념에서 강조하는 '함(doing)'은 자신을

둘러싼 도덕현상과 규범 및 원리를 탐구하고 내면적으로 성찰하는 과정으로서의 함과 이를 구체적으로 실천하는 과정으로서의 함을 포함한다.[10]

이 교육과정 문서에서 강조하고 있는 도덕함은 서로 긴밀하게 연결되는 도덕현상과 규범, 원리를 탐구하고 내면의 도덕성을 성찰하는 과정으로서의 함과 이를 일상 속에서 구체적으로 실천하는 과정으로서의 함이라는 두 유형의 실천 과정을 포함하고 있다. 전자는 이전의 교육과정에서도 강조되어온 것을 다시 부각시킨 것이고, 후자는 이번 교육과정에서 좀 더 부각시킨 것일 뿐 이전 교육과정에서도 강조한 것이기 때문에 특별히 새로운 것이라고 볼 수는 없다. 다만 이 교육과정은 이 두 과정으로서의 함(doing)을 서로 연계시켜 '도덕함'이라는 개념으로 새롭게 구성해 냈다는 점에서 이전의 그것과 차별화된다.

그 이후 진행된 '2022 개정 도덕과 교육과정' 논의는 '2015 개정 도덕과 교육과정'의 성격과 목표를 비판적으로 계승하면서 보다 나은 대안을 모색하는 과정으로 이루어졌다. 그 과정에서 '도덕함'에 관한 논의 역시 심화되었다. 도덕함 개념의 생소함이나 서양 윤리학적 관점의 일방적 비판 등도 있었지만, 동양철학 전통의 적극적인 지지와 학교 도덕수업의 실천성 차원에서 보다 심화된 도덕함의 추구를 강조하는 관점들이 훨씬 더 많았다. 우리에게는 마음공부[修行]로 상징되는 실천의 전통이 있고, 그 실천을 오늘 학교의 도덕수업을 통해 어떻게 적극적으로 계승할 것인지를 교육과정 논의 속에서 보다 적극적으로 수용할 수 있기를 기대했다.

그러나 '2022 개정 도덕과 교육과정'은 1차와 2차 개정연구까지 진행되어 교육부가 시안을 마련한 후에, 최종적으로 국가교육위원회의 심의를 거쳐 공포되는 방식으로 절차가 바뀌었다. 교육부의 최종 시안까지는 '도덕함'이라는 개념이 그대로 사용되었지만, 국가교육위원회 심의과정에서 이 개념이 논란이 있다는 이유로 다른 과목의 '철학함'이라는 용어와 함께 사용할 수 없다는 납득하기 어려운 결정이 내려졌다. 그 결과 도덕함은 '도덕적 지식과 실천의 연계'라는 말로 바뀌어 최종 고시되었다. 다만 도덕 교과의 성격은 개정 연구진의 합의대로 '학교 인성교육의 핵심 교과임과 동시에 시민교육의 중심 교과 중 하나'라고 확정되어 고시되었다.[11]

도덕교육의 목표는 도덕성의 함양이다. 그런데 이 명제는 도덕이라는 개념을 중복해 사용함으로써 실제적으로 무엇을 의미하는 것인지가 불분명하다. 다시 말해서 도덕이 무엇인지를 먼저 규정해야 하고, 그것에 따라 도덕성은 어떻게 명료화될 수 있는지와 관련된 선행 논의를 요구받는 명제인 것이다. 우리 논의의 초점에서는 벗어난 것이지만, 그럼에도 최소한의 논의마저 생략할 경우 자칫 각각 다른 개념 정의를 가지고 공동 논의의 장에 참여하는 지금까지의 혼란을 방치하는 결과를 빚을 수도 있다. 도덕(道德, moral)은 우리에게 대체로 한 사회에서 통용되고 있는 관습적 수준의 도덕규범과 관행을 의미하는 것으로 받아들여진다. 그에 비해 윤리(倫理, ethics)는 좀 더 학문적인 성격을 지니는 개념이라는 이미지와 함께 관습적 도덕규범과 관행을 비판

적으로 검토하고 성찰하는 자율성의 영역을 지니는 것으로 받아들여지고 있기도 하다.[12]

도덕함은 이 도덕과 윤리라는 두 개념으로 상징되는 실천의 과정을 통합하고자 하는 노력의 산물이라고 해석될 수 있다. 그동안 이른바 '도덕점수의 딜레마'라는, 다시 말해서 높은 도덕점수가 도덕적 품성이나 행동과 일치하지 않는다는 광범위한 문제의식을 적극적으로 수용하여 함(doing)을 중심으로 실천과 도덕공부의 연계성을 강화해보고자 하는 지향성을 담은 개념으로 해석해볼 수 있다는 것이다. 여기서 도덕공부는 윤리학 공부와는 일정한 거리를 유지하는 것이다. 윤리학은 그 학문적 특성상 실천 또는 함의 문제를 중요한 주제로 다룰 가능성이 높지만, 근대 이후 윤리학을 독점해온 서양윤리학에서 도덕적 인식의 가능성과 도덕 지식의 성격 및 도덕 개념의 분석에 초점을 맞추는 과정에서 수양론(修養論) 또는 수행론(修行論)을 배제하거나 최소화하는 경향을 보이는 과정에서 함의 비중은 현저하게 줄어들게 되었다.

윤리학과 함께 도덕교육학의 또 다른 학문적 배경을 이루는 도덕심리학의 경우에는 도덕성을 도덕 판단과 동기화 같은 일종의 심리적 과정으로 받아들이면서 그 맥락에서 함의 문제를 일정하게 다루고 있기는 하다. 그렇지만 논의의 중심축은 도덕 판단이 이루어지는 과정에서 작동하는 심리적 기제와 같은 것에 초점을 맞추거나, 최근에는 뇌과학의 자기공명 영상촬영기법(fMRI)을 받아들여 그 과정에서 뇌의 움직임을 파악하는 것에 초점을 맞추고 있다.

이런 학문적 경향 속에서 우리는 도덕교육이 실천 또는 함의 문제에 좀 더 많은 관심을 기울여야 한다는 요구가 오히려 강화되는 딜레마 상황과 마주하고 있다. 이 상황을 적극적으로 수용하면서 대안을 모색하는 과정에서 우리가 선택할 수 있는 방안은 대체로 다음 두 가지 중 하나인 것으로 보인다. 하나는 도덕심리학과 뇌과학 등의 도덕성 관련 연구를 보다 실천적인 관점에서 적극적으로 해석해서 도덕교육에 적용하는 것이고, 다른 하나는 함을 중심에 두었던 우리의 도덕교육 전통을 오늘에 맞게 재해석하여 되살리는 길이다. 물론 이 둘은 실제 적용과정에서 서로 소통할 수 있고, 또 우리의 교과 중심의 도덕교육 접근을 염두에 둘 때 반드시 상호 교차적으로 검토되어야 하는 것들이기도 하다. 다시 말해서 도덕을 독립 교과로 만들어서 가르치게 하는 데 대다수의 21세기 한국시민들이 동의하게 만드는 전통적 배경을 적극적으로 받아들이면서도, 경험과학적 근거를 지속적으로 활용하여 그 전통의 현재적 해석을 시도하는 일이 함께 이루어져야만 하는 과제인 것이다.

도덕함의 모형으로서 남명과 그 현재적 재해석의 과제

남명의 교육관과 실천에서 함(doing)의 강조

✳   도덕교육의 전통적 배경에는 당연히 불교와 유교가 함께 포함되어 있지만, 그중에서도 가장 강력한 영향을 미치고 있

는 것은 유교이다. 그런데 한국유교는 그 중심에 성리학이 자리하고 있고, 그것은 불교철학의 골격을 수용한 새로운 유학, 즉 신유학이라는 점에서 이 두 배경은 혼재되어 작동하고 있다고 보는 것이 타당하다. 물론 조선 선비들의 의식구조 속에서는 불교가 이단이거나 '윤리'를 무시하는 오랑캐의 전통으로 치부되는 경우가 많았지만, 무의식의 영역은 물론 비형식적인 논의의 장에서는 도(道)의 지향이라는 형이상학적 차원에서는 그리 다르지 않은 것이라는 인식이 전제되는 경우가 많았다.

> 불교에서 말하는 진정한 선정(禪定)이라는 것도 다만 이 마음을 간직하는 데 달려 있을 뿐이니, 위로 하늘의 이치를 통하게 되는 데 있어서는 유교와 불교가 한 가지입니다. 다만 **사람의 일을 함**에 있어서는 다리로 땅을 밟지 않기 때문에 우리 유가(儒家)에서는 본받지 않는 것입니다. 전하는 이미 불교를 좋아하시니 이를 학문하는 데로 옮기신다면, 이것이 바로 유가의 일입니다.[13]

당시의 임금이었던 명종이 문정왕후의 섭정을 받아들이는 과정에서 불교에 심취한 것을 비판하면서도 남명은 불교에 관한 비교적 객관적인 입장을 유지하고 있음을 확인하게 되는 인용이다. 그는 불교가 선정(禪定) 같은 수행법에 있어서는 유교와 마찬가지로 다만 마음을 오롯하게 간직하는 것을 추구한다는 점에서 다르지 않다고 전제하면서도, 함의 영역으로 넘어오면 받아들일 수 없는 한계를 지니게 된다고 비판하고 있다. '사람의 일을 함'에 대해서는 보다 구체적으로 다리로 땅을 밟는 일이 전제되어야만 한다고 강조하고 있기도 하다.

남명의 이러한 불교관은 당연히 비판적 검토의 대상이다. 불교는 선정과 같은 깨달음을 통한 지혜(智慧)와 함께 자신과 타자를 구별짓지 않는 동체의식(同體意識)에 토대한 실천으로서의 자비행(慈悲行)을 두 축으로 삼기 때문이다. 실제로 남명과 비슷한 시기를 살았던 서산(西山)과 같은 승려들의 삶 속에서 지혜와 자비 모두를 확인하는 일이 어렵지 않기도 하다. 그런 점에서 보면 남명 또한 윤리를 구체적인 관계망 속에서의 절도(節度)를 중심으로 생각하는 유교윤리적 관점에서 벗어나지 못하고 있다는 비판이 충분히 가능하다. 그럼에도 우리는 당대의 선비들과 비교하여 남명의 포용력을 인정할 수 있고, 특히 그가 함을 중심으로 윤리와 사람됨을 평가하고자 했다는 사실에 초점을 맞추어 우리의 논의 속으로 끌어들이는 데 큰 어려움을 겪지 않는다.

> 자네는 요즘 선비들을 보지 못하는가? 손으로 물 뿌려 소제하는 절차도 알지 못하면서 입으로는 하늘의 이치를 말하고 있지만, 공정하게 **그들의 행실을 살펴보면 도리어 무식한 사람보다도 못하네.** 이는 필시 꾸짖는 사람이 있을 것이 틀림없네. 이러한 때에 처해 젠체하고 현자의 지위를 차지해서 허위의 우두머리가 될 건가?[14]

제자를 자네라고 부르기도 하고 친구라고 부르기도 하면서, 벼슬살이를 하며 소실을 들이기도 한 자신의 문인 오건에게 주는 편지글

중에 포함되어 있는 내용이다. 이 인용 속에서 우리는 남명의 출처의 식과 함께 함을 중심에 두는 학문과 삶의 자세를 확인할 수 있다. 자신 또한 "평생 다른 재주를 익힌 것이 없고 스스로 책만 읽었을 따름"이어서 "입으로 성리(性理)를 말하고 싶은 것이 어찌 뭇사람들보다 못하겠는가"라고 고백하면서, 그럼에도 입으로 말하는 것을 달갑게 여기지 않는 까닭을 깊이 헤아리라는 그의 가르침 속에서도 함의 강조는 잘 드러나고 있다.[15]

중국 한나라에서 통치이념으로 채택된 유교는 도교와 불교에 그 주도권을 넘겨주고 있다가 당나라 중기 이후 특히 불교사원의 폐해가 커지고 있는 배경 속에서 불교철학의 핵심 구도를 적극적으로 수용함으로써 넘어서고자 하는 시도를 한다. 그렇게 등장한 성리학 또는 정주학은 선진유교의 윤리적 기반에 철학적 깊이를 더함으로써 이후 송나라와 명나라, 조선, 일본 등에서 사상적 주도권뿐만 아니라 윤리적 실천 영역의 주도권까지도 일정 부분 확보하는 데 성공한다.[16] 남명의 시대는 그러한 성리학이 조선의 이념으로 채택되어 정착하던 시기였지만, 남명이 보기에 당대의 학문은 삶과 유리된 것이었을 뿐이다. 동시대의 성리학자인 퇴계를 향하는 글에서도 그의 이러한 인식은 분명하게 드러나 있다.[17]

> 요즘 공부하는 자들을 보건대, 손으로 물을 뿌리고 비질을 하는 절도도 모르면서 입으로는 하늘의 이치를 논하여 헛된 이름이나 훔쳐서 남들을 속이려 하고 있습니다. 그러나 도리어 남에게 상처를 주고 그 피

해가 다른 사람에게까지 미치고 있으니, 아마도 선생 같은 어른이 꾸짖어 그만두게 하지 않기 때문일 것입니다.[18]

남명의 이러한 태도는 도덕함의 전형으로 평가받을 만하다. 도덕함은 앞서 살핀 것처럼 '2015 개정 도덕과 교육과정'에서 도덕 교과의 성격과 목표를 규정짓는 핵심 개념으로 채택된 것으로, 일상 속 실천(實踐)을 중심에 두고 자신을 둘러싸고 있는 도덕현상을 탐구(道德的 探究)하고, 이를 다시 내면적 도덕성과 연결지으면서 성찰(倫理的 省察)하는 순환 과정을 총체적으로 일컫는다.[19] 평생 책을 가까이하여 그 누구보다도 지적 능력과 성취가 뛰어났을 남명은 스스로 경계하면서 모든 것의 출발점과 중심은 자신의 주변을 쓸고 정리 정돈하면서 사람들과 만나는 쇄소응대(灑掃應對)의 예절이라고 거듭 강조하고 있다. 이러한 함의 윤리는 우리 도덕교육과 인성교육의 출발점이자 도달점이 결국 교사와 학생의 일상생활 속 실천이어야 함을 강조하는 것으로 받아들일 수 있다.

21세기 초반 한국시민의 일상은 대체로 조선 선비의 그것과 비교해서 입으로 성리(性理) 또는 천리(天理)를 말하는 일에서조차 빈약함을 보여주고 있다. 더 나아가 자신의 삶 속에서 의미를 찾고 실천에 옮기고자 하는 성향은 거의 찾아볼 수 없게 되었으며, 이 성향은 이른바 사회지도층이라는 위치를 차지하고 있는 사람들에게서 더 심하게 나타나고 있다. 남명의 표현을 빌리면, "그들의 행실이 무식한 사람보다도 못한 지경"이다.[20]

현재 우리 한국사회는 시민사회이다. 시민사회는 모든 시민이 최소한의 시민적 자질과 역량을 갖추고 있다는 전제 위에서 비로소 성립 가능하고, 그것은 주로 의무로 규정되어 있는 시민교육을 통해서 극복할 수 있는 충분한 외적 통로를 확보하고 있다. 그런데 높은 수준의 교육열과 학력(學歷) 수준이 관계성에 관한 인식에 기반한 삶의 의미와 공공 영역을 확보하고자 하는 도덕교육을 이끌어내지 못한 채, 오히려 역으로 작동하는 것 아닌가 하는 자괴감까지 불러일으키고 있다. 이른바 사회지도층이라는 이름으로 불리는 사람들의 도덕성이 일반 시민의 그것보다 더 낮다는 사실이 지속적인 증거들로 표출되고 있는 이런 상황과 정면으로 마주하면서, 우리 시민사회와 시민은 그 원인 분석과 대안 모색을 동시에 해내야 한다는 절박한 요청을 받고 있는 중이다.

남명의 도덕함에 대한 현재적 재해석

우리 상황의 인식과 남명의 선비정신

✳︎ 우리 상황의 엄중함은 지난 60여 년의 급속한 근대화와 그 결과로서의 일정한 경제 성장 및 형식적 민주주의의 확보, 개인화와 물질화 등의 현상이 우리 모두의 일상 속에서 쉽게 발견되고 있다는 사실에서 확인될 수 있다. 우리 현대사 속에서 1945년 일제강점으로부터의 해방과 1950년 한국전쟁, 1960년 4·19혁명과 1980년 광주민주화운동, 1987년 6월 시민항쟁을 잇는 2016년 11월 시민항쟁

은 경제성장과 형식적 민주화라는 소중한 성과를 바탕으로 삼아 참여와 분배, 인간다운 삶의 공유라는 실질적 민주화를 구현하고자 하는 시민의 외침으로 자리 잡을 수 있게 되었다.[21]

현재 우리의 문제가 노출시키고 있는 핵심 지점은 무엇일까? 도널드 트럼프라는 예상치 못했던 대통령을 선출한 미국 중심 자본주의의 세계화와 북핵 문제 중심의 국제정치적 충돌, 그 와중에서 비교적 성공적으로 자리 잡았다는 평가를 받는 우리 대한민국의 지속적인 흔들림 등을 총체적으로 바라보면서 그 현상의 배후에 숨어있는 다양한 변인들을 잡아낼 수 있을 때에야 비로소 우리 문제에 대한 총체적인 해결책도 가능할 수 있다. 그렇지만 우리에게는 그럴 만한 학문적 역량이나 실천적 역량이 제대로 갖춰져 있지 않다. 그렇다고 포기할 수 있는 과제가 아니기 때문에 우선 그 문제와 정면으로 대응하고자 하는 자세를 가져야만 하고, 그런 전제 위에서 우리가 할 수 있는 일들을 하나씩 실천에 옮겨가면서 지속적인 학문적 분석과 그 결과들을 모아가는 집단지성의 형성 과정을 공유하는 노력을 지속해나가야만 한다.

이런 노력의 과정 속에서 우리는 2015 도덕과 교육과정에서 도덕 교과의 핵심적인 성격 규정을 위해 제안하고 있는 도덕함이라는 개념을 다시 호출해볼 수 있다. 이 개념이 실천과 탐구, 성찰 사이의 유기적 연관성과 통합성을 강조하는 것이기 때문이다. 그런 관점에서 우리는 조선 선비의 실천적 전형을 보여주었다는 남명의 도덕함에 새롭게 주목해볼 수 있고, 그의 삶 전반을 통해 그런 평가의 정당성을 확인할 수도 있었다. 이제 우리에게 남은 과제는 그의 도덕함이 현재 우리의 절박한 과제와 어떻게 만날 수 있는지를 고민하는 일이다. 이 과제는 당연히 현재적 재해석이라는 해석학적이면서도 실천적인 과업을 전제로 할 때에야 비로소 가능해지는 성격을 지닌다.

먼저 남명의 도덕함이 구체적으로 어떤 의미를 지닐 수 있는지를 논의한 다음에, 그것을 현재적으로 구현할 수 있는 실천적 방안을 모색하는 순서로 전개해볼 수 있다. 우선 남명의 도덕함은 도덕 문제에 있어 함을 중심에 두는 것이 가장 특징적이다. 최소한의 도덕적인 실천도 하지 못하거나 하지 않으면서 입으로만 진리를 말하는 당시 선비들의 모습을 준열하게 꾸짖고 있는 남명의 모습과 실제 자신의 삶을 통해 제자들에게 보여주고자 했던 모형을 통해서 쉽게 확인할 수 있는 것들이다. 이러한 실천 또는 함 중심의 삶과 교육은 시간과 공간을 초월하는 보편성을 지니고 있어 현재 우리의 상황에 그대로 적용하는 데서도 큰 어려움을 겪지는 않는다.

그러나 남명의 함은 기본적으로 당시 조선사회를 이끌어가는 양반들을 대상으로 요구할 만한 것이었을 뿐 실제 생업에 종사하는 평민과 노비 신분의 사람들에게까지 요구할 수 있는 것은 아니었다. 16세기 조선과 21세기 대한민국 사이의 사회구조적 배경과 역사 발전 정도의 차이에 유념해야만 하는 지점이다. 오늘 우리 시민들에게도 그런 엄격한 함을 요구할 수 있을까? 기본적으로는 그럴 수 없다는 결론에 도달하게 된다. 이 지점에서 우리는 대통령과 같은, 이른바 우리 사회의 지도층에게는 요구할 수 있지 않을까 하는 생각을 해볼 수 있다. 그러나 신분을 배경으로 삼는 세습적 성격의 엘리트들에게 요구하는 것을 주로 선거를 통해 그 자리를 한시적으로 보장받는 우리 사회의 지도층에게 그대로 요구할 수 없을 뿐만 아니라 자칫 그럴 경우 그들의 세습적 위상을 정당화하는 결과를 초래할 수 있는 위험성도 있다.

이러한 위험성에 충분히 유념해야 하지만, 그렇다고 해서 시민교육적 차원의 도덕교육 또한 함을 중심에 두어야 한다는 당위적 요청이 설득력을 잃는 것은 결코 아니다. 오히려 시민사회가 시민의 최소한의 도덕성과 함에 의해서만 유지될 수 있다는 점을 감안하면 그 필요성이 더 강하게 부각될 수 있다. 다시 말해서 조선시대에는 양반에게만 요구되는 도덕적 실천으로서의 함이 21세기 초반 한국사회에서는 이 땅에 존재하는 모든 시민들에게 요구되는 상황으로 변화되었음을 인식할 필요가 있는 것이다. 차이가 나야 하는 지점은 시민교육의 영역에서 요구할 수 있는 제한선이다. 시민교육에서는 시민들에게 그 함의 구체적인 방향과 내용을 일방적으로 지시할 수 없다. 다만 시민사회의 기본 구조와 그 동력을 정확하게 인식하는 능력을 기반으로 하는 참여와 시민사회가 제대로 작동하고 있지 않을 때 그 현상을 제대로 분석하면서 대응할 수 있는 실천적 능력 또는 역량으로서의 함을 요구할 수 있을 뿐이다. 그 요구 또한 가능하다면 유치원에서 시작되어 고등학교에서 어느 정도 마무리되는 시민교육이라는 통로를 통해 전달되어야 하고, 그것이 지속될 수 있는 평생교육의 장에 관한 고려 또한 필요하다.

남명의 도덕함과 시민윤리의 만남

✽ 도덕함은 앞서 논의한 것과 같이 구체적인 도덕 실천으로서의 함과 함께 도덕현상과 규범에 관한 비판적 탐구와 내면의 도덕성을 대상으로 하는 윤리적 성찰로서의 함을 구성 요소로 하고 있다.[22] 전자가 몸의 함에 초점을 맞춘 요소라면, 후자는 마음 또는 정신적 과정으로서의 함에 초점을 맞춘 것이라고 볼 수 있다. 남명의 도덕함 또한 이 두 요소를 모두 고려하고 있을 뿐만 아니라, 둘 사이의 긴밀한 연계성과 통합의 필요성에 대한 충분한 고려를 담고 있다. 이러한 남명의 관점은 그의 공부와 학문을 바라보는 관점 속에 잘 드러나 있다.

> 대체로 정독하기만 하고 숙독하지 않으면 도를 알 수 없고, 숙독만 하고 정독하지 않아도 도를 할 수 없습니다. 정독하고 숙독하는 것이 모두 지극해야 골자를 꿰뚫어볼 수 있습니다. 다만 『대학』은 여러 경전의 중심이니, 이 책을 읽어 훤히 꿰뚫어 알게 되면 다른 글을 보기가 쉬워질 것입니다.

> 또한 경(敬)은 성학(聖學)의 시작이 되고 끝이 되는 것으로, 초학자로부터 성현에 이르기까지 모두 경을 주로 하는 것으로 도에 나아가는 방편을 삼습니다. 학문을 하면서 경을 주로 하는 공부가 부족하면 학문하는 것이 거짓이 됩니다. …(중략)… **학문하는 사람들이 이 마음을 능히 거두어들여 오래도록 잃지 않으면, 모든 사악한 마음이 사라지고 온갖 이치가 저절로 통하게 될 것입니다.**[23]

일정한 텍스트를 접하는 방법에는 정독과 숙독이 있다. 전자가 찬찬히 읽어가는 방법이라면, 후자는 비판적으로 읽는 방법이다. 남명은 이 둘을 병행하지 않으면 제대로 진리에 다가설 수 없다는 단호한 입장을 택하고 있음을 알 수 있다. 도덕함의 과정 또한 마찬가지다. 도덕함의 과정은 일상에서 도덕을 실천하는 일과 그 실천 자체를 포함하는 도덕 현상과 규범에 관한 탐구와 자신의 내면에서 작동하고 있는 도덕성 자체에 관한 성찰을 포함한다. 이 과정을 남명의 말로 바꿔본다면, 경(敬)을 중심으로 하는 마음의 유지와 의(義)를 중심으로 하는 지속적이고 즉각적인 실천 사이의 유기적 연관과 통합의 추구라고 할 수 있다.

이러한 남명의 도덕함에 관한 강조를 한형조(2001)는 철학(哲學)과 도학(道學) 사이의 구별 문제로 환원시키고 있다. 남명이 당시 선비들의 공부와 처세를 비판적으로 검토하면서 내린 판단을 과거 중심의 공부 경향으로서의 '도학의 세속화'와 실천으로부터 멀어지는 경향으로서의 '도학의 소외'로 규정짓고자 하는 그는 그렇게 타락한 도학을 철학이라는 이름으로 부를 수 있다고 주장하고 있는 듯하다.[24] 철학과 도학이라는 개념을 어떻게 정의하느냐에 따라 이러한 주장에 동의할 수 있는지의 여부가 결정되는 면이 있기는 하지만, 아마도 그의 철학은 철학함을 결여한 공소한 학문으로서의 철학인 것 같고, 그런 정의라면 남명의 학문은 도와 그것의 실제적 구현을 일치시키고자 하는 치열한 노력의 과정으로서의 도학(道學)으로 규정하는 것이 가능할 것 같다. 다만 이 과정을 좀 더 명료하게 드러낼 수 있는 개념으로 도덕함을 활용함으로써 우리는 남명의 공부와 학문이 지니는 이론적·실천적 통합성을 부각시킬 수 있다.

오늘날 시민윤리의 관점에서 선비정신이 지니는 공공성(公共性)에 주목하고 하는 배병삼(2016)은 선비의 출처진퇴(出處進退)를 '국가와 사회의 공공성을 확보하면서 동시에 개인의 존엄성을 어떻게 유지할 수 있을까라는 모순된 요구에 대한 답변의 스펙트럼'이라고 해석하면서, "수기치인의 구도가 빚어낸 고색창연한 전통 지식인의 행동윤리이지만 오늘날에도 정치적 행동과 시민윤리를 북돋는 지침이 될 수 있다."고 강조한다.[25] 수기치인(修己治人)이라는 개인적 차원의 수양을 사회정치적 영역으로 확장하고자 한 시도가 출처진퇴로 나타났고, 그 구체적인 모형은 남명의 은둔의 길과 율곡의 출사의 길, 퇴계의 출사와 은둔의 사잇길로 구현되었다는 것이다.[26] 대체로 동의할 수 있는 고찰이자 분류이지만, 한 가지 강조되어야 할 초점이 빠져 있거나 제대로 주목받지 못하고 있다. 그것은 바로 전통지식인으로서의 도덕함이 현재 우리 시민윤리로 구성되기 위해 필요한 적극적인 재해석의 과정이다. 배병삼의 경우 외에도 대부분의 선비 관련 논의들이 이러한 과정을 생략하거나 선언적 수준의 언급에 그치고 있어 실질적인 시민윤리 논의와 제대로 만나지 못하는 한계를 드러내고 있다.

이러한 적극적인 재해석 과정의 핵심은 선비와 시민 사이의 존재적 위상의 차이, 즉 엘리트 신분으로서의 선비와 자신의 생계를 직접적인 노동을 통해 책임져야 하는 시민 사이의 차이를 전제로 해야만 한다. 후자의 경우는 기본적으로 자유주의적 기반을 중시하면서 삶의 의미 물음 같은 윤리적 과제를 사적 영역의 문제로 받아들인다는 점 또한 중요한 차이점이다. 그러면서도 배병삼의 논의와 같이, 오늘날 우리 시민사회가 봉착하고 있는 공공성 축소 또는 훼손의 문제와 일정한 역할을 맡은 시민들의 역할 도덕성 문제를 해결하기 위한 대안으로 선비정신을 주목해볼 수 있고, 그 대안의 핵심은 개인적 차원의 행복과 직접적으로 연결되는 사회정의와 세계평화의 지향이다.

시민사회가 노출시키고 있는 문제 중에서 가장 심각한 것은 개인적 삶의 영역과 공공 영역 사이의 분리 또는 사적 이익을 위한 공적 이익과 공공 영역의 외면이다. 이 문제를 해결하고자 할 때 우리는 인간의 본질을 관계로 규정하고 그 관계를 중심으로 자신의 직분에 맞는 도덕함을 삶의 목표로 삼았던 선비정신을 떠올려볼 수 있고, 특히 의(義)를 중심으로 시대상황을 판단하여 처사(處士)로서의 도덕함을 보여준 남명을 모범으로 삼아 도덕교육을 시작해볼 수 있다. 시민교육으로서의 도덕교육은 당연히 시민이 지니고 있어야 하는 최소도덕으로서의 시민윤리를 그 내용으로 삼지만, 다른 한편으로는 삶의 가치론적 차원에도 지속적으로 눈을 돌릴 수 있는 안목과 성찰 능력, 실천 능력까지를 자율성을 기반으로 삼아 그 목표로 포함시킨다.[27]

유교윤리에서 전통적으로 강조되어온 예(禮)를 '왜 우리는 평소에 공손한 표현을 쓰고 고맙다는 말을 할까?'라는 일상적 질문을 통해 현재적으로 재해석하고자 하는 푸엣(Michael Puett)은 어린아이가 식탁에서 할아버지에게 소금을 달라고 하는 상황을 예로 들면서 "소금 줘."를 "소금 주세요."로 바꾸고 소금을 건네받았을 때 "고맙습니다."라고

까지 말할 수 있도록 가르치는 도덕교육을 하는 이유를 다시 물으면서 이 과정의 의미를 다음과 같이 해석해내고자 한다.

> 이 순간은 아이가 자신과 동등한 존재에게 무언가 부탁을 하는 것처럼 행동하는 의식의 세계로 들어가는 기회다. 이는 특정한 방식으로 행동하라고 아이에게 명령하는 것이 아니라 같은 인간에게 무언가를 부탁하는 게 어떤 의미인지, 감사를 표시하는 게 어떤 의미인지 배우도록 하는 훈련하는 과정이다.[28]

신분적 질서를 전제로 그 신분에 적절한 행동양식으로 정착한 예(禮)를 '자신과 동등한 존재에게 무언가를 부탁하는 과정에서 지켜야 하는 예의 또는 에티켓의 문제'로 재해석해내는 푸엣의 관점 전환은 선비의 예에서 시민의 도덕으로의 전환을 위한 하나의 사례로서 평가받을 만하다. 특히 그중에서도 직접적으로 존댓말을 쓰게 하고 "고맙습니다."라는 하도록 하는 도덕함의 지향까지도 포함하는 실천적 도덕교육의 장을 전제하고 있다는 점에서 우리는 남명의 도덕함을 21세기 초반 한국시민의 도덕함으로 전환시킬 수 있는 적극적인 재해석의 사례로 삼을 만하다.

남명의 도덕함을 요약한다면, 경(敬) 공부를 기반으로 하는 내면적 성찰과 의(義)의 실천을 근간으로 하는 사회 비판과 대안 제시의 과정의 통합이라고 할 수 있다. 덧붙여야 하는 요소는 그 의의 실천 과정에 포함된 제자들을 바르게 길러내는 교육적 노력이다. 그의 제자들 중에서 곽재우로 상징되는 많은 의병장이 배출되었다는 사실이 의의 실천으로서의 남명의 도덕함이 구체적인 성과를 거두기도 했다는 평가가 가능하다. 이러한 일련의 과정, 즉 경과 의의 실천적 통합과 그 결과로서의 사회비판 및 대안 제시, 교육적 실천의 과정은 남명의 도덕함을 다른 선비들의 그것과 차별화시키는 지점이고, 우리에게 남겨진 과제는 그것을 시민윤리의 차원으로 재구성해는 일이다.

우리는 그 재구성의 가능성을 시민의 역할도덕성, 즉 자신에게 부여되어 있는 역할에 대한 적극적인 인식과 수용, 그 역할이 요구하는 도덕성 발휘의 과정에서 되살리는 데서 모색할 필요와 마주하고 있다. 더 나아가 사적 영역의 비정상적인 확대와 왜곡으로 공공성에 대한 최소한의 의식마저 제대로 작동하지 않고 있는 현실을 직시하면서 인간의 삶에 본질적으로 내재할 수밖에 없는 관계성을 수평적으로 인식하고 그에 맞는 예의를 갖추게 하는 시민교육으로서의 도덕교육의 영역에서 되살려야 하는 필요성과도 마주하고 있다. 그렇게 하지 못할 경우, 우리 사회 자체의 존립은 물론 그 구성원들인 우리 자신의 개인적 삶의 영역 또한 제대로 보장받지 못할 가능성이 커지고 있기 때문이다. 이러한 위기는 인류 미래의 지속가능성 위기와도 맞물리면서 우리 삶을 현재적으로 위협하고 있기도 하다. 20세기 인류 문명과 비교하면 21세기 초반 인류 문명은 생태위기와 핵전쟁 및 원자핵발전소 폭발 위험 등에서 촉발될 수 있는 전면적인 붕괴의 위기와 마주하고 있다는 점에서 차별화된다. 이 위기를 직시하면서 시민교육과 도덕교육의 영역에서 적극적인 대안을 모색해 가지 않으면 그 위협이 현실화 될 수 있는 가능성이 바로 우리 눈앞까지 펼쳐져 있다.

도덕함을 구현하는 도덕교육을 위한 실천적 과제들

✳   우리 도덕교육을 포함하는 인성교육을 둘러싼 담론은 이중적이다.[29] 한편으로 인성교육이나 도덕교육의 중요성을 강조하면서 「인성교육진흥법」과 같은 법을 제정할 정도로 적극적이지만, 다른 한편으로 '영수국'으로 상징되는 시험위주의 교육과 일류대 합격률을 바라고 내세우면서 인성교육의 핵심 교과인 도덕 교과나 관련이 깊은 예능 교과 등은 소홀히 하도록 권하는 분위기가 강하다. 그 가운데서 인성교육은 제자리를 잡지 못한 채 학교는 물론 가정에서도 표류할 수밖에 없다. 사회적인 분위기 속에서 인성교육과 도덕교육이 실제적으로 무시되거나 때로 경멸의 대상이 되기도 하는 현실도 같은 맥락에서 비롯된 것이다.

이런 상황을 극복하기 위해서는 이 문제가 한두 가지의 정책을 실시하거나 법을 제정하는 것으로 해결될 수 없는 중층성과 복합성, 총체성을 지닌 문제임을 인정하고 받아들이는 일이 선행되어야 한다. 인성교육을 중심에 두는 우리 교육의 문제는 정치, 경제는 물론 문화 등의 문제이기도 하고, 따라서 단지 그중 어느 곳을 개선하는 것만으로는 오히려 엉킨 실타래를 더 엉망으로 만들어버리는 결과를 가져온다는 사실을 직시하는 것이 문제 해결을 위한 첫걸음이자 출발점이다.

우리에게 남겨진 가장 현실적인 대안은 학교 도덕교육의 회복이다. 학교 인성교육을 이끌어가는 핵심교과인 도덕 교과에서 도덕함을 중심에 두는 교육이 이루어지면서 관련 교과는 물론 학교 생활 전반을 통한 도덕교육이 이루어질 수 있을 때, 가정의 인성교육적 역할을 촉진할 수도 있고 더 나아가 그 효과와 연결되면서 비로소 온전한 도덕교육의 효과가 나타날 수 있다. 도덕함은 도덕현상과 규범에 관한 탐구와 내면의 도덕성을 대상으로 하는 윤리적 성찰, 일상 속 실천의 유기적 통합과정 자체를 가리키는 개념이고, 우리는 그 전통적인 모형으로 남명의 도덕함을 설정해보고자 했다.

남명의 도덕함은 경을 중심으로 하는 내면적 성찰과 의를 중심으로 하는 사회적 실천, 교육의 과정이 통합된 것으로 규정될 수 있음이 확인되었고, 그것이 그의 선비정신의 근간을 이루었음은 물론 우리 역사의 한 축으로 자리 잡았다. 그렇지만 우리는 불행히도 그 전통을 제대로 계승하지 못한 채 서구적 맥락의 시민교육만을 교육의 중심에 두는 현대사를 지닌 채 21세기 초반의 현재 상황과 마주하고 있다. 도덕교육의 관점에서 볼 때 이 상황이 지니는 가장 심각한 문제는 공공영역의 지속적인 축소와 시민의 삶 속에서의 사적 영역과 실천적 영역 사이의 분리 경향이다. 이 문제는 다시 도덕교육에서 함의 문제로 연결되면서 우리 도덕교육은 물론 학교 교육 전반의 인성교육 부재라는 위기로 나타나고 있다.

이러한 문제를 직시하면서 우리가 택할 수 있는 대안은 우선 도덕교육에서 도덕함의 회복이다. 그 구체적인 방법으로 선비와 시민 사이의 존재적 간극을 인식하는 바탕 위에서 도덕함의 모형으로 남명의 삶을 제시하는 것 같은 방법의 모색과 함께 합의가 어렵거나 때로 불가능한 것처럼 느껴지는 가치문제를 중심으로 삼아 교사와 학생이 관련 주제를 놓고 토론하는 가운데 자신의 가치를 찾아가게 하는 가치명료화 방법을 들 수 있다. 더 나아가 사회적으로 문제가 되는 윤리적 사태를 화두로 삼아 그 현상 배후에 숨어있는 가치들을 찾아보게 하는 가치분석의 방법 같은 것들이 유용할 뿐만 아니라 꼭 필요하기도 하다. 전통적인 가치인 효(孝)와 예(禮), 의(義)를 시민윤리로서의 호혜성의 원리와 해악금지의 원칙 등을 전제로 재해석하는 과정 자체를 도덕수업으로 삼아볼 수도 있고, 더 나아가 남명의 도덕함을 준거로 삼아 현재 자신의 삶에서 가능한 구체적인 도덕함을 찾아보는 과정을 공유할 수도 있다. 이런 지속적인 노력들이 모아지고, 그것에 관한 사회적 합의의 영역이 넓어질수록 우리 교육의 미래는 물론 인류 문명의 미래까지 좌우될 수 있다는 자각이 꼭 필요한 시기를 통과하고 있는 중이다.

2022 도덕과 교육과정의 인간상과 남명의 도덕함

'2022 개정 교육과정'의 특성

✱　　　　교육과정은 무엇을 어떻게 가르칠 것인가를 주된 내용으로 한다. 무엇을 내용으로 선정해서 어떤 원리에 따라 조직해 가르칠 것인가가 교육과정론의 주된 주제인 것이다. 무엇을 선정할 것인가를 결정하는 과정에서 교육의 목적과 목표는 무엇인지, 또 그런 목적과 목표 달성을 어떻게 평가할 수 있는지 같은 물음들이 자연스럽게 등장한다.

성문화된 국가 수준 교육과정 체제를 채택하고 있는 우리 학교 교육과정의 경우, 대체로는 정권 교체에 따른 개정과 그로 인한 이념적 갈등이라는 외적 요소와 각 교과 중심의 내적 개정 요구라는 내적 요소가 충돌하거나 조화를 시도하면서 개정이 이루어져 왔다. 2022년 12월 22일 고시된 '2022 개정 교육과정'은 이전 문재인정부에서 시안 개발에 착수해서 윤석열정부에서 고시하는 방식으로 개정이 이루어졌다. 그러다보니 '자유민주주의', '성소수자', '성평등' 같은 개념들을 둘러싼 논란이 고시를 앞두고 벌어졌고, 이런 논란들은 특히 특정 종교집단의 강한 개입까지 더해져 이루어졌다는 점에서 바람직하지 못한 모습을 보여주었다. 이미 이루어진 내·외적 합의를 중시하지 않는 폭력성을 드러냈기 때문이다.

한편 이번 국가 수준 교육과정 개정은 과정과 절차에 있어서 과도적인 특성을 보여주기도 했다. 2022년 9월 공식적으로 출범한 행정위원회 성격의 '국가교육위원회'가 교육과정 관련 권한을 위임받았음에도, 시행령의 단서 조항으로 "이번 교육과정에 한해 국가교육위원회의 심의·의결과정을 거쳐 교육부 장관이 고시한다."라고 명시함으로써 그 과도적 성격을 분명히 하고 있다. 국가교육위원회는 교육정책 일반과 교육과정 정책이 특정 정권의 단기적 목표에 종속되지 않도록 하기 위해 마련된 의미있는 교육기관이다. 그런 점에서 교육계의 오랜 숙원이 이루어졌다고 말할 수도 있지만, 현실은 결코 녹록치 않다. 국회와 대통령이 추천한 위원들 대부분이 정치적 색채가 뚜렷하여 그로 인한 정쟁의 일상화가 예상되고, 오히려 교육의 정치 종속을 가속화하는 기관으로 전락하지 않을까 하는 우려도 있다.

그럼에도 '2022 개정 교육과정'은 현행 교육과정과 비교해 나아진 점이 있고, 그 점에 주목하면서 학교 현장에 잘 적응할 수 있는 실천 방안들을 적극적으로 모색할 필요도 있다. 교육과정 개정의 성패는 결국 학교 현장의 교사들이 얼마나 수용할 수 있고 또 수용하느냐의 여부에 달려 있다. 그런 점을 고려하여 이번 교육과정 개정 연구진의 50% 이상을 현장교사로 하도록 강제되기도 했다. 또한 '국가교육과정 정책자문위원회' 같은 다양한 수준의 절차를 마련하여 인간상부터 집중적으로 논의했다는 점에도 주목할 만하다. 그렇게 합의된 인간상을 바탕으로 총론과 교과별 성격과 목표, 내용체계 등이 결정되었기 때문에 이 인간상에 대한 주목은 교육과정 이해와 적용을 위한 첫 번째 필수요건이 된다.

이 장에서는 '2022 개정 교육과정'의 인간상에 대한 검토를 주로 그 총론을 구체적으로 반영하는 교과 중 하나에 속하는 '2022 개정 도덕과 교육과정'의 인간상을 중심으로 해보고자 한다. 특히 교육과정 개발 연구 과정에서 도덕 교과의 성격을 규정짓는 핵심 개념으로 제시되었다가 국가교육위원회의 의결로 삭제된 '도덕함'을 중심으로 총론 차원의 인간상이 교과 차원에서는 어떻게 구현될 수 있을지를 살펴보고자 한다. 이러한 검토를 우리의 전통적 도덕함의 모형으로 설정할 수 있는 남명의 선비정신과 시민윤리 사이의 연계성 및 차별성을 중심으로 확장함으로써, 우리 도덕교육의 실천적 지향점을 보다 명료하게 하는 것이 이 장의 주된 목표이다.

'2022 개정 교육과정'의 인간상에 관한 논의

인재인가, 사람인가?

✱ '2022 개정 교육과정'에서 제시하고 있는 인간상은 **'포용성과 창의성을 갖춘 주도적인 사람'**이다.[1] 그 구체적인 인간상은 '전인적 성장을 바탕으로 자아정체성을 확립하고 자신의 진로와 삶을 개척하는 **자기주도적인 사람**', '폭넓은 기초지식과 능력의 바탕 위에 진취적 발상과 도전으로 새로운 가치를 창출하는 **창의적인 사람**', '문화적 소양과 다원적 가치에 대한 이해를 바탕으로 성숙한 인격을 도야하며 인류 문화를 향유하고 발전시키는 **교양 있는 사람**', '공동체 의식을 가지고 다양성에 대한 상호 이해와 존중을 바탕으로 세계와 소통하는 민주시민으로서 배려와 나눔, 협력을 실천하는 **더불어 사는 사람**' 등 넷이다.[2]

'2015 교육과정'에서 **'바른 인성을 갖춘 창의융합형 인재'**로 제시되었던 인간상과 비교해볼 때 주목할 만한 변화가 있다.[3] 바로 '인재'에서 '사람'으로의 변화다. 유치원에서 고등학교까지의 보통교육이 시민교육을 목표로 삼는다는 점을 고려하면 그 교육과정을 이수한 사람이 인재가 아니라 '사람'으로 충분함은 당연한 귀결임에도, 우리는 그동안 모든 사람이 인재가 되어야 한다는 통념을 오히려 더 당연한 것으로 받아들여 왔던 셈이다.

시민은 각자의 생존과 실존을 스스로 책임져야 한다는 시민사회의 명령으로부터 자유롭지 못한 존재자이고, 그런 점에서 자신의 생존 기반을 마련하는 데 필요한 생존 역량을 길러주는 것이 학교 시민교육의 주된 과제일 수 있다. 그 역량을 탁월하게 갖추고 있는 사람을 '인재(人才)'라고 부를 수 있지만, 그렇다고 해서 모든 시민이 인재가 될 수 있는 것은 아니다. 오히려 소수의 탁월한 사람만이 인재가 될 수 있고 나머지 사람들 대부분은 각자 자신의 근기(根機)에 따라 협력하면서 생존과 실존의 두 차원을 감당해낸다. 사정이 이러한데 우리 학교 교육을 이끌어가는 지침이 되는 국가 수준 교육과정에서 '인재'를 주된 인간상으로 설정하는 것은 심각한 문제를 불러올 수 있다. 대부분의 시민들에게 자신은 열등한 존재라는 의식을 심어줄 가능성이 높고, 그 인재들에게는 자신들이 일반 시민과는 다른 차원의 존재라는 선민의식을 심어줄 가능성이 있다. 실제 우리 사회에는 고시에 합격하거나 특정 학교 졸업장을 갖고 있다는 이유를 근거로 선민의식을 감추지 않는 사람들이 적지 않다.

시민사회를 전제로 하는 국가 수준 교육과정의 인간상은 '사람'으로 충분하다. 교육은 바로 사람이 사람답게 살 수 있도록 도와주고자 하는 총체적인 노력이고, 학교 교육 또한 이 노력의 일환일 뿐이기 때문이다.[4] 우리의 경우 사람다움을 지향해온 오랜 교육전통을 지니고 있고, 그것에 서구의 인본주의 전통을 수용해서 '목적 자체로서 인간'이라는 칸트적 명법을 최소한 겉으로는 강조해왔다. 특히 20세기 후반 민주화 과정을 거치면서 확립한 자유와 인권에 대한 존중은 한 사람의 고유성에 충분히 주목해야 한다는 사회적 합의를 이끌어내는 바탕이 되었다.

　그러나 다른 한편 우리는 그 20세기 역사를 통해 이루어낸 급속한 산업화 과정에서 자신을 포함한 모든 것을 상품으로 환원시키는 자본주의적 질서를 빠르게 수용하여 삶의 중심으로 삼아 살아가고 있기도 하다. 그 과정에서 교육 또한 산업발전에 도움이 되는 것이어야 한다는 수단적 교육관이 강력한 힘을 발휘하기 시작했고, 1997년 외환위기를 기점으로 경제구조를 비롯한 사회구조 전반을 세계화된 신자유주의와 자본주의 질서에 편입시키는 고통스러운 경험을 공유해야 했다. 그 결과를 우리는 세계 10위권의 경제력 확보와 불평등 심화, 교육의 고유성 상실 등으로 혼란스럽게 마주하고 있는 중이다.

　그런 가운데 우리 교육계는 교육전문가의 시선보다는 경제전문가의 시선에 더 주목하게 되었고, 교육학자들 스스로도 개인을 자본주의 체제를 유지하고 발전시키기 위한 수단으로 설정하면서 사람이 아닌 '인재'를 '교육받은 인간'으로 설정하는 데 익숙해졌다. 그 배경에는 경제를 중심으로 모든 것을 평가하는 경제협력개발기구(OECD)가 제시하는 교육미래계획서를 맹종하는 교육학계와 관료들이 자리하고 있기도 하다. 개인을 경제발전의 도구로 상정하고 그에 필요한 역량만을 국제적인 시험을 통해 측정해 줄 세우기 하는 풍조에 우리 교육학계와 관료들이 '선진적'이라는 막연한 느낌과 발언을 무기삼아 앞장 서 왔다.

　그러는 과정에서 세계의 변화를 있는 그대로 성찰하면서 인간다운 미래를 위한 교육을 지속적으로 모색해온 유네스코의 보고서들은 상대적으로 주목받지 못했다.

"지금 세계는 전환점에 놓여 있다. 우리는 지식과 학습이 혁신과 변혁의 기반임을 알고 있다. 하지만 전 세계에서 불거진 격차, 학습의 이유와 방식, 시기를 다시 규정해야 한다는 다급한 요구는 교육이 우리가 평화롭고 지속 가능한 미래를 만들어가는 데 기여하겠다는 약속을 아직 실현하지 못하고 있음을 의미한다."[5]

이제 우리에게는 교육을 위한 새로운 계약이 필요함을 전제로 하는 유네스코의 국제미래교육보고서는 '평생 동안 양질의 교육을 받을 수 있는 권리 보장'과 함께 '공동의 노력이자 공공재로서 교육의 성격 강화'라는 두 핵심 원칙을 바탕으로 하는 교육의 변혁을 강조하고 있다. 전자의 원칙이 인간을 목적으로 대우하는 것과 관련된 것이라면, 후자의 원칙은 그 인간이 혼자서 살아가는 것이 아니라 더불어 살아가는 존재임을 인식할 수 있는 교육을 적극적으로 실현하는 것과 관련이 있다. 시민사회의 등장 이후 전자의 원칙은 비교적 잘 지켜진 반면, 후자의 원칙은 지속적으로 약화되어왔다는 사실을 전제로 마련된 것들이라고 볼 수 있다.

한편 이 두 가지 원칙은 모두 독자성과 고유성과 함께 상호의존성을 지닐 수밖에 없는 '사람'에 대한 존중의 원칙과 긴밀하게 연결된다. 평생 동안 양질의 교육을 받을 수 있는 권리를 보장하는 일은 한 사람이 온전한 인격체가 될 수 있는 기회를 보장해줌으로써 독자성과 고유성에 연결되고, 공공재로서 교육의 성격을 강화하는 일은 그 사람이 상호의존적으로 존재할 수밖에 없는 존재자임을 인식하게 하는 교육과 구체적인 협력의 방법을 찾아 실천하고자 하는 의지를 지니게 하는 교육으로 이어진다. 이런 교육을 통해 등장하기를 기대하는 것은 인재가 아니라 '인격을 갖춘 사람'으로 충분하다. 그런 사람 중에서 인재가 나와야만 개인과 사회적 차원 모두에서 의미를 지닐 수 있게 된다.

포용성과 창의성, 자기주도성 사이

✳ 포용성은 나와 다른 사람을 포용하는 것을 일차적으로 의미하는 개념이다. 각각의 사람은 성격과 역량에서 각각 다르고, 우리는 그 다름을 받아들이는 과정에서 어려움을 경험하곤 한다. 기철학(氣哲學)의 관점에서 보면 각각이 지닌 기가 달라서 생기는 일이다. 그 기가 서로 어느 정도 통할 때는 친밀감을 쉽게 느낄 수 있지만, 다를 경우 이유 없이 거부감을 느끼거나 밀어내고 싶은 충동을 느끼게 된다. 이런 친밀감 또는 거부감은 인간 진화의 과정을 통해 생존을 보다 용이하게 하는 전략으로 굳어져 우리 유전자로 새겨졌을 것으로 짐작해볼 수 있다. 그런 점에서는 자연스러운 것으로 볼 수 있지만, 문제는 우리 인간이 그런 원시적 생존 상황과는 질적으로 차별화되는 상황과 만나게 된 이후에도 그대로 작동하는 데서 생겨났다. 자칫 혐오와 배제의 몸짓으로 표출되어 시민사회적 결속을 해치는 결과로 이어질 수 있게 된 것이다.

개인의 자유와 권리를 존중하는 것을 중심 원칙으로 삼아 근대 이후의 시민사회에서 시민성(citizenship)은 주로 시민권(civil rights)으로 정의되어 왔다. 그런 점에서 보면 개인이 자유롭고 침범할 수 없는 권리의 주체임을 인식시키는 주권자 교육이 시민교육의 핵심 과제가 된다. 시민사회의 주인공이 시민임을 상기할 때 역사적 전개 과정에서는 자연스러운 일이기도 하다. 주권자로서 시민은 우선 자신이 자유를 바탕으로 삼아 누릴 수 있는 권리를 지닌 주체임을 인식하고 필요한 경우 권리주장을 거리낌 없이 할 수 있는 의식과 역량을 갖추고 있어야 한다.

이 과정에서 각 시민의 자유와 권리는 일정 범위를 넘어서면 충동할 수 있는 가능성이 부각되고, 그것을 서구 자유주의의 유력한 창시자 중 하나로 평가받는 존 로크의 주장이 로크적 단서라는 이름으로 자리 잡을 수 있을 때라야 비로소 자유주의 자체가 지속가능함을 강조해왔다.[6] 바로 이 지점에서 포용성의 의미가 강조될 필요가 있다. 자신의 자유와 소유를 보장받기 위한 최소한의 전제 조건은 곧 함께 살아가고 있는 타인의 자유와 소유권에 대한 존중과 포용이라는 전제가 이끌려 나올 수 있기 때문이다.

창의성은 어떨까? 인간의 역사는 자연 및 사회와의 관계 속에서 등장하는 필요에 대한 응답의 역사라고 말할 수 있다. 그 필요가 진화를 가져왔고, 현재와 같은 양면적인 인간 문명이 등장할 수 있는 배경에는 바로 필요할 때 발휘되는 창의성이 자리하고 있다. 21세기를 넘어서면서 그 창의성은 인공지능과 인간 유전자 복제 같은 상상할 수 없었던 지점까지 확장되고 있고, 그 미래에 대한 상상은 이제 일정한 두려움을 동반할 정도가 되었다. 그럼에도 창의성은 인간의 본성에 내재된 것이기 때문에 쉽게 제거할 수 있는 것이 아니고, 오히려 그 위험성을 충분히 경계하면서 바람직한 방향으로 발휘될 수 있도록 유도하는 윤리적 견제가 더해져야 하는 대상이 되었다.

창의성은 상상력을 기반으로 보다 새로운 것을 만들어내는 기본적인 인간 역량이다. 그런데 이 창의성은 자칫 고립된 형태의 관계 단절 상황에서 더 잘 발휘될 수 있는 것으로 받아들여지기도 하고, 실제로 창의성이 높은 사람들 중에서는 관계 설정에 어려움을 겪는 사람들도 적지 않다. 그런 점을 고려해야 하고, 더 나아가 이제는 혼자서 창의성을 발휘하는 것과 함께 집단지성과 같은 관계망 속에서 발휘하는 경우도 많아지고 있다는 점 또한 고려해야 한다. 후자의 경우 관계를 잘 맺지 못하면 창의성 발휘 자체가 어려워지는 상황과 만나게 될 가능성이 높아진 것이다. 그런 점에서 이제 창의성은 그 자체로 독립된 요소로 보기보다는 관계망 속에서 바라보고 자칫 생겨날 수 있는 창의성의 어두운 측면(dark side)에 대해 충분히 경계하는 자세가 요구된다고 말할 수 있다.

자기주도성은 이러한 관계망 속에서도 자신의 고유성을 잃지 않고 유연하게 삶을 이끌어갈 수 있는 역량이다. 인간은 자기주도성을 전제로 스스로의 삶을 이끌어가지만, 사회적 존재인 탓에 관계성을 전제로 일정한 제한을 갖는 주도성을 추구해야 할 갈등적 상황과 마주하게 된다. 이 상황을 필자는 다른 책에서 '연기적 독존(緣起的 獨存)'이라는 개념으로 묘사하면서 극복해보고자 했다.[7] 이 개념은 인간이 연기성 또는 관계성과 독존성 모두를 포기할 수 없는 존재라는 전제를 바탕으로, 이 둘 사이를 걸림 없이 넘나드는 것을 목표로 삼는다. 이 개념을 바탕으로 자기주도성을 정의하고자 하면 당연히 독존성만이 아닌 관계성까지 포함하는 개념이 되어야 한다.

그런 점에서 자기주도성은 단순히 스스로 자신의 삶을 이끌어간다는 의미를 넘어서 자신의 존재성을 이루는 관계성에 관한 객관적인 인식을 바탕으로 그 관계를 잘 이끌어갈 수 있는 역량까지 포함한다. 그렇게 정의하면 자기주도성은 포용성은 물론 창의성까지 포함할 수 있게 되고, 거꾸로 포용성을 출발점으로 삼아 자기주도성과 창의성을 포함할 수 있는 가능성으로까지 열리게 된다. 그리고 그 중심에는 '사람'이 있다. 관계적 존재이면서도 자신만의 고유한 삶의 의미를 느끼고 싶어하는 사람의 특성이 이 세 요소들 사이의 관계를 배타적이지 않을 수 있게 하는 전제 조건이 된다는 의미이다.

'2022 도덕과 교육과정'의 인간상과 남명의 도덕함

'2022 도덕과 교육과정'의 인간상과 도덕함

✷ 2022년 12월 여러 논란 끝에 교육부 장관 명의로 고시된 '2022 개정 도덕과 교육과정'은 국가교육위원회의 심의·의결

을 거쳐 교육부 장관이 고시하는 절충적 형태의 교육과정 개정의 결과물이다. 앞으로는 국가교육위원회가 주축이 되어 교육과정 개정 작업을 이끌고 고시 또한 국가교육위원회 명의로 이루어지는 것으로 법에 명시되어 있다.

국가교육위원회는 국가적 차원의 교육이 특정 정권에 종속되는 것을 최소화하기 위한 제도적 장치로 등장한 것인데, 이는 오랜 교육계의 숙원이 현실화된 것이기도 하다. 그러나 그렇게 현실화된 이 기구는 대통령과 집권당이 위원 다수를 추천할 수 있는 권한을 독점함으로써 또 다른 정쟁의 장으로 변질될 수 있음을 출범과 함께 보여주고 있다. 총론과 교과 각론에서 '섹슈얼리티', '철학함', '도덕함' 같은 이미 학계의 검증을 거친 단어들을 일방적으로 삭제하고 '자유민주주의'를 명시하라는 지시를 의결과정을 통해 내려 보냄으로써 교육과정이 특정 정치세력의 독점물이 되는 것을 막기 위한 제도적 장치로서 국가교육위원회의 위상이 뿌리부터 흔들릴 수 있음을 충분히 보여주었다.

'2022 개정 도덕과 교육과정'은 '도덕함'이라는 개념을 사용하지 말라는 비상식적인 지시로 인해 직접적인 타격을 입었다. 도덕현상에 관한 탐구와 자신의 내면에 있는 도덕성에 관한 성찰, 일상의 실천이라는 세 요소로 이루어지는 '도덕함'의 과정에 도덕수업의 중심축을 이루어져야 한다는 명제는 이미 도덕교육 학계는 물론 특히 도덕 수업을 담당하는 교사들에 의해 교과의 성격을 명료하게 인식할 수 있는 통로임에 동의하는 수준이 충분히 확보되어 가는 중이었다.

"19세기까지는 일상용어였던 도(道)와 덕(德)이 국가 주권의 상실을 겪는 와중에 사라진 이후 2015 도덕과 교육과정에 와서 회복된 일은 큰 걸음의 진전이라 평가되어 마땅하다. 특히 도와 덕을 핵심 개념으로 삼아야 하는 한국의 철학교육·윤리교육 분야에서는 지극히 의미 있는 하나의 사건으로 삼을 만하다. 그런데 현실 상황에서는 다음 두 방면의 연구자 사회에 모두 낯선 장면으로 느껴지는 것 같다. 영어를 비롯한 구미의 언어로 된 윤리학과 도덕교육 이론만을 다루어온 연구자라면, 도덕함이라는 용어는 물론 도와 덕이라는 용어조차 낯설게 느끼는 것이 당연하다. … 가장 바람직한 방향은 '잃어버린 시간(1894~1910)' 동안 몇몇 선각자들이 시도했듯이, 한국의 윤리학 전통을 기반으로 외국의 이론·사상을 수용하여 대안을 세우고 보완해가는 길이다."[8]

김기현의 적절한 지적과 같이, '도덕함'은 우리에게 친숙하고 일상적인 개념이었다가 20세기를 전후한 단절의 시기에 낯선 개념이 되어버렸다. 그것을 2015 도덕과 교육과정을 계기로 회복했고, 그 결과 도덕 교과의 오랜 정체성 논쟁에 종지부를 찍을 수 있는 기반이 되었지만 다른 한편 영어를 비롯한 서구의 도덕교육 자료만으로 공부한 학자들에게는 여전히 낯선 개념일 수밖에 없었다. 문제는 그 낯섦을 긍정적으로 수용하면서 우리 도덕 교과의 전통에 대한 최소한의 관심으로 연결시키지 못한 채 자신들의 편견에 기반한 적대감을 쉽게 드러내는 학자들이 더 많았다는 데서 생겼다. 그중에서 우리 도덕교육론의 패러다임을 주로 형성해온 미국의 도덕교육론을 맹종함으로써 스스로 의식하는가의 여부와 관계없이 '미국에 없는 교과'인 도덕 교과를 자신들의 이익을 위해서는 부도덕한 방법을 동원해서라도 수호해야 한다는 부끄러운 주장을 거리낌 없이 해대는 몰상식한 태도의 잔존이 심각하다. 미국 도덕교육 이론만을 신봉하다 보면 누구나 피할 수 없는 자기파멸적인 지점에 이르렀음을 인지하지 못한 결과이다.

국가교육위원회의 개념 삭제 주장은 도덕함에서 머물지 않았다. 이미 서양철학에서도 칸트 이후로 정착해서 자리 잡은 '철학함'을 삭제하라는 요구로까지 이어진 것이다.[9] 도덕함의 경우는 '도덕적 지식과 실천의 연계 과정'이라는 표현으로 수정했지만, 철학함은 달리 표현할 수 있는 개념을 찾기 어렵다. 국가교육위원회의 존재 이유를 의심하게 하는 지점임에 틀림없다. 결국 이런 기관은 적극적인 변모를 시도하든지 아니면 조만간 사라지는 운명을 맞게 될 것이다.

2022 개정 도덕과 교육과정에서 제시된 인간상은 이 교육과정으로 도덕교육을 받은 사람에게 기대되는 요소들을 갖춘 사람을 의미하고, 구체적으로는 '도덕적인 인간'으로 제시되었다. 이 도덕적 인간이 모여 살면서 지향하는 사회를 '정의로운 사회'로 표명하면서 함께 제시하는 방법을 택하고 있다.[10] 정리하면 도덕과 교육과정에 제시된 인간상은 정의로운 사회를 지향할 수 있는 역량을 함께 갖춘 '도덕적 인간'이다.

우리에게 도덕적 인간은 구체적으로 어떤 인간일까? 우선 떠오르는 것은 바르고 옳음을 지향하는 인간이고, 실제로도 특히 서양윤리학과 도덕교육론의 영향을 받은 이후로 도덕적인 인간은 곧 정의로운 인간이라는 규정이 일반적으로 받아들여져 오기도 했다. 존 롤스와 로렌스 콜버그라는 미국 윤리학자와 도덕심리학자의 강력한 영향의 산물이고, 일차적으로 도덕적 인간의 범위 안에 정의로운 인간도 포함된다는 사실을 인정할 수밖에 없기 때문에 수용할 만한 인간상이라고 할 수 있다.

그러나 다른 한편 도덕적인 인간이 공정하고 정의로운 인간으로 충분한 것인지에 대한 의문을 제기해볼 수 있다. 도덕적인 인간을 떠올릴 때 동시에 상기하게 되는 '따뜻함'을 공정한 인간은 배제할 가능성이 열려 있기 때문이다. 우리는 타인의 즐거움과 고통에 기꺼이 공감하면서 배려할 줄 아는 사람을 원하고, 그런 사람을 도덕적인 인간으로 평가하는 데 익숙하기도 하다. 이미 콜버그의 도덕성 발달론이 남성편향적 한계를 지니고 있다고 지적한 캐롤 길리건(Carol Gilligan)의 배려윤리를 통해 미국 도덕심리학에서도 제기된 문제지만, 그 이전에 죄를 지은 자신의 아버지가 숨겨달라고 할 때 숨겨주는 것이 더 도덕적인 행동이라고 강조했던 공자의 도덕관에서부터 면면히 이어져온 우리 자신의 도덕관이기도 하다.

그런 점에서 도덕적인 인간은 따뜻함을 전제로 최선을 다해 공정하게 판단하고 행동하고자 하는 지향을 가진 사람으로 정의되어야 마땅하고, 이런 인간상의 등장을 기대하는 도덕교육은 도덕현상에 관한 탐구를 출발점으로 삼아 자신의 내면에 존재하는 그 따뜻함과 공정함을 인식하는 성찰, 일상의 실천을 통해 확인하고 강화하는 도덕함의 과정을 중심축으로 전개되어야 한다. 그런 점에서 도덕 교과의 성격을 규명할 수 있는 개념으로서 도덕함의 적절성은 충분히 부각될 수 있을 뿐만 아니라 다시 부각되어야만 한다.

도덕함의 전통적 모형으로서 남명의 삶

✹　　　　　인류 역사 속에서 도덕함의 모형을 보여준 사람을 여럿 찾을 수 있지만, 우리 전통 속에서는 특히 조선의 선비와 선사(禪師)가 그 후보로 부각될 만하다. 모두 내면의 수양과 수행을 치인(治人)과 하화(下化)의 사회적 확장으로까지 모색한 도덕적인 인간상으로 자신의 정체성을 규정했던 사람들이기 때문이다. 그중에서도 선비는 수기안인(修己安人)의 기치를 직접적으로 내세우면서 개인적 수양과 도덕정치의 구현을 강력하게 연계시키고자 했다는 점에서 더 주목받을 만하다.

　　조선 선비를 대표할 만한 사람은 누구일까? 이 물음을 당연히 열린 물음의 성격을 지니지만, 그동안 우리는 주로 그가 남긴 철학적 저술의 양과 질을 중심으로 평가하는 경향을 보여왔다. 그런 점에서 가장 방대한 저작을 남긴 사람으로 꼽히는 퇴계 이황과 다산 정약용이 부각된 것은 당연한 귀결이라 할 만하다. 그러나 다른 관점에도 관심을 가질 필요가 있는데, 바로 그것이 그의 삶 전반을 통한 실천이다. 도덕함의 마지막 구성요소이면서 동시에 출발점을 이루기도 하는 '일상의 실천'은 도(道)와 덕(德)의 지향 수준을 드러내는 가장 중요하고 핵심적인 기준이다.

바로 그 실천을 중심으로 평가할 때 가장 주목받을 만한 조선 선비는 당연히 남명 조식이다. 그는 선현들이 남긴 저술로도 실천을 위한 지침으로는 차고 넘치기 때문에 자신은 그저 그 지침을 일상의 실천으로 옮기는 데 중심을 두겠다고 선언한 선비다. 이런 남명의 정신은 같은 해에 태어나서 당대에 이미 많은 영향력을 지니고 있던 퇴계를 향한 다음과 같은 질책을 통해서도 쉽게 알아챌 수 있다.

"요즘 공부하는 자들을 보건대, 손으로 물 뿌리고 비질하는 절도도 모르면서 입으로는 천리를 담론하여 헛된 이름이나 훔쳐서 남들을 속이려 하고 있습니다. … 선생 같은 분은 몸소 높은 경지에 도달하여 우러르는 사람이 참으로 많으니, 십분 억제하고 타이르심이 어떻겠습니까?"[11]

이러한 당부와 질책은 그의 제자들에게 더 강한 형태로 나타났다.

"그대는 요즘 선비들을 살펴보지 않았습니까? 손으로 물 뿌리고 비질하는 절도도 모르면서 입으로 천상의 이치를 말하는데, 그들의 행실을 공평히 살펴보면 도리어 무지한 사람만도 못합니다. … 나는 평생 다른 기예들은 배우지 않고 혼자 책만 보았을 뿐입니다. 입으로 성리(性理)를 말하고자 하면 어찌 남보다 못하겠습니까만, 오히려 그 점에 대해 기꺼이 말하고 싶지 않습니다."[12]

자신의 제자인 오건에게 주는 편지글에서 확인할 수 있는 남명의 생각에서 중심을 차지하는 것이 바로 '일상의 실천'임을 보면서, 그는 더 나아가 스스로 입으로 성리 또는 하늘의 이치를 말하는 것을 의도적으로 삼가고자 했음도 확인하게 된다. 말로 떠드는 것이 중요한 것이 아니라, 이미 선현들이 제시해놓은 성리의 일단이라도 일상에서 실천하고자 노력하는 일이 삶의 중심에 있어야 한다고 생각했고 자신의 평생에 걸쳐 그렇게 하고자 했다는 점에서, 그는 전통적인 도덕함의 모형이라고 평가받기에 충분하다. 그렇게 배운 제자들이 임진왜란이라는 환란을 맞아 의병장으로 적극 나섬으로써, 그 실천의 힘이 얼마나 크고 깊을 수 있는지를 역사적으로 검증해 냈다는 평가에까지 이를 수 있다.

물론 그와 함께 조선 선비를 상징하는 퇴계 이황과 율곡 이이도 전통적인 도덕함의 모형을 보여주었다고 평가하는 것이 정당한 인식이고, 다른 기준을 가지고 보면 그 둘 중 하나는 더 높이 평가할 수 있는 가능성도 열어두어야 할 것이다. 그러나 그동안 우리의 전통적 도덕함 또는 선비정신에 대한 평가가 주로 그들이 남긴 저술의 수와 질을 중심으로 이루어짐으로써 일상의 실천을 상대적으로 소홀히 하는 결과를 빚었음을 인식하는 것도 중요한 과제이다. 도덕함은 일상의 실천을 중심으로 삼아 자신이 속한 사회가 보이고 있는 도덕현상에 관한 탐구와 내면의 도덕성에 관한 성찰로 되먹임되는 과정이기 때문이다.

일상의 실천을 중심에 두는 남명의 도덕함은 선비가 중심이 되어 이끌어가는 도덕정치(道德政治)의 지향을 전제로 형성된 것이다. 내면적으로는 자신의 도덕성을 들여다보는 경(敬)을 중심에 두고, 그것이 자신의 외부와 마주칠 때는 의(義)를 중심에 두고자 한 것은 남명의 도덕함 과정을 규명하고자 할 때 가장 유의해야 할 지점이다. 물론 이러한 경과 의는 남명의 도덕함에만 국한되는 고유한 것이 아니다. 그러나 그 스스로 새로운 개념에 기반한 철학적 담론을 펼치지 않고자 했음을 감안한다면, 이러한 일반성은 약점이 아니라 오히려 강점이라고 평가되어야 한다. 다른 사람에게 한 말을 자신의 삶에도 그대로 반영하고자 한 점을 높이 평가할 필요가 있다는 것이다.

특히 남명은 일상에서 이러한 도덕함을 구현하고자 최선을 다했다는 점에서 전통적인 도덕함의 가장 주목할 만한 전형을 보여주었다는 평가도 가능하다. 일상의 실천이 최소한으로라도 확보된 뒤라야 비로소 성리(性理)나 천명(天命) 공부로 넘어갈 수 있다는 그의 공부 자세는 공자에서부터 비롯되는 유자(儒者)의 이상적인 삶의 지향을 가장 잘 보여준 모형으로 평가받을 만하다. 그런 점에서 이제는 조선 선비를 대표하는 모형을 논의할 때 퇴계와 율곡에만 집중하는 편향성을 넘어서 남명에게도 정당한 관심을 가질 필요가 있고, 그 지점에 유의해서 '2022 개정 도덕과 교육과정'에서 진로 선택과목 영역으로 옮겨진 '윤리와 사상' 과목에 남명의 실천적 삶이 포함된 것은 적절하고 바람직한 변화이다.[13]

남명의 도덕함에 관한 시민윤리적 해석과 수용

✽ 우리 전통의 도덕함 모형을 남명에게서 찾을 수 있

다는 필자의 주장이 현실적 설득력을 지닐 수 있으려면, 21세기 초반 한국시민의 삶이라는 맥락에서 해석되고 수용되는 과정이 수반되어야 한다. 선비가 중심이 되어 이끌던 그의 시대와 시민이 주인인 우리들의 시대는 근본적으로 다른 구조와 맥락을 지니고 있기 때문이다. 시민사회는 모든 시민이 동등한 관계를 맺는 것을 전제로 자유와 권리, 책임을 나누어 가지는 사회이고, 따라서 특정한 시간을 정해 주어지는 역할로서 권력이 인정될 수 있을 뿐 고정된 신분은 존재할 수 없다. 따라서 자칫 남명의 도덕함을 그대로 수용해야 한다고 주장할 경우 엘리트주의를 강화하면서 시대에 동떨어진 부도덕한 주장을 하는 것으로 귀결될 수도 있다.

이러한 위험 요소를 제거하기 위해서는 반드시 남명의 도덕함을 시민사회적 맥락에서 해석한 후에 그 수용 가능성과 범위를 조심스럽게 모색하는 과정이 필수적이다. 이 시민사회적 맥락의 해석은 다시 도덕과 정치 영역으로 나뉘어 전개될 필요가 있지만, 여기서는 도덕함에 초점을 두고 시민윤리적 맥락에만 한정하고자 한다.

시민윤리는 시민에게 요구되는 시민성의 두 구성 요소 중 하나다. 다른 하나는 시민에게 주어져 있는 자유와 권리를 시민사회적 맥락에서 의식하고 구현하고자 하는 시민권이고, 이 시민권과 조화를 이루면서 공화주의적 시민사회를 구축해 가기 위한 다른 중요한 요소가 바로 시민적 덕성 또는 시민윤리다. 근대 이후 서양윤리학이 칸트의 의무론과 밀의 공리주의를 중심으로 논의되다가 20세기 중반 이후 아리스토텔레스적 덕윤리가 추가되면서 윤리의 공동체적 또는 공화적 맥락에 관한 관심이 높아지기 시작했다. 전자의 두 흐름이 행위 중심적이었다면, 후자는 행위자 또는 주체 중심적인 특징을 지닌다.

어떤 관점에서든지 시민윤리는 시민성의 정치적이고 법적인 차원, 즉 시민권을 지속적으로 보장받기 위한 전제조건이라는 사실에 대해서는 다른 의견을 갖기 어렵다. 시민윤리 또는 시민의 덕성이 전제되지 않을 경우 온전한 자유와 권리 행사가 불가능하기 때문이고, 더 나아가 그 자유와 권리를 뒷받침하는 책임의 영역 또한 확보될 수 없기 때문이다. 그런데 이러한 시민윤리는 기본적으로 시민들 사이의 관계를 유지하면서 시민사회를 지탱하는 데 필요한 최소도덕이라는 점에 유의할 필요가 있다. 각 시민들이 자신의 삶을 보다 바람직한 방향으로 이끌어가는 것과 관련되는 최대도덕은 사적인 영역으로 넘겨진다.

남명의 도덕함은 기본적으로 최소도덕과 최대도덕을 포괄한다. 그런 이유로 그는 퇴계나 오건 같은 동료나 제자 선비들에게 제대로 된 삶을 위해서는 일상의 도덕적 실천이 반드시 필요하다는 주장을 과감하게 할 수 있었던 것이다. 오늘날 이 땅의 도덕교사들도 자신의 제자나 동료 시민에게 이런 최대도덕 차원의 주장을 거리낌 없이 펼칠 수 있을까? 쉽게 답변할 수 없을 뿐만 아니라 쉽게 답변해서도 안 되는 물음이다. 시민 각자의 삶의 주인은 바로 자신이고, 그런 점에서 시민교육도 자기교육으로서의 성격이 두드러지기 때문이다.

그렇다고 해서 최소도덕을 가르치는 것만으로 시민교육이 완성될 수 있는 것도 아니다. 자칫 그 결과는 무책임으로 연결될 수 있고,

발달의 일정한 단계에서는 교사나 부모가 어떻게 살 것인가와 관련된 화두를 스스로 인식하고 붙들 수 있는 연습을 시켜줄 필요도 있다. 바로 이 지점에서 남명의 도덕함은 시민윤리적 해석을 거쳐 우리의 시민교육과 도덕교육의 장에 초대될 수 있는 가능성이 열린다. 인간다움의 핵심은 '이렇게 살아도 괜찮을까'라는 물음을 스스로에게 던질 수 있는 자세와 역량이다. 조선 중기라는 시대적 배경을 토대로 등장한 남명의 도덕함 모형은 그 시대에 맞는 '이렇게 살아도 괜찮을까'라는 물음에 대한 적극적인 수용과 일상의 적용을 통해 구현된 것이라는 점에서 우리에게 좋은 모형이 될 수 있는 가능성을 충분하게 지니고 있다.

남명의 도덕함을 시민윤리적 맥락에서 재해석하는 과정에서 얻을 수 있는 또 하나의 지점은 그의 도덕함이 도덕과 정치의 영역을 관통하면서 전개된 것이라는 사실의 확인이다. 오늘날 한국시민은 일차적으로 한국 시민사회의 구성원으로서 시민권을 정치적·법적 차원에서 의식하고 구현해야 한다는 권한과 책임을 지니고 있지만, 다른 한편으로는 다른 시민과의 관계는 물론 자신과의 관계 영역에서도 보다 나은 삶을 펼쳐나가야 한다는 최소한의 책임과 의무를 진다. 미국의 자유주의 법철학자 로널드 드워킨(Ronald Dworkin)의 주장에 따르면, 인간 존엄을 보장받기 위한 두 전제 조건에는 본질적 가치의 원칙과 함께 누구나 자신의 삶을 가치롭게 펼쳐가야 한다는 책임의 원칙이 포함되기 때문이다.[14] 이런 맥락까지 고려해야 한다는 자유주의자 드워킨의 주장에 동의할 수 있다면, 시민사회의 주체인 우리는 누구나 자신의 삶을 가치롭게 펼쳐나가기 위한 도덕함의 역량을 지니고 있어야 하고 그것은 곧 일상의 실천을 출발점으로 삼아 도덕현상에 대한 탐구와 내면의 도덕성에 대한 성찰의 과정으로 구체화될 수 있어야 함을 의미한다고 볼 수 있다. 그 도덕함은 도덕의 영역에서 출발해서 정치와 경제, 문화 등의 영역에 이르는 포괄성을 지닐 수 있기도 해야 할 것이다.

전통적인 도덕함 모형에 대한 탐색과 해석, 적용의 필요성

✱   교육과정은 어떤 목적과 목표를 전제로 그 맥락에 맞는 내용을 선정하고 조직하여 교수학습의 과정을 제시함으로써 교육의 과정(過程)을 안내하는 길잡이다. 국가 수준 교육과정은 국가라는 단위를 기준으로 삼아 당시의 사회적 역량을 전제로 최선의 교육과정을 제시하는 것을 목표로 삼고, 우리의 경우는 대체로 특정 정권의 성격을 반영하는 문제를 놓고 지속적인 긴장을 노출시켜온 정치적인 특성을 지니고 있기도 하다. 그럼에도 이 국가 수준 교육과정에는 당시 사람들이 어느 정도 동의할 수 있는 인간상이 담기게 되고, '2022 개정 교육과정'에서 그 인간상은 '포용성과 창의성을 갖춘 자기주도적인 사람'으로 제시되었다.

'2022 도덕과 교육과정'에서는 총론의 인간상을 도덕 교과 차원에서 구현하기 위해 '정의로운 사회를 지향하는 도덕적인 인간'으로 제시되었고, 그는 핵심 가치를 내면화한 바탕 위에서 자신과의 관계와 타인과의 관계를 바람직한 가치를 바탕으로 잘 맺어갈 수 있는 인간이라는 구체성을 지닌다. 내용 선정과 조직의 원리로 가치관계 확장법을 선택한 이유이기도 하다. 도덕 교과의 성격을 드러내기 위해 '2015 교육과정'에서부터 도입한 개념인 '도덕함'은 일상의 실천을 출발점으로 삼아 도덕현상을 탐구하고 내면의 도덕성을 성찰하는 과정을 의미하고, 이 도덕함의 과정을 공유하는 것을 도덕 수업의 주된 특성으로 부각시킬 수 있는 기반을 마련해주었다는 평가를 받아왔다. 그런데 국가교육위원회 의결 과정에서 단지 모호한 개념이라는 이유로 삭제 지시가 내려져 '도덕적 지식과 실천의 연계 과정' 정도의 표현으로 완화된 것은 부당한 처사일 뿐만 아니라 시급히 시정되어야 하는 폭력적 조치이다. 이런 폭력성을 이미 철학계에서 충분히 수용되고 있는 '철학함' 개념을 삭제하라는 지시를 통해서도 충분히 확인할 수 있다.

전통적인 도덕함은 주로 불교와 유교를 배경으로 전개되어 왔고, 우리는 조선시대의 선비와 선사들의 도덕함을 그 전형으로 꼽아볼 수 있다. 모두 일상의 실천을 중심축으로 삼아 도덕적인 삶을 살아가고자 하는 지향과 열망을 지니고 있었기 때문이다. 특히 남명 조식의 경우 학술적인 논의의 장을 심화시키는 것을 경계할 정도로 일상의 실천을 강조했기 때문에 전통적인 도덕함의 모형을 보여준 대표적 인물로 평가받기에 손색이 없다. 문제는 그 도덕함의 모형을 시민사회적 맥락에서 어떻게 해석해서 받아들일 것인가 하는 데서 생긴다.

이 장에서는 특히 시민의 경우에도 최소도덕을 공유하는 것을 원칙으로 하면서도 어떻게 살 것인가와 관련된 최대도덕 물음을 간직해낼 수 있는 역량 함양이 시민교육의 장을 통해 이루어져야 한다는 점에서 전통적인 도덕함의 유용성을 찾을 수 있음을 강조하고자 했다. 더 나아가 시민의 도덕함이 도덕과 정치의 영역을 넘나들면서 구현될 필요가 부각될 수밖에 없다는 점에서, 남명의 도덕함처럼 전통적인 도덕함의 수기치인(修己治人)과 같은 연계성이 재해석될 수 있는 여지가 있음을 확인할 수 있었다. 우리에게 남은 과제는 보다 적극적인 도덕함 모형의 탐색과 그 모형에 대한 시민사회적 해석과 적용을 열린 시각에서 지속시켜 나가는 노력일 것이다.

3부

남명사상의 포용성과 현재성

> 8장

한국윤리사상의 전개와 남명의 현재성

한국윤리사상이란 무엇일까?

✹　　　　　　동양윤리는 '동양(東洋)'이라는 지역적 배경을 전제로 하는 윤리를 가리키는 개념이다. 그 동양에는 일반적으로 우리 한국을 비롯하여 중국과 일본 등이 포함되는 것으로 받아들여지고 있다. 더 나아가 베트남이나 태국, 미얀마, 말레이시아 등 동남아시아 국가들도 당연히 동양권의 범주에 들어온다. 그런데 사실 이 동양이라는 말은 독립적인 개념이 아니라 서양을 전제로 해야만 성립하는 수동적인 개념이다. 역사적으로도 서양의 동점 과정에서 점차 확장되어온 것이 동양이다. 처음에는 동방이라는 개념을 사용하다가 서양 근대화 이후 주로 원자료를 확보하기 위한 이른바 식민지 개척의 역사 속에서

자리 잡은 오리엔탈리즘(orientalism)의 산물인 것이다.

그렇게 정착한 동양이라는 개념은 그러나 시간을 축적하면서 우리들의 의식 속에 자리 잡았고, 21세기 현재 한국인들은 이 개념을 우리를 지칭하는 주요 개념의 하나로 받아들이는 데 이미 익숙해져 있다. 그렇지만 현재 한국의 동양학 연구 상황을 숙고해보면 만만치 않은 문제들이 여전히 건재하고 있음을 쉽게 알아차릴 수 있게 된다. 정체성이 나를 비출 수 있는 타자의 거울을 전제로 해서 성립될 수 있다는 상식을 떠올려보면 서양을 전제로 해야만 성립될 수 있는 동양의 존재는 어쩌면 자연스러운 것이지만, 문제는 그 서양이 보편성을 독점하면서 동양을 자신의 문화적·정신적 식민지로 거느리고자 했던 수백 년의 역사 속에서 형성된 동양인들의 열등감이다.

그 결과 중 하나로 우리는 이미 철학의 경우에도 서양철학을 보편으로 상정하고 그 이외의 철학은 그것에 의해 규정되지 못하면 보편성을 획득할 수 없어 학문의 영역에서 배제되고 마는 상황과 마주하는 고통을 경험한 지 오래다. 동양철학의 경우에도 영어로 번역된 텍스트를 읽고 서양철학의 방법론을 원용하여 영어 등으로 쓰는 논문이 '우수한' 논문일 뿐만 아니라 철학적 대화가 가능한 학자로 인정받을 수 있는 길이 열린다. 우리는 이런 현상을 이른바 '일류대학'이라는 이름을 얻고 있는 우리 대학에서 두드러지게 목격하고 있다. 물론 철학 자체가 보편성을 지향하고 서양철학도 그 철학의 한 범주라는 점을 감안한다면, 동양철학도 그 보편성을 수용하면서 자신의 논지를 전개하며 소통을 시도해야 한다는 당위는 충분히 받아들일 수 있다. 그렇지만 서양철학과 서양윤리의 보편성만을 인정하면서 동양의 그것들도 그 보편성의 창을 통해 해석될 수 있을 때만 인정받을 수 있다는 자세는 전형적인 문화식민지의 산물일 수밖에 없다.

이런 점들에 유의하면서 우리는 동양윤리를 말하고 공부하고 가르쳐야만 한다. 그렇지 않을 경우 자신도 모르는 사이에 오리엔탈리즘적 함정에 빠져서 우리 스스로의 사상은 물론 서양사상에 속하지 않는 이슬람이나 힌두교사상 등을 폄하하는 모습을 보일 수 있기 때문이다. 동양윤리는 '동양'의 윤리이고, 우리의 경우에 그 동양은 주로 한국과 중국, 일본을 가리키는 개념으로 받아들일 수 있다. 물론 그 이외의 동양에 대한 관심 역시 지속적으로 확장되어야 하는 과제로 남겨두어야 할 것이다.

한국과 중국, 일본을 중심에 두는 동양윤리 논의는 대체로 유교와 불교, 도교라는 유불도(儒佛道) 또는 유불선(儒佛仙)을 핵심 내용으로 삼아 진행된다. 역사적으로도 이 세 사상은 각각 그 비중의 차이는 있지만 한중일 삼국의 공통된 문화유산일 뿐만 아니라 현재까지 일정하게 살아있는 실천전통들이기도 하다. 그것들이 20세기 이후 서양과 만나는 과정을 거치면서 마르크스주의(중국)나 실존철학(일본), 그리스도교 사상(한국) 같은 서양사상과의 접목을 시도하는 양상으로 전개되었다. 21세기 현재 동양윤리사상은 이와 같이 전통적인 사상과 서구사상 사이의 접목으로 인한 혼란을 경험하면서 여전히 우리들의 가치관과 행동성향을 결정짓는 주요 요소로 작동하고 있다. 예를 들어 동양인들의 경우 나이와 관계를 중심으로 사람을 파악하고자 하는 경향을 보인다는 연구결과처럼 말이다.

　한국윤리사상은 지금까지 살펴본 동양윤리사상에 관한 논의와 긴밀하게 연계되면서도 다른 한편에서는 그 차별성에 주목하는 개념이다. 우리가 서양이 아닌 동양의 일원이라는 현실을 일단 수용한다는 전제로 하면, 마찬가지로 우리는 바로 그 동양 중에서도 동아시아의 주된 국가 중 하나인 한국의 국민이고, 그 한국이 지금까지 공유해온 윤리전통이자 현재가 곧 한국윤리사상이라는 정의가 가능해진다. 물론 그 둘 사이는 연계성에도 주목해야 하지만, 그럼에도 그 주목이 한국윤리사상의 차별성을 가리는 방식으로 가서는 안 된다.

　우리는 고대 그리스 사상과 중세 그리스도교 사상을 서양사상의 두 뿌리로 설정하면서도, 그 둘을 공유하는 바탕 위에서 영미철학과 대륙철학을 구별하기도 하고, 프랑스철학과 독일철학, 영국철학, 미국철학 등으로 구별하는 데 큰 어려움을 느끼지 않는다. 그 보편성과 특수성 또는 차별성 모두를 자연스럽게 받아들이기 때문이다. 그런데 유독 동양사상과 한국사상을 논할 때만 한국사상이 중국으로 상징되는 동양사상과 다를 것이 없다고 비난하는 경우가 많다. 오랜 시간 중국을 사대(事大)의 종주국으로 삼아온 열등의 역사에서 비롯된 폐해이기도 하고, 특히 일제강점기에 우리 사상을 말살하려고 했던 식민지 역사의 후유증이기도 하다. 이제는 그런 불필요한 열등감과 우월감을 모두 떨쳐버리고, 우리 한국사상과 윤리를 있는 그대로 바라보면서 현재와 미래를 향해서도 개방성을 보이는 자세가 꼭 필요하다.

한국윤리사상의 전개과정에서 불교와 유교:
화엄과 선, 성리학

✽   한국윤리사상은 고유사상인 풍류(風流)에 불교와 유교, 도교라는 세 사상이 더해지면서 펼쳐져 오늘에 이르고 있다. 20세기 이후에는 그리스도교와 서양철학이 더해져 한국윤리사상 논의의 현재성을 이루어왔고, 21세기에 접어들면서 다시 한류(韓流)라는 문화적 흐름에 자리하면서 그 내포와 외연 모두 다시 생각해 보아야 한다는 압력이 작동하고 있는 중이다. 여기서 우리는 이들 여러 사상들 사이의 긴장과 갈등, 융합 또는 극복의 형태에 주목해야 하고, 특히 그중에서도 불교와 유교, 도교라는 전통의 세 사상과 20세기 이후 도입된 사상과의 교섭과 충돌 양상에 주목할 필요가 있다.

먼저 동아시아권이 공유하고 있는 전통의 세 사상이 지닌 현재성에 주목해 보자. 불교의 경우는 특히 한국을 중심으로 핵심적인 전통이자 종교로 존재하고 있고, 도교는 중국인들의 일상을 지배하는 생활 종교의 형태로 살아있다. 유교의 경우는 그 외형이 현저하게 사라졌음에도 여전히 한중일 삼국과 베트남, 싱가포르 등 동아시아인들의 가치관을 지배하는 주요 전통으로 작동하고 있다.

현재의 중국을 비롯한 동아시아 지역에 제자백가라는 다양한 형태의 사상이 자리 잡기 시작한 것은 매우 오래된 일이다. 야스퍼스(Karl Jaspers)가 사용하면서 확산된 개념인 '축의 시대(Axial Age)'는 대체로 기원전 5세기를 전후해서 나타난 인류 문명의 질적인 전환을 가리키는 개념이다. 붓다와 공자, 소크라테스라는 위대한 사상가이자 교육자들이 출현한 이 시기에 고대 이스라엘에서는 믿음의 조상이라 불린 아브라함이 태어나 활동했다. 여기서 예수라는 인물이 제외되는 현상이 나타나지만, 그것은 다시 기원 전후라는 시점 자체가 그의 탄생을 기준으로 정해진 것이라는 점에서 넓게 보면 축의 시대는 그 범위가 상당히 확장될 수 있는 개념이기도 하다.¹

그중에서 동양은 당연히 석가모니 붓다와 공자로 상징되고 문명적으로는 인디아 문명과 중국문명으로 나타난다. 각각 자신이 살던 지역의 다양한 사상들을 포용하면서 붓다와 공자가 취한 태도는 조금 달랐다. 붓다는 극단적인 고행이나 쾌락 추구를 모두 거부하고 현실을 있는 그대로 바라보면서도 끊임없이 지혜의 삶을 추구하는 중도(中道)의 윤리를 내세운 데 비해, 공자는 이전의 전통 속에서 완전함을 찾아서 계승하고자 하는 술이부작(述而不作)과 온고지신(溫故知新)의 윤리를 내세웠다. 그 과정에서 그가 만나야 했던 사상들 중에서는 법가(法家)와 도가(道家)가 현실과 자연(自然) 중심의 대립된 모습을 보였지만, 공자는 늘 현재에 기반을 두면서도 가치의 차원을 지향하는 넓은 의미의 실용주의적 윤리관을 제시하고자 했다.

공자의 사상을 이어받는 맹자는 그 윤리관을 인간본성의 문제로 확장하여 성선(性善)에 기반한 인(仁)과 의(義)의 윤리학을 제시하고자 했고, 그것은 다시 순자 등으로 이어지면서 교육을 곧 도덕교육, 또는 인성교육 자체로 바라보는 동아시아적 관점으로 정착해 오늘에 이르고 있다. 그러나 이러한 공맹의 윤리는 한동안 소홀히 다루어졌고 한

나라에 의해 국가 이데올로기로 채택되면서 경직된 이념으로 전락하는 문제를 드러내게 되었고, 수당대를 거치면서 불교에 밀려 더 이상의 힘을 발휘하지 못하게 된다.

남명은 공자와 맹자의 사상을 자신의 근간으로 삼았다. 선진유가에 의해 세상을 어떻게 바라보고 어떻게 살 것인가의 문제가 기본적으로 해결되었다고 본 그는 그 가르침을 일상에서 실천하는 것이 자신의 주된 임무라는 자각을 분명히 지니고 있었다. 그런 점에서 그는 좁은 의미의 성리학자로 분류되기 어렵다. 그 스스로 조선 성리학의 논쟁에 끼어드는 것을 경계하고, 자신의 삶에서 공맹의 윤리가 구현되게 하고 그 연장선에서 다시 제자들에게 전하는 것을 중심축으로 삼았다. 그런 관점에서 불교 또한 하늘에 이르는 길을 보여주는 데서는 유교와 차이가 없다는 선언을 할 수 있었다. 뒤에서 다시 살펴보겠지만, 남명의 불교에 관한 인식은 학문적 차원을 넘어 승려들과의 지속적인 교류를 통해 포괄적으로 이루어진 것으로 보인다. 그것은 자신의 호를 노장사상에 기반하여 지은 것을 통해 확인이 가능한 도교에 대한 이해에도 그대로 적용될 수 있다. 먼저 불교에 관한 이야기부터 시작해보자.

당나라와 통일신라에 의해 동아시아 사상과 이념의 중심을 차지하게 된 불교는 격의불교 시대를 넘어서면서 불교원전을 한문으로 번역하는 구마라집과 현장 등에 의해 동아시아 불교로 정착될 수 있는 기반을 닦는다. 화엄과 천태, 선으로 대표되는 동아시아 불교는 일본과 베트남으로까지 확장되어 북방불교 또는 대승불교의 모습을 지니게 되지만, 한편으로 권력과의 적절한 거리 유지에 실패하면서 신진

사대부들의 비판과 극복의 대상으로 떠올랐다. 이 지점에서 우리는 주희와 정도전을 만나게 된다.

주희와 정도전 모두 성리학의 기반 위에서 불교를 극복하고 배척하는 태도를 지니고 있었고, 특히 정도전의 경우에는 조선 건국과정에서 결정적인 역할을 수행함으로써 조선의 근간을 배불론(排佛論)에 입각한 성리학적 질서로 구성해낼 수 있게 되었다. 임금과 신하의 새로운 관계 설정을 통해 성리학의 이념과 윤리로 다스리는 국가로서의 조선을 꿈꾸었던 그의 시도는 부분적으로만 성공했지만, 그 후 500년 역사를 통해 면면히 성리학을 이어갈 수 있는 기틀을 쌓았다는 사실 자체를 무시할 수는 없다.

남명의 시대는 이렇게 마련된 통치 이념으로서의 조선 성리학이 한편으로 자리를 잡아가고 있으면서도, 명종의 어머니 문정왕후에 의해 승과(僧科)가 부활하고 도성 안에도 절이 세워지는 불교 부흥의 시기이기도 했다. 이미 정도전의 비판을 통해 충분히 극복되었다고 믿은 불교가 왕가의 여성들을 중심으로 다시 강조되었을 뿐만 아니라, 세조와 명종처럼 그에 동조하는 왕까지 등장하는 새로운 위기가 나타난 셈이다. 남명은 이런 시대적 요구에 맞서 사상으로서 불교가 지닌 가치를 인정하면서도, 땅에 이르는 윤리의 차원에서는 극복되어야 마땅하다는 입장을 지니고 있었다.

"불교에서 말하는 진정한 선정이라는 것도 다만 이 마음을 간직하는 데에 달려있을 뿐이니, 위로 하늘의 이치에 통하게 하는 데는 유교와 불교가 한 가지입니다. 다만 사람의 일을 행함에 있어서는 다리로 땅을 밟지 않으므로 우리 유가에서는 본받지 않는 것입니다."[2]

조선 500년 동안 불교는 외형적 배척과 내면적인 수용이라는 이중적 행태 속에서 살아남아야 했고, 그것이 다시 일제 식민지 과정에서 일본 불교의 강제적 수용이라는 형태로 왜곡되어 광복으로 이어지게 된다. 중국의 경우에는 공자 격하 운동에 이어 불교 또한 넘어서야 하는 대상으로 설정되었고, 그 후에도 국가정책적 차원의 불교 이외의 것을 찾아보기 어려운 상황이다. 일본불교는 주로 장례식 같은 의례를 주도하는 생활불교와 문헌학적 불교학이라는 학문 형태의 불교로 살아남아 있지만, 수행에 전념하는 승가공동체의 부재로 인한 한계를 노출시키고 있다.

유교윤리는 오늘날 우리에게 어떤 의미를 지닐 수 있을까? 많은 부분에서 나이를 따지고 불필요하게 확대되기도 하는 가족적 간섭문화의 배경으로 작동하는 부정적인 의미가 분명히 있지만, 다른 한편 교육열의 배경이 되기도 하고 특히 사회 전반의 윤리적 지향성과 비판성을 뒷받침하는 문화로 작동하고 있다는 평가를 받기도 한다.[3] 이렇게 상반된 평가가 가능한 유교와 불교 중심의 전통윤리사상을 어떻게 이해하고 가르쳐야 하는지가 우리들의 주된 관심사이지만, 이 장에서는 주로 한국윤리사상이라는 개념에 주목하면서, 남명의 위상과 현재성에 관한 논의에 초점을 맞춰보고자 한다.

한국 불교철학의 쟁점들과 불교윤리

✱   불교는 철학이자 종교이다. 우리에게 불교는 주로 종교로서의 그것으로 받아들여지고 있지만, 불교는 그에 못지않게 철학으로서의 요소도 갖추고 있다. 철학으로서의 불교는 특히 자신의 고유한 세계관을 제시하면서도 그 세계관을 도그마로 고집하지 않고 기꺼이 비판적 성찰의 대상으로 내세우는 데서 잘 드러난다.[4] 또한 불교는 붓다의 가르침에 근거한 윤리라는 고유의 윤리사상을 가지고 있기도 하다. 붓다의 가르침을 어떻게 받아들이고 해석하느냐에 따라 불교윤리에 대한 해석도 달라질 수 있겠지만, 확실한 사실은 계율론과 함께 붓다의 가르침 자체에 근거한 불교윤리 논의가 가능할 뿐만 아니라 필요하기도 하다는 점이다.

그렇다면 동양윤리사상에서 불교가 차지할 수 있는 비중 또는 위상을 어떻게 평가할 수 있을까? 이 물음은 동양윤리사상의 외연(外延)을 지역적으로는 한중일, 사상적으로는 유불도로 제한하고 있는 우리 논의의 맥락 속에서 불교는 어떤 위상을 차지할 수 있는지를 묻는 물음으로 구체화된다. 불교는 우선 동양사상 전반에 철학적 사유의 깊이를 부여해 주었다는 평가가 가능하다. 어떻게 살 것인가 하는 문제를 유위와 무위의 논쟁으로 전개해왔던 유교와 도교가 불교를 만나면서 현실을 직시하고 그 현실 속에 들어있는 진리의 세계를 찾아가는 철학적 깊이를 심화시킬 수 있었다.

불교는 역으로 유교와 도교를 만나면서 천태와 화엄, 선이라는 동아시아 불교의 등장이라는 결실을 얻게 된다. 어떤 사상들의 접점에서 일반적으로 발견되는 이러한 상호침투는 초기의 갈등 양상과 함께 각각의 사상에 근원적인 자극제로 작동한다. 하늘 중심의 천명(天命) 사상과 그것의 인간관계론적 구현인 인(仁)의 윤리를 내세운 유교윤리는 한나라 정치이념으로 채택되면서 이데올로기로서의 성격을 지니게 된다. 그 결과물이 오륜(五倫)과 중복되는 삼강(三綱)의 부각이다. 특히 효(孝)와 충(忠)의 순서를 바꿈으로써 유교윤리는 국가주의 이데올로기의 상징이 되기도 한다. 이러한 상징성은 특히 일본 제국주의자들의 군국주의와 유신 정권의 충효이념(忠孝理念)으로 구체화되어 우리 현대사에까지 강력한 영향을 미치게 된다.

이렇게 유교윤리의 이데올로기화가 진행될 무렵에 도입된 유식과 중관 중심의 대승불교는 도교와 접합되는 과정에서 선불교(禪佛敎)라는 동아시아 불교를 출현시킨다. 진정한 도는 말로 표현할 수 없다는 노자의 사상[道可道 非常道]은 문자를 세워서는 깨달음에 이를 수 없다는 선불교의 원칙[不立文字]으로 재구성되고, 보리 달마에서 시작되는 조사선(祖師禪)의 전통은 다시 화두(話頭)라는 언어적 매개를 방편(方便)으로 불러내는 역사를 축적해가면서 동양철학과 동양윤리사상의 깊이를 더해간다.

이 과정에서 우리는 불교와 윤리 사이의 관계에 관한 하나의 물음과 만나게 된다. 그것은 선불교를 중심에 둘 경우에 불교가 윤리를 초월하는 것인가 하는 물음이다. 다시 말해서 깨달음에 이르기 위해서는 세속의 윤리적 규범 정도는 넘어설 수 있어야 한다는 사고방식이 정착하게 되었고, 그것은 우리 불교사에서도 원효와 경허의 무애행(無礙行)으로 이어지면서 현재까지 논란의 소지를 제공하고 있다. 정말 불교는 윤리를 넘어서는 것일까? 만약 그렇다면 불교윤리라는 개념은 성립 불가능해지는 셈이다. 이 물음을 중심에 두고 이제 북방불교권에 속하는 한중일의 불교사상과 윤리 사이의 연계성 문제를 살펴볼 차례이다.

연기적 진정성의 윤리: 천태

✽ 　　　동양윤리의 관점에서 불교를 바라보고자 할 경우에 우리는 천태와 화엄, 선이라는 세 양상의 불교와 만나게 된다. 그중에서 천태와 화엄은 전형적인 이론불교의 영역으로 분류될 수 있고, 선의 경우는 돈오(頓悟)를 중심에 두고 깨침을 직접 지향하는 실천불교로 분류해볼 수 있다. 이러한 천태와 화엄, 선은 인도에서 유입된 대승불교가 중국과 한국을 거쳐 일본으로 전해지면서 동양의 전통과의 만남을 통해 재구성된 독특하면서도 보편적인 불교사상이다.

　그중에서 천태사상은 중국의 지의와 고려의 제관이라는 뛰어난 사상가에 의해 온전히 정립되어 현재에 이르고 있다.[5] 천태지의는 천태사상의 기본 골격을 마련한 사상가이지만, 그의 사상을 담은 저서인 『법화현의(法華玄義)』가 중국에서는 거의 사라진 상황 속에서 고려에 남아있던 이 책을 들고 중국으로 건너가 다시 재구성하여 『천태사교의(天台四敎儀)』를 지은 제관의 노력으로 현재와 같은 온전한 모습을 갖추게 된다.

천태사상은 법화경을 기본 경전[소의경전]으로 하면서도 다른 모든 붓다의 가르침을 다섯 가지 시기와 여덟 가지 가르침으로 분류하면서 포괄하고자 한다[五時八敎]. 이것을 교상판석(敎相判釋)이라고 하는데, 이러한 이론적인 노력과 함께 수행의 문(門)을 지(止)와 관(觀)으로 나누어 제시하고 있다. 교상판석을 통해 이끌어낸 천태의 기본 개념은 중관사상의 공(空)이다. 그런데 우리 눈으로 볼 수 있는 것들은 모두 가짜라는 생각을 하는 것이 중요하다[假]. 그렇지만 만약 가짜라는 생각 자체에 집착하고 공의 진리를 다른 곳에서 찾고자 한다면 또 다른 심각한 문제와 직면하게 되기 때문에 끊임없이 다르마(dharma)를 향하는 중도(中道)의 지향이 요청된다.

수행의 문에서 좀 더 구체적으로 제시하는 것은 다음과 같은 세 가지이다. 첫째는 경계를 관하는 것이고, 둘째는 내 존재의 근원을 성찰함으로써 진정한 보리심을 내는 것이며, 셋째는 고요한 마음을 유지하면서도[定, 止] 동시에 항상 지혜의 시선을 통해 다르마를 비치고자 해야 한다[慧, 觀]는 것이다. 첫 번째 경계를 관하라는 말을 우리 삶에 적용해 본다면, 실존주의자들이 말하는 삶의 부조리와 직면하라는 말로도 해석이 가능하다. 우리가 일상 속에서 접하게 되는 가치의 차원과 함께 삶의 의미 물음과 직접적으로 마주하는 것이 수행의 출발점이 된다는 것이다.

두 번째 내 존재의 실상을 파악하고자 노력해야 한다는 것은 나 자신의 존재를 가능하게 해주는 연기성(緣起性)을 직시하고 그 연기성의 다른 측면인 공(空)의 진리를 깨치고자 노력해야 한다는 의미로 해석될 수 있다. 그렇게 하기 위해서 우리는 일상의 삶 속에서 가끔씩이라도 멈춤을 시도해야 하고, 그러면서도 동시에 멈추고 힐링하는 데 그치지 않고 지혜를 발휘해 존재의 실상을 똑바로 보는 몸과 마음공부를 계속해나가야 한다. 그런 점에서 보면 제관이 자신의 주요 저서인 「관심문」에서 제안하고 있는 십승관법인 이 세 가지 수행법은 서로 긴밀하게 얽혀 있음을 확인하게 된다. 이것을 필자는 **연기적 진정성의 윤리**라고 부르고자 한다.

진정성(authenticity)은 내 삶에 주어진 모든 것들을 있는 그대로 받아들이면서 지금 이 순간의 삶에 충실하고자 하는 실존철학의 개념이다. 그런데 실존철학자들은 대부분 '타자는 지옥이다.'로 상징되는 고립성을 전제로 해서 이 진정성의 윤리를 강조한다. 지옥인 타자와 함께 살아야만 하는 비극적 상황을 받아들이라고 말하는 실존의 윤리적 기반은 그러나 불교윤리적 관점에서 연기성의 원리를 직시하라는 명령으로 재구성된다. 그런 점을 고려하여 천태의 윤리는 한편으로 중도의 윤리이지만, 다른 한편으로는 연기적 진정성의 윤리라고 규정지을 수 있다.

걸림없음[無碍]의 윤리: 화엄

화엄은 우리 삶의 차원을 이판(理判)과 사판(事判)으로 나누는 데서 출발한다. 우리의 생존(生存)은 사판의 차원에 속하고 그 생존을 넘어서는 실존(實存)의 차원은 이판의 세계에 속한다고 말할 수 있다. 우리는 그 두 차원에 걸쳐 살아갈 수밖에 없는 존재로 태어나 이판과 사판 사이에서 줄타기를 하고 있다. 그런데 수행을 통해서 어느 정도의 깨침을 얻게 되면 이판과 사판을 걸림없이 넘나들 수 있는 경지[理事無碍]에 오르고, 더 나아가면 사판의 세계와 이판의 세계를 구별짓지 않을 수 있는 경지[事事無碍]에 오르게 된다.

당나라 지엄에 의해 본격적인 출발점을 마련한 화엄은 그의 제자인 신라인 의상과 당나라인 법장에 의해 계승되고, 그 법통은 비록 법장으로 이어지지만 그의 사형이었던 의상 또한 화엄의 정립과정에 결정적인 영향력을 발휘했다는 점에서 단순한 중국불교사상으로만 분류되기 어렵다. 특히 이 화엄은 한국불교의 이론적 기반으로 굳건히 뿌리내리면서 현재에 이르고 있다는 점에서 주목받아 마땅하다.

화엄은 모든 존재하는 것들이 연기적으로 얽혀 있음을 강조하기 위해 여러 비유를 활용한다. 그 대표적인 것이 인드라망의 비유인데, 우리는 서로서로 모두를 비추는 커다란 인드라신의 그물망에서 한 코를 이루는 존재자들이다. 따라서 내 모습은 다른 존재자들과 온전히 분리될 수 없을 뿐만 아니라 나의 눈동자 속에 다른 사람의 모습이 비치는 '눈부처'를 만들어내기도 한다.[6] 다시 말해서 이 인드라망의 구조 속에서는 모두가 중심이자 동시에 주변이기도 하다는 것이다. 아니 그런 구분 자체가 성립될 수 없다.

그런데 우리들은 많은 경우 중심과 주변을 나누면서 그 중심으로 진입해야만 한다는 압박감을 느끼곤 한다. 특히 잘못된 정통의식이 작동하는 현대 한국의 권력지형 속에서 그 정통을 학력이나 지역을 기준으로 분류하는 야만적인 행태가 등장하기도 했다. 그것은 원천적으로 성립 불가능한 것일 수밖에 없다는 깨침이 요구되는 이 시점에서 화엄의 윤리는 그 토대로 활용될 수 있다.

  화엄의 윤리에서 좀 더 적극적으로 수용될 필요가 있는 것은 '걸림없음의 지향'이다. 걸림없음[無碍]은 우리 일상을 있는 그대로 받아들이면서도 그것에 함몰되지 않는 삶의 지향으로 구체화될 수 있다. 다시 말해서 번뇌 속에 깨달음이 있고, 진흙탕 속에서만 연꽃이 핀다는 생각을 일상으로 구현하고자 하는 윤리적 자세인 것이다. 자본주의 삶의 양식은 광고를 기반으로 하는 수동적 소비를 통해 행복을 추구하라고 지속적으로 부추기는 것을 중심축으로 삼아 우리의 일상은 물론 삶의 의미 영역까지 지배하고 있다. 이런 상황 속에서 걸림없음의 지향은 결코 쉬운 과제일 수 없다. 화엄의 소의경전『화엄경』의 주인공인 선재동자의 노력처럼 끊임없이 스승을 찾아다니면서 공부하고 그 스승이 곧 나의 일상 속에 들어와 있을 수 있다는 평범성의 미학을 구현하고자 함으로써 이런 걸림없음의 윤리 또한 실현될 수 있을 것으로 기대한다.

내 안의 붓다 찾기: 선(禪)과 마음의 윤리

✳ 현재를 기준으로 할 때 동북아시아 불교는 기본적으로 선불교이다. 우리의 선(禪)은 일본인들에 의해 젠(Zen)으로 알려

졌고, 중국인들은 '첸(Chan)'으로 발음한다. 이 선은 동북아시아를 넘어서 숭산과 틱낫한 등으로 상징되는 세계적인 선사들이 출현하여 미국과 유럽으로 확산되었고, 현재 선 센터의 중심지는 오히려 그곳이 아닌가 하는 착각을 불러일으킬 정도로 세계적인 호응을 얻고 있기도 하다.

우리의 선은 간화선(看話禪), 즉 화두(話頭)를 들고 앉아 좌선하는 방법을 택하고 있지만, 일본의 경우 묵조선(默照禪)을 위주로 한다. 묵조선은 고요함을 유지하는 침묵과 그 가운데 지혜를 지향하는 관조를 동시에 추구하는 선의 방법이다. 이러한 두 가지 형태의 선은 모두 내 안의 붓다를 찾는 것을 목적으로 한다. 내 안의 붓다를 알아차리는 과정에서 어떤 조사나 붓다조차 넘어설 필요가 있다는 점을 강조하여 살불살조(殺佛殺祖)의 강한 방법론을 내세우기도 한다.

"부처를 만나면 부처를 죽이고 조사를 만나면 조사를 죽여라."라는 선가(禪家)의 전통은 다른 한편으로 종교로서의 불교가 지니는 고유한 특성을 잘 드러내주는 것이기도 하고, 그것은 동시에 철학으로서의 불교를 드러내주는 징표로 해석될 수도 있다. 왜냐하면 부처와 조사로 대표되는 종교적인 도그마를 비판적으로 검토하여 극복하는 일을 허용해주고 있기 때문이다. 이러한 선불교가 정착되는 과정은 대체로 초조 달마에서 육조 혜능(637~714년, 당나라)에 이르는 법통의 확립 과정과 동일시된다.

특히 육조 **혜능**은 오조 홍인의 법제자로 인정받고 있던 신수를 넘어서서 법통을 이어받으면서 선불교를 상징하는 인물로 자리 잡았다.

육체는 지혜의 나무이고/ 마음은 받침대 위에 있는 밝은 거울이네/ 주의를 기울여 늘 닦아서/ 먼지 하나 앉지 못하게 하리 (신수의 게송)

지혜의 나무는 본래 존재하지 않네/ 밝은 거울의 받침대도 존재하지 않네/ 모든 것이 처음부터 공인데/ 어디에 먼지가 내려앉을 수 있겠는가 (혜능의 게송)

이러한 혜능의 선풍은 한 세기쯤 후에 나타난 황벽과 그의 제자 **임제**에 의해 강하고 거친 선풍을 얻게 된다. 임제는 "옷을 입어야 할 때는 입고 걸을 때는 걸어라. 그러다 배고프면 밥 먹고 피곤하면 누워라."라는 가르침을 통해 있는 그대로의 여여함이 우리가 추구해야 하는 삶이라고 강조한다. 스승인 황벽과 주고받은 과격한 선문답 방식이 우리 선불교에서도 수용되어 한국선은 임제선이라는 평가를 받기도 한다.

이러한 임제선은 세계적으로 활동한 한국의 선사인 **숭산**(1927~2004)을 통해서 현대적으로 구현되었다. 그는 미국과 유럽 등에서 임제선의 전통을 전파하면서 먼저 스승에게 선문답을 통해서 인가를 받은 후에 다른 세 명의 스승에게도 인가를 받아야만 한다고 가르쳤다. 베버가 자신의 제자는 자신에게 인정받은 후에 다른 외부의 학계에 가서도 충분히 인정받아야만 비로소 인정하겠다고 한 것과 유사한 맥락이다. 또한 숭산은 "중요한 것은 지금 이 순간 당신이 스스로의 마음을 어떻게 지키는가이다."라고 강조하면서 '오직 모를 뿐', '오직 할 뿐(only doing)' 등의 실천적인 화두를 제시해 많은 서양인 선사를 배출하기도 했다.

선불교는 마음의 불교이다. 자신의 마음을 있는 그대로 바라볼 수 있으면 그 안에 붓다가 있음을 알 수 있다고 강조하는 선은 그 자체로 마음의 윤리이기도 하다. 불교의 계율은 마음속에 살아있는 보다 나은 삶을 향하는 열망으로서의 계(戒)와 다른 사람들과 함께 생활하면서 지켜야 하는 외적 규범으로서의 율(律)로 나뉜다. 선의 윤리는 그 중에서 마음의 열망으로서의 계에 초점을 맞추지만, 선원에서 함께 참선하면서 지켜야 하는 행동규범을 모아놓은 선원청규(禪院淸規)라는 율의 전통을 함께 정립해왔다. 그런 점에서 선의 윤리는 마음의 윤리이지만, 그것이 마음에 그치는 것이 아니라 몸과 공동체의 윤리로까지 확장되는 모습을 지니고 있다고 평가할 수 있다.

한국윤리사상의 맥락에서 본 남명의 현재성

✽　　　　　21세기 초반 우리 유교와 불교는 복잡한 모습을 지니고 있다. 불교의 경우 한편으로 그것은 자본주의적 삶의 피로함에 지친 사람들을 위한 위로와 대안적 삶의 모색을 가능하게 하는 희망의 아이콘으로 받아들여지고 있지만, 다른 한편으로는 특히 한국 승려들의 상식의 선을 넘어서는 범계행위들로 상징되는 환멸의 모습으로 다가오고 있기도 하다. 우리 한국인들의 경우에는 전자보다 후자의 이

미지에 더 가까이 가 있을 가능성이 높다. 그럼에도 우리는 여전히 불교윤리가 피로사회(한병철), 또는 소진사회(질 들뢰즈)에서 새로운 대안이 될 수 있다고 말할 수 있을까?

이 물음은 다시 동아시아 불교전통, 특히 선을 중심으로 하는 불교전통이 21세기에도 여전히 유효한 대안일 수 있는가 하는 물음으로 구체화된다. 우선 종교로서의 불교가 대안이 될 수 있는지에 대해서는 답을 유보하는 것이 좋을 듯하다. 미국과 유럽에서 불교가 제3의 종교로 부각되고 있다고 하지만 아직 그 비중은 미미하고 대부분의 경우는 주로 명상의 방법으로 불교를 채택하고 있고, 실제로 달라이라마나 틱낫한 등은 종교적 배경을 묻지 않고도 불교명상이 가능함을 보여주고 있기도 하다. 그렇게 본다면 불교를 국교로 채택하고 있는 미얀마와 태국, 라오스 등 특정 국가를 제외하면 종교로서의 불교가 미래의 종교가 될 것이라는 예측은 아직 쉽게 할 수 없는 상황임을 알 수 있다.

오히려 불교의 가능성은 철학으로서의 그것에서 더 주목받고 있다. 미국 듀크대학의 심리철학 교수인 오웬 플래나간(Owen Flanagan)이 그런 가능성에 주목하는 대표적인 철학자이다. 그는 불교의 형이상학적 믿음, 즉 윤회와 같은 종교적 믿음을 괄호 속에 넣고도 불교적 삶을 살아가는 일이 가능하다고 말한다.

> 불국정토, 비물질적인 마음의 존재, 어떤 신적인 존재, 천상과 지옥의 왕국, 신들, 다시 육체를 부여받아 환생한 라마승이 없는 불교를 생각해보자. 그러면 무엇이 남게 될까? 이 질문에 대해 나는 형이상학의 전

제 속에서도 흥미롭고 방어 가능한 철학이론이 남을 것이라는 대답을 하고자 한다. 즉 불교는 우리가 무엇인가를 어떻게 인식할 수 있는가에 관한 인식론임과 동시에, 덕과 악덕은 무엇이고 어떻게 사는 것이 최선인가라는 물음에 답하는 윤리학 이론이라는 것이 그것이다. 이러한 철학 이론은 분석철학자와 과학적 자연주의자들도 주목할 만한 가치가 있을 만큼 충분히 심오하다.[7]

이제 우리 공교육 체제 속에서 다루어야 하는 불교는 이런 유형의 불교, 즉 플래나간이 '자연화된 불교(naturalized buddhism)'라고 이름 붙인 불교인지도 모른다. 그리스도교와 불교라는 두 종교가 공존하고 있는 21세기 한국 상황에서 종교로서의 불교는 종교윤리의 차원에서만 다루는 것이 바람직하고, 오히려 철학과 윤리로서의 불교를 보다 적극적으로 수용하여 삶의 의미 문제에 관한 답을 모색하는 화두(話頭)로 삼을 필요가 있을 것이다.

이러한 불교에 관한 이해는 곧바로 유교와 도교사상에 대한 이해로 연결된다. 오늘의 유교는 중국의 공맹 부활 움직임을 통해 외형적으로 확대되고 있기도 하고 더 나아가 21세기 새로운 인류문명의 대안을 제시할 수 있는 근거로 재해석하고자 하는 노력도 많아지고 있다. 도교윤리사상은 특히 환경윤리의 근거로 활용되는 경우가 많고 무위자연(無爲自然)의 윤리적 자세가 생산력이 포화상태에 이르고 경쟁이 내면화된 현대인들에게 삶의 의미를 성찰할 수 있는 마음의 여유 공간으로서의 가능성이 부각되기도 한다.

남명은 그중에서도 유교전통에 선 조선 선비를 상징하는 인물 중 하나이다. 그러나 그는 조선유학이 주자학이라는 좁고 폐쇄적인 맥락으로 좁혀지던 시기에 선진유교에 주목하면서도, 불교와 도교에 관한 객관적이고 비판적인 인식을 추구했던 사상가이자 실천가였다. 불교의 경우, 하늘에 이르는 도에 있어서는 유교와 차이가 없다고 선언할 정도로 개방적이었고, 도교의 경우 자신의 호를 장자의 생각이 담긴 남명(南冥)이라고 정한 데서 개방성을 충분히 엿볼 수 있다.

'남명'은 남쪽에 있는 큰 바다라는 의미를 지니는 말로, 『장자』「소요유(逍遙遊)」편에 나온다. 상식을 뛰어넘는 거대한 바다이자 역시 상상하기조차 어려운 큰 새인 붕새가 사는 바다라는 상상력을 담은 남명을 자신의 호로 선택했다는 것은 몸은 현실에 묶여 있지만, 정신은 그 현실을 넘나드는 걸림없음의 경지를 삶의 목표로 삼았을 것이라는 짐작을 하게 한다. 남명이 이렇게 유교와 불교, 도교를 넘나들면서 자신의 철학을 정립하고자 했고, 그 철학을 일상을 토대로 실천하는 철학함과 도덕함의 경지를 일정 부분 보여주었다는 점에서 개방성과 통합성의 유자(儒者), 즉 조선 선비였다는 평가가 가능하다.

조선 선비 중에서 이런 개방성과 통합성을 보여준 사람은 많지 않다. 그런 점에서 남명의 선비정신에 토대를 둔 도덕교육은 우리 시대와 사회의 복합성과 견주어 상당한 적실성을 지닐 수 있다. 우선 그의 시대에 중심축을 이루던 유교를 실천을 중심으로 파악하여 일상에서 실천하고자 했다는 점에서 의미를 찾을 수 있다. 유교의 핵심은 일상의 실천에서 드러난다. 따라서 실천하지 않는 유교사상은 허학(虛學)

이 될 가능성이 높고, 그것은 도덕교육을 중심에 두는 교육 또한 마찬가지다. 그는 실천 지침을 찾는 데는 공자의 윤리와 맹자의 철학으로 충분하다고 여겼다. 그런 이유로 당대에 유행하던 사단칠정론과 같은 철학적 논쟁과 거리를 유지하면서 자신의 실천과 교육에만 주된 관심을 가졌다.

동양사상과 윤리의 맥락에서 또 한 가지 주목할 수 있는 남명의 도덕교육은 역시 실천 중심이라는 점에서는 차이가 없다. 다만 그는 평생을 벼슬길에 나서지 않겠다는 결심을 흔들리지 않으면서 견지해냈고, 대신 비판적 지식으로서 자신의 정체성을 분명히 하면서 당대의 왕권은 물론 선비문화에 대해서도 비판을 서슴지 않았다. 이런 자세는 우리 시대 시민과 지식인의 관계 사이의 깊은 논의에 바탕을 두고 재구성되는 시민의 정치지향을 어떻게 심어줄 것인가 하는 시민교육 차원으로 이어진다. 우리 시대와 사회의 주인공은 시민이고, 그는 시민교육을 통해 경제적 생존 능력과 함께 정치적 역량을 함양할 기회를 부여받은 사람이다. 따라서 모든 시민은 자신의 시대와 사회를 객관적으로 인식할 수 있는 능력을 갖고 있어야 하고, 그것은 다시 도덕교육과 정치교육을 잇는 시민교육을 통해 형성될 수 있다.

당대의 비판적 지식인으로서 남명은 그런 맥락에서 오늘날 시민교육의 장으로 초대될 수 있다. 그의 양반 신분은 당연히 허용될 수 없지만, 그가 지닌 정치적 역량과 도덕성은 우리 시민들이 갖추고 있어야 하는 역량으로 재해석될 필요가 있다는 의미이다. 그렇게 하지 않고 지금까지 해온 것처럼 서구 시민교육의 전통과 이론에만 계속 의지할 경우 주체성과 맥락을 상실한 한국시민이 지속될 가능성이 매우 높다. 이제는 그 허망한 열망을 넘어설 수 있어야만 한다.

이런 점들을 고려하여 우리는 딱딱한 철학사로서의 동양윤리사상사를 가르치거나 특정한 인물의 이론과 개념을 기계적으로 전달하는 방식의 도덕수업을 넘어서서 아이들의 수준에 맞는 화두(話頭)로 재구성하여 제시하는 방식의 도덕수업을 모색해볼 필요가 있다. 그런 노력들을 계속해가다보면 그 화두가 곧바로 교사 자신의 화두로 전환되어 갑작스런 깨침의 순간으로 다가올 수 있는 가능성도 있다. 그것이 바로 도덕교육의 어려움이자 소중함이고, 도덕교사라는 역할의 특수성이기도하다. 그 과정에서 남명은 보편성과 특수성을 모두 지닌 우리 도덕교사의 모형 중 하나로서 의미있는 대화의 상대자가 되어줄 수 있을 것이다.

> 9장

남명의 현실인식과 불교관

조선 성리학자들의 우환의식 속에 담긴 현실인식

❋ 　　　　　현실인식의 과제는 자신이 인식의 주체이자 대상이 된다는 점에서 곤혹스러움을 동반할 수밖에 없다. 내가 속해 있는 사회와 국가가 처한 현실을 객관적인 시선을 유지하면서 인식하는 일의 어려움을 설명이 아닌 이해를 목적으로 삼은 해석학의 노력이나 연구방법론으로서의 질적 연구법의 확산을 통해 극복하고자 노력해왔지만, 일정한 영역에서는 여전한 아포리아로 남아있다.

　　이러한 어려움을 무릅쓰고라도 우리는 자신이 속한 사회에 대해 보다 객관적이고 적극적으로 인식하고자 하는 노력을 포기하지 못한다. 그것은 한편으로 인간의 본성 속에 자신을 알고자 하는 열망이 내재되어 있기 때문일 테지만, 더 중요한 측면에서는 현실인식이 자신과 자신이 속한 사회가 보다 나은 방향으로 가기 위한 출발점을 이루기 때문이다.

현실인식이라는 과제는 어느 시대 누구를 막론하고 외면할 수 없는 인간적 차원의 성격을 지니지만, 스스로 사회를 이끌어가야 한다는 의무와 책임을 느끼는 사람들에게는 더 막중한 과제로 다가설 수 있다. 조선으로 상징되는 우리의 전통사회에서 그러한 의무감과 책임의식을 갖고 있었던 주체는 바로 선비[士]이다. 수기안인(修己安人)을 공부의 목표로 설정하고 있던 그들에게 현실인식은 내면적 수양을 대사회적 안인(安人)의 도덕정치로 연결시키기 위한 중요한 연결고리였을 것이다.

조선 선비가 지니고 있던 우환의식(憂患意識)은 바로 그러한 현실인식의 결과물로 해석될 수 있다. 조선을 대표하는 선비로 꼽히는 남명과 퇴계, 율곡은 모두 성리학을 바탕으로 삼은 우환의식을 지니고 있었지만, 그 구체적인 양상은 각각 다른 모습을 보여주었다. 남명이 출처를 분명히 하면서 처사(處士)로서의 현실인식을 극명하게 보여주었다면, 퇴계는 나아감과 물러섬의 구비에서 고뇌하다가 삶의 후반기에 물러나 수양과 교육을 함께 하고자 하는 모습을 보여주었고, 율곡은 벼슬길에 올라 현실정치를 적극적으로 껴안고자 하는 모습을 보여주었다.

선비의 우환의식이 어떻게 표출되는 것이 바람직한 것인지에 대해서는 쉽게 결론 내리기 어렵다. 상소(上訴)와 같은 방식의 정치참여와 교육이라는 보다 근본적인 참여의 방법으로 일관했던 남명의 경우 얼핏 소극적인 우환의식을 갖고 있었던 것이 아닌가 하는 판단을 할 수 있지만, 조선시대 상소가 지니는 상징성과 실천적 힘을 고려하고 교육을 통해 길러낸 제자들의 적극적 참여가 가능할 수 있다는 점을 염두에 둔다면 쉽사리 그런 판단에 동의하기 어려워진다. 같은 맥락에서 평생 중앙의 요직을 두루 담당하면서 현실정치에 참여했던 율곡의 우환의식만이 현실적이고 실천적이라는 판단 역시 유보되어야 한다.

이 장을 통해서 우리가 관심을 갖고자 하는 주제의 출발점은 남명의 우환의식과 현실인식이다. 남명이 살았던 조선 중기의 상황과 우리가 몸담고 있는 현재 한국의 상황이 많이 다르지만, 삶의 의미 지향이라는 관점에서 보면 가치관의 혼란이 급속도로 확대되는 시점이라는 점에서 유사성을 지닌다. 남명(1501~1572)이 살았던 16세기 조선은 도덕정치의 이념인 성리학이 그 실학적 성격을 상실하면서 사화(士禍)와 척신정치(戚臣政治)로 내몰리던 혼란기였다. 그 결과는 백성들의 고난과 이를 외면하는 지배세력의 도덕적 몰락일 수밖에 없었고, 남명은 그 상황을 적극적으로 받아들이면서 자신의 방법으로 현실에 저항하는 처사의 삶을 택했던 것이다.

우환의식에 근거한 현실인식은 이처럼 주로 정치적 영역에서 나타나지만, 그렇다고 해서 그것에 한정되는 것은 아니다. 백성에 대한 도덕교사로서의 역할을 자임하고자 했던 선비들에게 우환의식은 백성들이 의지하고 있는 무속이나 불교 같은 종교와 사상의 영역에 대해서도 발휘되었다. 유교가 통치이념이자 가문(家門)을 중심으로 하는 제사의식의 이념으로 작동했던 조선사회에서 그 이념을 중심으로 백성들을 교화하는 일은 지배자 계층에 속한 선비들의 주된 과제였다. 그러한 과제는 조선 유교가 주희 성리학 중심으로 그 외연(外延)이 축소되면서 양명학과 같은 다른 유형의 유학에 대한 비판과 배척으로 연결되기도 했다.

우리의 주된 관심사는 조선 성리학자들이 주희 성리학을 정통으로 내세우기 시작하던 16세기를 거의 온전히 살아낸 남명의 불교관과 그 불교관 속에 담긴 현실인식이 어떠했는가 하는 것이다. 불교는 당시 삼봉 정도전에 의해 적극적으로 배척되기 시작한 이후 이단적 철학이자 사상으로 외면받고 있었다. 그러한 불교에 대해 남명이 어떤 자세를 가졌을까 하는 문제는 한 시대의 정신, 즉 시대정신을 받아들이면서도 다른 사상이나 철학, 종교에 대해 어느 정도의 융통성과 포용성을 지녔는지를 묻는 물음과 상통한다. 남명은 물론 조선 성리학자로서의 자의식을 분명히 갖고 있었던 것으로 보이지만, 당대에 또 다른 심층에서 분명하게 살아있었던 불교에 대해 어떤 시각을 갖고 있었는지 하는 문제는 한편으로 한 사상가의 철학적 심층과 포용성을 볼 수 있다는 점에서 의미가 있고 다른 한편으로는 오늘날 한국의 지식인들이 변방으로 내몰려 있는 불교와 성리학 같은 전통사상을 어떻게 받아들여야 할 것인지를 생각해볼 수 있게 하는 실마리를 제공해줄 수 있다는 점에서 의미가 있다.

실천적 지식인으로서 남명과 현실인식

실천적 지식인으로서의 남명

✻　　　　　　남명의 학문적 성향과 특성은 다양한 차원에서 규명될 수 있지만, 그중에서도 가장 두드러진 특성을 꼽으라면 실천에 대한 적극적인 강조라고 할 수 있다. 남명은 공맹으로 상징되는 선진 유학자들과 정이, 정호, 주희 등으로 상징되는 성리학자들에 의해 이미 당대의 성리학은 이론적으로 완성된 것이라는 인식을 갖고 있었다. 남은 문제는 이제 그렇게 이론적으로 완결된 것을 현실 속에서 어떻게 구현하고 실천하는가 하는 실천적 차원의 과제일 뿐이라고 판단했던 것이다. 『남명집』 곳곳에서 확인할 수 있는 이러한 실천성은 현실 비판능력과 함께 실천적 지식인으로서 남명의 위상을 확고하게 해주는 핵심 요소이다.[1]

피에르 부르디외(Pierre Bourdieu)는 지식인을 일상적 지식인과 정치적 지식인으로 분류하면서 후자의 지식인은 '자신이 말하는 것을 존재하게 하는 힘'을 갖고 있어서 사회와 정치에 중대한 영향력을 행사한다고 말한다.[2] 그에 비해 일상적 지식인의 언어는 자신의 한계 안에 머물고 말기 때문에 거의 영향력을 발휘할 수 없다는 것이다. 이 기준을 갖고 본다면 남명은 분명히 정치적 지식인이다. 우선 그의 언어는 자신의 일상적 삶의 영역을 현저하게 벗어나서 제자들이나 주변 사람들에게 많은 영향을 끼쳤기 때문에 그러하고, 그 결과 자신의 말하는 것을 존재하게 하는 힘을 가질 수 있었기 때문에 그러하기도 하다.

물론 부르디외의 정치적 지식인 개념은 주로 정치적 영역에 한정되는 한계를 지니고 있기 때문에 당대의 실천적 지식인으로서의 남명의 위상을 정확히 인식하는 데 불충분한 점이 분명히 있다. 하지만 부르디외가 "정치적 지식인이 지식인 장에서 진행되는 진리를 위한 전쟁, 진리의 사투를 정치의 장으로 이전"시키면서 일상적 지식인의 삶에 혁명적인 전환을 유도할 수 있고 일종의 테러리즘의 경향을 지니면서 정치뿐만 아니라 학문의 영역까지 건강하게 지켜내는 역할을 하는 것이 바람직하다는 결론에 이르고 있는 점을 감안하면 남명을 당대의 일상적 지식인의 삶에 충격을 가져다준 정치적 지식인으로 규정짓는 일은 그 나름의 의미가 있다.[3]

이때의 정치적 지식인은 주로 그가 사용하는 언어가 지니는 힘에 초점을 맞춘 개념이지만, 그렇다고 해서 그의 행동력과 실천력이 언어와 별개의 영역으로 존재하는 것은 아니다. 만약 언어와 행동이 서로 상당 부분 일치하지 않는다면, 그 언어의 힘이 제대로 발휘될 수 없을 것이기 때문이다. 또한 그런 지식인의 영향력이 정치의 영역에 한정되는 것도 아니기 때문에 우리는 좀 더 포괄적인 개념으로 '실천적 지식인'이라는 개념을 사용할 수 있다. 실천적 지식인은 그가 지니고 있는 지식이 도구적 차원이나 기능적 차원에 머물지 않고 삶의 실천적 영역에서 살아 움직인다는 점에서 실천적이지만, 그렇다고 어떤 일이 있을 때마다 항상 앞장서 구체적인 행동으로 보여주는 것에 한정지을 필요는 없다.

지식인의 역할과 의무를 어떻게 규정짓느냐에 따라, 또 실천(實踐 praxis)의 의미를 어떻게 규정짓느냐에 따라 각각 다른 주장이 펼쳐질 수 있겠지만, 확실한 사실은 그 실천이 구체적인 행동의 영역에 제한되는 것은 아니라는 점이다. 지식인이 할 수 있는 사회참여는 언론에의 기고와 같은 정신노동을 통해 더 잘 이루어질 수도 있고, 단지 그의 청정한 삶 자체가 지니는 파급력만으로도 충분할 수도 있다. 우리가 남명을 실천적 지식으로 규정하는 데 합의할 수 있다면, 남명의 그 실천은 내적인 실천으로서의 경(敬)의 자세와 그 실천에 근거한 외적 표출로서의 의(義)로 구체화시킬 수 있을 것이다.

남명의 현실인식

성리학적 질서 중심의 개방성

※ 남명은 선진유학과 정주학을 수용한 조선 성리학이 주자학 중심으로 재편성되는 16세기를 살아냈던 선비이다. 같은 해에 태어난 퇴계나 퇴계와 사단칠정 논쟁을 벌인 고봉이 주자학 중심 체제로 전환되는 결정적인 계기를 만들었다면, 남명은 현실 속에서의 도덕적 실천을 중심으로 선진유학과 정주학은 물론 다른 학문영역에 대해서까지 관심의 범위를 넓히고 있었다는 점에서 차별화된다.

남명의 현실인식이 기본적으로 성리학적 질서를 전제로 해서 이루어졌음을 확인하기는 그리 어렵지 않다. 자신의 고유한 이론을 전개하는 일을 그다지 필요하지 않다고 판단했던 그였기에 특별한 내용이 남아있지 않지만, 회재 이언적의 아들 이전인이 자신과 부친의 문답을 엮은 『관서문답』에 대한 반론 차원의 해석서인 『해관서문답(解關西問答)』과 같은 글들에서 대체로는 간접적이지만 때로 분명한 입장이 드러나 있기도 하다.

> 또한 "귀와 눈, 입, 코의 욕망은 사욕이다."라고 한 것도 잘못이다. 이런 욕망이 생겨나는 것은 성인(聖人)이라도 보통 사람과 다를 바가 없기 때문에 누구에게나 똑같은 하늘의 이치라고 하겠다. 그 욕망이 착하지 못한 쪽으로 기울어지고 난 다음에라야 비로소 욕심이라고 할 수 있다. 이처럼 인심(人心)과 도심(道心)의 구별이 있는 것은 형기(形氣)와 의리의 차이에서 비롯되는 것일 뿐이다. 그런 이유에서 인욕(人欲)이라 하지 않고 인심(人心)이라고 부르는 것이다.[4]

조선 성리학사에서 전개된 핵심 논쟁 중 하나로 남명의 시대에 전개된 사단칠정론과도 일정한 연관성을 지니는 이 쟁점에 대해 그는 인심과 도심의 구별이 형기와 의리의 차이일 뿐이기 때문에 자신이 타고난 기질의 형태를 알고 그것을 의리에 맞추어 다스려나가는 수양(修養)이 성인군자와 소인을 나누는 핵심 고리라고 판단하고 있었음을 짐작할 수 있다.

남명의 현실 인식이 어떠했는지를 알 수 있는 자료들은 그러나 이러한 이론적인 쟁점에 대한 그의 입장보다는 그가 남긴 지금의 지리산인 두류산(頭流山)을 유람한 후에 남긴 「유두류록(遊頭流錄)」과 같은 수

필류의 글이다. 이런 종류의 글에는 비교적 가벼운 형식이기는 하지만, 남명의 시대에 양반과 평민, 천민이 어떤 관계 속에 있었고 남명은 그들을 어떤 생각을 갖고 대했는지를 알 수 있는 내용들이 풍부하게 담겨 있기 때문이다.

당시의 불교는 주지하다시피 주류사상에서 배제되어 있었고 승려들 또한 천민으로 분류되어 있었다. 남명이 불교를 어떻게 보는지에 대한 본격적인 이론서가 없기 때문에 역시 그런 글에서 묘사되고 있는 절이나 승려에 대한 부분을 통해 유추해내는 방법을 택할 수밖에 없다는 점에서 일정한 한계를 전제로 해야만 하지만, 최소한 전체적인 맥락을 파악하는 데는 큰 어려움이 없다.

우선 남명은 조선 성리학자의 범주에서 크게 벗어나지는 않는다. 퇴계와 같은 시대를 살면서 주로 조선 성리학의 실천적 기반을 세우는 데 초점을 맞춰 그 고유한 특성을 보여준 학자이자 실천적 지식인이었다. 사단칠정론 등 성리학의 핵심 논쟁에 직접 참여하는 것을 스스로 거부했다는 점에서 좁은 의미의 '성리학자'라는 틀 속에 넣을 수는 없지만, 그렇다고 해서 위의 인심도심론(人心道心論)에서 볼 수 있는 것처럼 자신의 고유한 입장이 없지 않았다는 점에서 성리학자의 외연(外延)을 벗어나는 것은 아니다. 다만 주희 성리학에 머물지 않고 선진유가의 사상이나 정호, 정이 형제의 사상 등을 폭넓게 수용하였다는 점에서 퇴계와 차별화되는 위상을 확보하고 있다고 보는 것이 타당할 것이다.

더 나아가 남명은 오이환의 적절한 지적과 같이 퇴계로부터 도가적 성향을 지닌다고 비판을 받을 만큼 도가적 취향을 일정 부분 보이기도 했다.[5] 시문을 통해 드러나는 호방한 기질이나 스스로 취한 남명(南冥)이라는 호의 배경이 되는 『장자』「소요유」편 등이 퇴계로 하여금 그렇게 짐작하게 만든 요소가 되었다는 분석이다.[6] 그러나 이러한 성향은 남명이 조선 성리학자의 범주에서 벗어났음을 의미하는 것이 아니라 조선 성리학자로서의 개방성을 보여주는 것으로 해석하는 것이 더 적절하다. 조선 성리학이 주희 성리학에 매몰되기 이전의 상황 속에서 그 주희를 포용하면서도 다른 학자는 물론 도가나 불교 같은 다른 사상에 대해서도 일정한 범위 안에서는 개방성을 보여줌으로써 오히려 조선 성리학의 실천성을 확보할 수 있는 기반을 닦아주었다는 평가가 가능하다는 것이다.

실천 지향성

✳ 남명의 학문적 지향성 가운데 가장 두드러지는 부분은 우리가 지속적으로 확인하고 있는 것처럼 그의 실천성이다. 그가 성리학 논쟁에 특별한 관심을 갖지 않은 이유도 그것이 실천적 차원에서 보다 큰 의미가 없는 것으로 판단했기 때문이라고 해석해볼 수 있다. 공부(工夫)를 하늘의 명령으로서의 도(道)가 무엇인지 아는 데 그치지 않고 그것을 내 안에서 찾아 살아 움직이게 하는 존양(存養)과 성찰(省察)의 과정으로 정의하는 성리학적 공부관을 가장 잘 구현한 선비 중 하나로 우리는 남명을 꼽는 데 주저하지 않는다. 그러한 남명과 대비되는 또 하나의 선비인 퇴계와의 차별성 역시 그 강한 실천 지향

성에서 쉽게 찾아진다.

실천을 강조하는 남명의 차별성은 퇴계와 주고받은 다음 서신에서도 잘 드러나 있다.

> 요즘 공부하는 자들을 보건대, 손으로 물을 뿌리고 비질을 하는 절도도 모르면서 입으로는 하늘의 이치를 논하여 헛된 이름이나 훔쳐서 남들을 속이려 하고 있습니다. 그러나 도리어 남에게 상처를 주고 그 피해가 다른 사람에게까지 미치고 있으니, 아마도 선생 같은 어른이 꾸짖어 그만두게 하지 않기 때문일 것입니다.[7]

남명의 실천 지향성은 이른바 '정주후불필저술(程朱後不必著述)'의 태도와도 연결되어 있다. 성리학에 대한 이론적 탐구는 정주학에서 이미 완성되었기 때문에 더 이상의 이론적 탐구나 저술은 불필요하다는 이 자세는 중국 명나라 초기 사상통제의 배경 속에서 나온 것으로 조선 초기에 정암 조광조 등에 의해 수용되어 있었던 것을 남명도 채택했다. 이러한 태도는 당시 퇴계나 고봉 같은 학자들이 이론적 탐구에 몰두하여 성리학의 실천성을 훼손하고 있다는 남명의 인식에서 비롯된 것으로 보이고, 그가 이런 자세를 얼마나 철저히 고수하고자 했는지는 그의 제자 김우옹이 쓴 행장의 다음 부분에도 잘 나타나 있다.

> 학문은 함에 있어서 지엽적인 것은 버리고 마음으로 터득하는 것을 귀중하게 생각하고 실용과 실천을 급선무로 삼으셨다. 그러므로 강론(講論)이나 변석(辨析)의 말씀을 하기를 좋아하지 않으셨으니, 이는 대체

로 한갓 부질없는 말만 일삼을 뿐이고 **몸소 실천하는** 데에는 유익할 것이 없다고 여기셨기 때문이다.[8]

이러한 남명의 실천지향성은 그의 제자들에게도 이어져 이론적 쟁점을 담은 저술을 남기는 것을 중시하지 않는 남명학파의 전통으로 연결되었다. 현실을 인식하는 과정에서 실천을 지향한다는 것의 구체적 의미는 다양하게 찾아질 수 있지만, 남명에게 그것은 성리학적 도덕질서와 정치질서를 세우는 데 요청되는 구체적인 행동과 몸가짐으로 나타났다. 수기(修己)와 안인(安人)의 목표를 전제로 해서 내면적으로는 끊임없는 함양과 성찰의 자세를 지니고자 함과 동시에 밖으로는 잘못된 정치질서에 대해 직언을 서슴치 않는 추상 같은 선비의 모습을 보이고자 한 데서 남명의 실천지향성은 극명하게 드러나게 된다.

남명의 불교관에 대한 비판적 인식

남명의 불교관과 조선 불교계에 대한 인식

✸   남명의 현실인식은 기본적으로 성리학에 근거해서 이루어졌고, 그런 점에서는 그도 조선 선비의 범주 속에 어김없이 속한다. 조선 성리학자들은 삼봉 정도전이 상징하는 것처럼 숭유억불(崇儒抑佛)이라는 관점에서 불교와 불교계를 보고자 했고, 남명도 마찬

가지로 불교는 진리의 한 면을 지니고 있지만 역시 경계해야 하는 사상이라는 생각을 갖고 있었다. 불교계를 보는 시각에 있어서도 그 불교계를 대표하는 승려들에 대해 대체로 천한 계층이라는 인식을 벗어나지 못하고 있었다. 이러한 남명의 조선 불교와 불교계에 대한 인식을 직접적으로 확인할 수 있는 근거는 명종 10년 단성현감으로 제수받자 곧바로 사직하면서 왕에게 보낸 「을미사직소(乙未辭職疏)」와 두류산을 오르고 난 후의 느낌을 담아놓은 기행문인 「유두류록」이다. 그 외에 절이나 승려와 관련된 시구가 서너 개 정도 남아있어 당시 선비들이 불교계에 대해서 어떤 생각을 하고 있었는지 짐작해볼 수 있는 실마리를 제공해 주기도 한다.

전자에는 남명이 직접적으로 불교에 언급한 거의 유일한 내용이 담겨 있고, 후자에는 당시의 절과 승려에 대한 남명의 인식을 짐작해 볼 수 있는 내용이 비교적 풍부하게 담겨 있다. 먼저 남명이 불교 교리를 어떻게 바라보고 있었는지를 확인해 보기로 하자.

> 불교에서 말하는 진정한 선정(禪定)은 다름 아닌 이 마음을 간직하는 데 달려 있을 뿐이니, 위로 하늘의 도리에 이르는 데는 불교와 유교가 다르지 않습니다. 그런데 사람의 일에 이르면 다리가 없이 땅 위에 서는 것과 같기 때문에 우리 유학자들이 불교를 배우지 않는 것입니다. 전하께서는 이미 불교를 좋아하시기 때문에 그 학문의 방향을 바꾸면 곧바로 우리 유학의 일이 될 것입니다. 이것은 어렸을 때 집을 잃었던 아이가 자신의 집을 찾아와서 부모와 친척, 형제와 옛 친구를 다시 만나는 일과 다르지 않습니다.[9]

이 인용문을 통해 우리가 확인할 수 있는 남명의 불교관은 크게 보면 두 가지이다. 그 하나는 불교가 마음을 제대로 간직하는 선정을 중심에 둔다는 점에서, 하늘의 이치에 도달하고자 하는 점에서는 유교와 차이가 없지만, 사람의 일에서 중요한 인륜(人倫)을 무시하고 출가를 해버린다는 점에서는 차이가 날 뿐만 아니라 받아들일 수도 없다는, 역시 실천적 차원의 비판이다. 앞에서 살펴본 남명의 현실인식과도 일맥상통하는 관점이라고 해석할 수 있고, 특히 유교윤리가 부모자식 사이의 도리인 효(孝)를 그 중심에 둔다는 점에서 부모와의 인연을 끊고 출가하는 승려들의 태도는 받아들일 수 없다고 보는 것이 당연한 귀결이기도 하다. 우리는 이러한 남명의 관점을 불교에 대한 철학적 수용과 윤리적 비판이라고 규정지을 수 있을 것이다.

이 인용문을 통해 확인할 수 있는 남명의 또 다른 불교관은 당시의 왕인 명종이 불교에 깊이 심취한 문정왕후의 섭정 아래 있었던 시대적 배경 속에서 성리학적 질서의 한 중심인 왕이 인륜을 무시하는 불교를 더 이상 좋아해서는 안 된다는 도덕정치적 차원의 비판이라고 해석될 수 있다. 조선은 왕을 정치의 형식적 중심에 두면서도 성리학으로 무장한 신하들의 도덕정치적 지향을 실질적인 중심에 두고자 설계된 넓은 의미의 입헌적 군왕제 국가였다. 그것이 조선 건국과정에서 협력하지 않고 초야에 묻혀 수양(修養)과 교육(敎育)을 업으로 삼았던 사림세력으로 교체되면서 성리학적 배경의 도덕정치를 구현할 수 있는 이론적·실천적 토대가 보다 확고하게 마련되었고, 남명과 퇴계의 시대는 그러한 사림들이 전면에 등장하기 시작하던 시기였다.

그런데 건국의 과정에서 의도적으로 극복하고자 했던 불교가 한편으로는 민중의 삶 속으로 스며들고 다른 한편으로는 왕실불교로 뿌리를 내리면서 명맥을 유지했는데, 명종 대에 이르면 왕후와 왕 모두가 그 불교에 심취하는 위험한 상황으로 내몰리고 있다는 판단이 남명에게 있었던 것으로 짐작해볼 수 있다. 성리학적 배경의 도덕국가를 염두에 두고 있던 그에게 이러한 상황 전개는 그 도덕국가적 이상을 위협하는 매우 우려할 만한 것으로 다가올 수밖에 없었을 것이다.

그렇다면 남명이 갖고 있던 이러한 두 가지 차원의 불교관에 대해 현재의 우리는 어떤 평가를 할 수 있을까? 오늘 논의의 핵심 쟁점과도 직접적으로 연결되는 이 질문에 대해 정당한 답변을 모색하기 위해서는 최소한 다음과 같은 점들이 고려되어야 한다. 우선 불교 교리에 대한 남명의 이해가 정확한가를 따지는 학문적 차원의 논의가 필요하고, 그 다음에는 첫 번째 논의와의 일정한 연계성을 확보하면서도 남명의 관점에서 그러한 불교관이 어떤 의미를 지니는지를 고려하는 상황맥락적 논의가 필요하다. 후자의 경우에는 당연히 현재 우리 상황과의 연계성과 동시성을 동시에 고려하는 자세가 포함되어야 한다.

그중에서 두 번째 논의는 남명의 불교관뿐만 아니라 당시의 불교계에 대한 남명의 인식이 어떠했는지를 고려할 필요가 있기 때문에 우리가 선택한 두 번째 텍스트, 즉 「유두류록」의 관련 내용과 절이나 승려와 관련된 시구들을 먼저 본 후에 본격적인 논의로 넘어가는 순서를 택하고자 한다.

산사에서 읊다
깊은 산 속 천년 역사 지닌 절 있어
외로운 학 따라 사람이 찾아왔네.
… (중략) …
산봉우리 비추는 달빛 등불이고
물 속 반듯한 돌에서는 방아소리가 나네
부처 앞 향불은 이미 꺼졌는데
오직 보이는 것은 이미 식어버린 마음뿐··.10

회감선사에게 주다
암자는 쓸쓸히 황혼에 젖는데
대나무 그림자와 솔바람 소리 사이 도(道)는 홀로 있고
간교한 마음 끊어도 시심(詩心) 끊어지지 않아
억지로 아름다운 시구에 기대 남의 문 두드리네11

 이 두 편의 시를 통해 우리는 시를 그다지 높이 평가하지 않았던 남명의 시적 자질과 함께 불교에 대한 그의 생각을 미루어 짐작해볼 수 있다. 첫 번째 시에서는 '부처 앞 향불이 이미 꺼졌고 보이는 것도 식어버린 마음뿐'이라는 표현을 통해 당시 불교계의 초라한 현실을 묘사하고 있다는 해석을 이끌어낼 수 있다. 마음이 모든 것을 좌우한다는 유심론(唯心論)으로서의 불교가 향불이 꺼짐에 따라 그 마음도 식어버렸다는 남명의 현실인식이 담겨 있다는 해석이다.

두 번째 시는 조금 다른 관점에서 해석이 가능하다. 이 시의 주인공인 희감선사에 대해서는 자세한 이력을 확인할 수 없지만, 남명이 사(師)라는 호칭을 붙인 것으로 미루어볼 때 다른 승려들과는 다른 위치에 있거나 최소한 존경받을 만한 인품이나 학식을 갖고 있는 승려였다고 짐작해볼 수 있다. 특히 마지막 연 '억지로 아름다운 시구에 기대 남의 문 두드리네'에서는 '남의 문[人門]'이라는 표현으로 불문(佛門)에 대한 존중감을 표현하고 있다는 해석이 가능하다. 다시 말해서 이 시의 주인공인 희감선사에 대해 남명은 최소한의 존중감과 일정한 기대를 갖고 있었다는 조심스러운 해석이 가능하다는 것이다.

그러나 조선 선비의 전형 중 하나인 남명의 불교관은 당시 불교계에 대한 직접적인 시선에 이르면 하층민으로 전락해 부역에 시달리는 승려들과 가난한 절의 살림에 대한 측은지심(惻隱之心) 정도로 다음과 같이 표현되고 있다.

> 쌍계사와 신응사 두 절이 모두 두류산 한복판에 있어 푸른 산봉우리가 하늘을 찌르고 흰 구름이 문을 잠근 듯하여 사람이 접근하기 어려울 것 같은데도 이곳 절까지 관가의 부역이 폐지되지 않아 중들이 양식을 싸들고 무리를 지어 부역을 가는 행렬이 끊이지 않는 정도이다. 그러다보니 중들이 모두 뿔뿔이 흩어져 떠나가는 형편에 이르렀다. 절의 중이 고을 수령에게 세금과 부역을 조금이라도 완화해주기를 청하는 편지를 써달라고 간청했다. 그들이 하소연할 데가 없음을 안타깝게 생각해서 편지를 써주었다.[12]

가난한 절 살림에도 무거운 부역을 져야 했던 지리산의 두 절을 지나면서 잠시 머물기도 했던 남명은 그들의 어려움을 모른 척하지 않고 고을 수령에게 세금과 부역을 완화해주었으면 좋겠다는 편지를 써 주었다는 내용을 통해 우리는 당시 불교계가 어떤 처지에 있었는지를 충분히 헤아려볼 수 있을 뿐만 아니라 측은지심을 발휘하는 남명의 선비다운 따뜻함을 확인할 수 있다.

남명 불교관의 비판적 인식

✳ 남명의 불교관, 즉 불교 교리를 중심으로 하는 석가의 근본 가르침에 대해 가지고 있었던 생각은 앞서 인용된 「을미사직소」를 통해 비교적 분명하게 확인할 수 있다. 그 구체적인 내용을 우리는 실천적 차원의 비판과 도덕정치적 차원의 비판으로 나누어 보고자 했다. 이제 그 각각의 비판이 어느 정도의 적실성을 확보하고 있는지에 대해 살펴볼 차례이다.

불교의 근본이 마음을 간직하는 데 있고, 이것이 하늘의 이치에 도달하고자 하는 데 있어서는 유교의 가르침과 다를 바 없다고 보면서도 인간의 일에 이르면 그 관계의 근본인 효(孝)의 윤리를 무시하기 때문에 배척되어야 한다는 남명의 붉교관은 주희에서 정도전으로 이어지는 성리학자들의 불교관과 거의 동일한 것이다. 이미 조선 초기 정도전의 불교관에 대해 기화가 반론을 펼친 적이 있기 때문에 남명의 불교관에 대한 불교적 관점의 비판은 이 기화(己和)의 반론으로도 충분할 것으로 보인다.

정도전의 배불론(排佛論)에 대한 기화의 반론을 세 가지로 나누어 제시해볼 수 있다.[13] 첫째는 유학의 도통(道統) 개념에 근거한 정도전의 중국 중심주의에 대한 보편주의적 반론이고, 둘째는 불교의 반인륜성 비판에 대한 출세간주의적 반론이며, 셋째는 유·불의 조화가 불가능하다는 주장에 대한 조화가능성의 강조이다. 그중에서 첫 번째 쟁점은 조선 성리학자들에게는 중요한 문제일 수 있지만, 현재적 관점에서 보면 그다지 큰 의미를 지니기 어렵기 때문에, 여기서는 주로 남명의 불교관과 보다 직접적인 연관성을 지니는 두 번째와 세 번째 쟁점에 초점을 맞추고자 한다.

부모와 가문을 버리고 출가하는 승려는 인륜(人倫)을 저버리는 행위를 한 것인가?[14] 현실적으로 출가하는 사람들이 부모나 가족, 친지 등에게 주는 충격을 떠올려보면 우리는 이 질문에 긍정적인 방향으로 기울게 된다. 그러나 기화는 그것은 근시안적인 판단일 뿐이라고 말한다. 그는 인간이 추구해야 할 도(道)의 요체를 경(經)과 권(權) 두 가지로 나누면서 유학의 윤리는 경에 따르는 것이고 불교의 윤리는 권에 따르는 것이라고 주장한다. 그런데 전자는 윤회의 굴레에서 벗어날 수 없는 근원적 한계를 지니기 때문에 출가하여 권(權)의 방법으로 깨달음을 얻은 후에 부모를 함께 그 세계로 이끄는 것이 진정한 효라는 것이다.

윤회를 면하고자 한다면 먼저 애욕을 끊어야 하고 애욕을 끊고자 한다면 먼저 처자의 매임에서 벗어나야 하며, 처자의 매임을 벗어나고자 한다면 세속을 떠나야 한다.¹⁵

정도전을 비롯한 유학자들은 또한 '도(道)는 중국에서만 구할 수 있고 오랑캐 나라에서는 구할 수 없는데, 부처는 서쪽 오랑캐 사람이기 때문에' 불교는 도와 관련이 없다고 비판한다. 이런 이단설에 대해 기화는 다음과 같은 논리로 응대하고 있다.

이른바 동서(東西)란 모두 이곳저곳의 풍속에 따라 서로 말하는 것일 뿐이지, 그 한가운데에 자리를 정하여 동서를 정한 것이 아니다. … 태어난 곳은 자취이고 실행한 것은 도이니, 다만 그 도가 따를 만한가 그렇지 못한가를 살필지언정 태어난 자취에 얽매어서는 안 된다. 앞에서 말하지 않았던가? 도가 있는 곳이 바로 사람들이 돌아가야 할 곳이라고.¹⁶

같은 맥락에서 유교와 불교가 공존할 수 있는가 하는 문제가 제기된다. 우선 정도전은 불교의 가르침에는 의리가 없어서 도저히 유교적 관점에서는 용납할 수 없을 뿐만 아니라 윤리를 허물어 인간을 짐승으로 몰고 갈 위험성이 있기 때문에 공존할 수 없다는 분명한 입장을 택하고 있다.¹⁷ 이에 대해 기화는 유불도 삼교의 말이 완전히 부합하여 마치 같은 입에서 나온 것과 같아 그 같고 다른 점을 활용한다면 마음의 때를 다 씻어버리고 지혜의 눈을 맑게 한 뒤에 대장경과 유교

및 도교의 여러 서적을 모두 훑어보고 일상의 생활에서 일어나는 생사와 화복의 일에 참여하게 하는 것이 요청된다는 말로 응답하고 있다.[18]

정도전의 불교관과 기본적으로 다르지 않은 남명의 불교관에 대해서도 같은 맥락의 응답과 비판이 가능하다. 하늘에 이르는 도는 불교도 갖고 있지만, 사람의 일에서 꼭 있어야 하는 인륜(人倫)을 무시하는 불교라는 남명의 관점에 대해 불교가 생멸(生滅) 차원의 효(孝)를 잠시 경시하는 면이 있기는 하지만, 윤회의 굴레에서 벗어나지 못하는 부모를 깨달음의 세계로 이끌어 보다 궁극적인 진여(眞如) 차원의 효를 다할 수 있게 하는 가능성을 지향하고 있다는 반론을 펼칠 수 있다.

남명의 불교에 대한 두 번째 비판은 첫 번째 비판에서 이어지는 유교윤리적 비판과 함께 현실정치적 맥락을 지니고 있다. 왕이 불교를 가까이 하는 일을 한편으로는 유교윤리적 관점에서 비판하면서도 다른 한편으로는 성리학적 정치질서의 한 축을 형성하는 국왕이 그 통치이념에 충실하지 않는다는 점에서 비판하고 있다는 것이다. 이미 고려시대를 통해서 왕과 승려들의 밀접한 관련과 정치관여를 경험한 조선 선비들이 그들을 도덕철학적 관점에서 비판하고자 할 뿐만 아니라 현실정치적 차원에서도 배척하고자 했다는 것은 널리 알려진 일이다. 남명의 경우도 같은 맥락에서 국왕이 친불교적이 되는 것에 대해 경계한 것으로 해석될 수 있고, 이 문제에 대해서는 당시 통치질서의 근간을 지키고 싶어하는 지배계층에 속했던 남명의 경우 당연히 선택할 수 있는 입장으로 받아들일 수 있다.

결국 우리는 남명의 불교관이 조선 성리학자들이 공유했던 불교관과 크게 다르지 않다는 처음의 결론으로 되돌아온 셈이다. 다만 그에게서 차별성을 발견할 수 있다면, 자신이 만나는 승려에 대해 하층민들이 겪는 고충을 이해하는 차원에서 측은지심을 갖고 있었을 뿐만 아니라 그들을 위해 수령에게 편지를 써 줄 정도의 호의를 베풀기도 한 점이나 '희감사(熙監師)'라고만 알려진 승려에 대해서는 '다른 사람의 문[人門]'이라고 존중해줄 수 있을 정도의 열린 자세를 보였다는 점 등이다. 이러한 차별성을 고려하여 우리는 남명의 불교관을 '성리학적 질서 중심의 부분적인 개방성'이라는 말로 요약하는 일이 정당화될 수 있음을 다시 확인하게 된다.

시대정신의 인식과 극복의 과제

✱   한 사람은 그 고유한 인격을 지니고 태어나서 살아가다 죽는 과정을 밟아가지만, 그 인격의 고유성이 곧 분리된 개체성을 의미하는 것은 아니다. 생물학적 의미의 인간이 태어나서 온전한 인간으로 자라나는 데는 누군가에 의한 보살핌이 필수적이고, 그 누군가가 인간이라는 존재자였을 때에야 비로소 인간으로 성숙할 수 있다. 그렇지 않으면 늑대인간이나 유인원과 같은 존재자가 되어버릴 것이다.

한 인간의 성숙과정을 보살피는 그 인간 또한 개체화된 존재자가 아니라 다른 사람과의 연계 속에서 살아가는 관계적 또는 연기적(緣起

的) 존재자일 수밖에 없다. 그런 관계성(關係性) 또는 연기성(緣起性)에 주목하면서 인간다움의 본질을 규명하고자 노력했던 것이 유교이고 불교이다. '고립되고 이기적인 개인'이라는 가설적 수준의 인간관을 근간으로 삼는 자본주의 사회가 외적 팽창에도 인간다움을 고갈시키는 체제로 작동하고 있는 이유 중 하나도 바로 그러한 인간관 설정의 오류이다.

인간의 삶은 단지 다른 인간과의 의존 속에서만 전개되는 것이 아니다. 오늘 아침에 먹은 음식물의 재료가 되는 자연물과 이 순간 들이마시고 있는 공기 같은 무생물에게까지 의존해야만 비로소 숨을 쉴 수 있고, 그것을 우리는 '살아있다'는 말로 표현한다. 다만 인간의 차별성은 수동적으로 그 자연스러운 과정에 참여하는 수준을 넘어서서 그것을 관조하면서 일정 부분 관여할 수 있는 능력을 갖고 있다는 것뿐인지 모른다. 그러한 관조와 관여는 문명의 전개에 따라 다르게 이어져 왔고, 그 흐름을 좌우하는 핵심 매개체는 자연과 해석하는 인간의 인식능력과 그 능력에 기반을 두고 마련해온 이념적 지향이다.

남명의 시대는 그 이념적 지향이 조선 성리학을 중심으로 하는 유교였고, 오늘날의 우리에게는 과학기술을 중심으로 하는 합리주의와 자본주의이다. 어느 시대에 존재하는 사람도 그 시대정신으로부터 온전히 자유로울 수는 없다. 우리는 어떤 방식으로 살든지 합리성과 경제성을 중시하는 삶의 흐름으로부터 자유로울 수 없고, 남명은 성리학을 중심으로 하는 정치질서와 도덕질서로부터 자유로울 수 없었다.

그렇다면 이제 우리에게 남는 문제는 그러한 시대정신으로부터의 부자유를 인정하면서도 어떻게 자신의 삶을 이끌어가야 하는가 하는 사회윤리적 차원의 문제이다. 사회윤리를 어떻게 해석하느냐에 따라 달라질 수 있는 여지가 있기는 하지만, 최소한 사회윤리가 그 시대의 정신과 윤리적 흐름을 비판적으로 인식하는 데서 비로소 시작된다는 점에는 합의할 수 있다. 남명이 자신의 시대정신이었던 성리학의 본질적 질서를 구현하는 데 헌신했다는 점에 대해서 누구도 쉽게 이의를 제기하기 어렵다. 그것은 한편으로 자신이 살던 시대가 이념적 규준에 비해 현저히 떨어지고 있다는 판단 속에서 출(出)이 아닌, 처(處)의 태도를 평생에 걸쳐 일관되게 보여주었다는 점에서 우선 돋보이고, 더 나아가 자신의 시대에 대한 적극적이고 실천적인 비판을 아끼지 않음으로써 당대 지식인으로서의 치열한 삶을 보여주었다는 평가이기도 하다.

남명의 이러한 성리학적 이념에 대한 헌신은 다른 한편 당시에 분명히 존재하고 있었던 불교이념과 불교계에 대한 비판으로 이어지게 했다. 남명에게 불교는 하늘에 이르는 길에서는 온전한 마음을 보전하는 길을 강조한다는 점에서 성리학과 차이가 없지만 인간의 삶의 차원으로 눈을 옮기면 부모 자식 사이의 효(孝)라는 유교윤리의 핵심 덕목을 부정하는 반인륜적 사상이자 종교일 뿐이었다. 이러한 남명의 불교관에 대해서 오늘날을 사는 우리는 당연히 쉽게 동의할 수 없다. 불교가 세속적 인간관계를 경시하는 것은 사실이지만 그것조차도 궁극적인 깨달음에 이르기 위한 방편적 성격을 지닌 것에 불과하다고 반박할 수 있고, 또 오늘날의 불교는 효라는 가치를 경시하라고 가르치지 않을 뿐만 아니라 오히려 인연(因緣)을 소중히 하라고 가르치기도 하기 때문이다.

우리들의 시대는 더 이상 유교의 시대도, 그렇다고 해서 불교의 시대도 아니다. 과학기술적 합리성을 근간으로 삼아 민주주의와 자본주의를 지향하는 이념이 바로 우리 시대의 정신으로 받아들여지고 있고, 우리 한국의 상황도 최소한 그 부분에 있어서는 세계적으로 그다지 빠지지 않는 수준을 확보하고 있다. 그럼에도 많은 한국인들은 삶의 좌표를 잃어버리고 일상에 몰두하거나 좌절하고 있다. 알랭 드 보통의 적절한 지적과 같이 "한국은 20세기가 만들어낸 아픔과 최근의 과도한 물질적 성공이 그 부지런한 국민들에게 강요하는 값비싼 대가의 존재를 번갈아가며 느끼게 해주는 나라"가 되어버렸다.[19]

우리는 이제 남명의 불교관과 현실인식이라는 주제를 마무리하면서 과연 우리 시대의 이념에 대해 어떤 자세를 가져야 하는지는 스스로에게 물어보아야 하는 지난한 과제에 직면하고 있다. 이 시점에서 남명을 상담자이자 대화자로 초청해볼 수 있다. 아마도 그는 최소한 이 시대의 정신에 헌신하라고 충고하지는 않을 것이다. 민주주의라는 이념에 대해서는 그 외연(外延)의 문제가 있음에도 하나하나의 백성을 소중히 여기라는 명령으로 해석할 수 있어 적극적으로 수용하라고 할 가능성이 높지만, 자본주의에 대해서는 분명히 반대하라는 충고를 해줄 것이다. 특히 절대적 빈곤을 극복하고 이제 더 이상 물질적 풍요로움이 인간다움과 행복을 보장해주지 않는 한국의 상황을 고려하면 더 강한 권유를 해줄 것이다.

다만 한 가지 우리의 시대가 남명의 시대와 달라서 쉽게 받아들이기 어려운 지점은 인간다운 삶을 지향하는 사상과 이념이라면 어느 것에 대해서도 관용의 자세를 가져야 한다는 점이다. 다문화사회가 단지 구호의 수준이 아닌 일상의 차원으로 확산되고 있는 현재 상황 속에서 우리는 유일신을 신봉하는 그리스도교와 이슬람에 대해서도 그들이 근본주의에 빠지지 않는 한 열린 자세를 보여주어야 한다. 하물며 불교에 대해서는 더 말할 나위가 없을 것이다. 이 지점에서도 우리는 어려움에 처한 절집의 사정을 모른 체 하지 않고, 이런저런 번거로움을 무릅쓰고 고을 수령에게 세금과 부역을 감면해 달라는 편지를 써주었던 남명의 측은지심을 그 실천적 방안의 하나로 떠올려볼 수 있다.

(나가는 글)

퇴계를 꾸짖은 남명

　우리가 살아가는 어느 시대나 그 시대만의 고유성과 함께 인간이 함께 살아가는 차원의 보편성이 존재한다. 디지털로 상징되는 속도감과 몰입감, 탈현실성 등과 함께 살아가야 하는 우리는 다른 한편, 심화하는 분열과 대립을 견뎌야 하고 분단으로 인한 만성적인 전쟁 위협, 점점 더 몸으로까지 느껴지는 기후 위기를 어떻게 인식하고 극복할 것인가가 단순한 걱정을 훌쩍 넘어서는 현실성으로 다가오고 있다. 그러나 그 현실성은 일상의 고통과 무감각함으로 쉽게 직접적인 느낌으로 다가서지 못하고 있다.

　남명이 살았던 16세기 조선은 신유학을 통치 이념으로 내세우며 세워진 지 100년을 넘기면서, 한편으로는 안정적인 상황을 맞고 있었지만 다른 한편으로는 사림(士林)들이 정치세력으로 등장하면서 왕권과 신권의 긴장이 다시 부각하는 상황을 맞고 있었다. 이런 시기에 조선을 상징하는 세 선비가 등장했다는 사실은 어떤 의미를 지닐 수 있을까. 남명과 퇴계는 1501년에 태어났고 율곡은 1536년에 태어났지만, 이들 모두에게는 선비로서 스스로의 삶을 성공적으로 이끌어야 한다는 과제와 함께 도덕국가로서 조선의 정신적 토대를 굳건히 쌓아가야 한다는 과제가 주어져 있었다. 그들은 각각 평생 벼슬길에 머물거나 가능하면 벼슬길에서 물러나고자 하거나, 아예 벼슬길에 나가지 않는 출처(出處)의 세 양상을 보여주었다.

남명과 퇴계는 동갑이라는 공통점 외에도 각각 경상도 좌도와 우도를 대표하는 선비이기도 해서 서로 제자가 겹치는 경우가 없지 않았다. 실제로도 둘은 편지를 주고받으면서 인간적인 교류를 했고, 그중 일부가 편지글 형태로 현재까지 남아있다. 이 책에서도 몇 번 그 편지를 인용했는데, 특히 남명이 퇴계를 짐짓 꾸짖으며 "이 시대 어른의 역할을 제대로 해야 하는 것 아닌가."라고 강하게 몰아붙였다. 그러면서도 평생 정신적인 교류를 할 수 있었던 것에 대한 감사의 마음 또한 잊지 않고 있었다.

"진정 마음으로만 사귀면서 지금까지 한번도 만나지 못했습니다. 앞으로 이 세상에 남을 날도 얼마 남지 않았으니 정녕 이렇게 정신적인 사귐으로만 끝나고 마는 것인가요? 세상일에 좋지 않은 일이 많지만 어느 것 하나 마음에 걸리는 것이 없는데, 유독 이 일이 마음에 걸려 한스러움을 금할 길 없습니다. 선생께서 한번 이곳으로 오시면 쌓인 회포를 풀 날도 있을 것이라 매번 생각하고 있었는데, 오신다는 소식이 없으니 이 또한 하늘의 처분에 맡겨야 하겠습니다."[1]

서로 의식할 수밖에 없는 환경이 있으면서도 실제로는 한 번도 만나지 못한 둘 사이의 사귐을 남명은 '정신적인 사귐'이라고 표현하고 있다. 한 번쯤 만나 회포를 풀 수 있을 것이라 생각하고 있었는데 나이도 있고 해서 끝내 정신적인 사귐으로만 끝나는 것 아니냐는 회환을 비교적 담담하게 담아내면서 편지글을 시작하고 있다. 그런데 두 문장 정도밖에 되지 않는 이 편지를 쓴 목적은 그 다음 부분에서 찾아볼 수 있다.

"요즘 공부하는 자들을 보건대, 손으로 물 뿌리고 비질하는 것도 모르면서 입으로는 하늘의 이치를 말하며 헛된 이름이나 훔쳐서 남들을 속이려 하고 있습니다. 그러나 도리어 남에게 상처를 입게 되고 그 피해가 다른 사람에게까지 미치니, 아마도 선생 같은 어른이 꾸짖어 그만두게 하지 않기 때문일 것입니다. 저 같은 사람은 마음을 보존한 것이 황폐하여 배우러 찾아오는 사람이 드물지만, 선생 같은 분은 몸소 높은 경지에 도달하여 우러르는 사람이 참으로 많습니다. 그러니 보다 강하게 억제하고 타이르심이 어떻겠습니까? 삼가 헤아려 주시기 바랍니다. 이만 줄입니다."[2]

명종 15년인 1564년에 보낸 편지이니, 남명과 퇴계가 모두 회갑을 넘어선 원로가 되었을 때임을 알 수 있다. 정신적 사귐으로만 끝날 것 같은 아쉬움을 표현하면서도, 그 시대 공부한다는 사람들의 행태를 비판하며 당신 같은 원로가 제대로 역할을 하지 못하고 있기 때문에 생긴 일 아니냐고 은근하면서도 다른 한편 신랄한 비판의 눈길을 보내고 있다. 퇴계가 이미 고향으로 물러나 도산서당을 차려 많은 제자들을 기르고 있었을 뿐만 아니라, 그들 중에서 상당수가 벼슬길에 나서서 세상을 다스리고 있음에도, 세상이 왜 이 모양이냐고 꾸짖고 있는 것이다. 그러면서 자신은 공부가 부족하여 배우러 오는 사람이 드물다고 겸손한 자세를 보이고 있는데, 물론 남명의 제자들이 퇴계의 제자들과 비교해서 그 숫자나 공부 정도가 뒤떨어지지 않았음을 감안하면 지나친 겸손이자 퇴계를 비판하기 위한 전략적 언술이라는 평가도 가능하다.

지금 내게는 이런 정신적인 사귐을 유지하고 있는 진정한 친구가 있을까. 몇몇 얼굴이 스쳐가기는 하지만 자신이 없다. 학문적 성취에서도 그렇고 정신적인 사귐의 심연 차원에서도 감히 퇴계와 남명 사이의 우정을 넘볼 수는 없지만, 그렇기에 더더욱 넘어진 곳에서 주변을 살펴보면서 그 화두를 나눌 수 있는 친구를 향하는 그리움의 깊이는 더해만 간다.

우리는 이 책을 통해서 우리 사회의 정의와 교육 문제를 화두로 삼아 남명을 대화 상대자로 호출해보고자 했다. 어떤 부분에서는 그에게 던지는 질문이 불명확하거나 불명료해서 제대로 된 답을 듣기 어려웠고, 또 어떤 부분에서는 조선 선비와 시민이라는 존재적 위상의 차이로 인해 쉽게 납득하기 어려운 답과 만나야 했다. 그럼에도 확실한 사실은 남명이 자신의 시대를 온몸으로 받아들여 학문의 과제로 삼았고, 그것을 일상의 실천으로 연결시키고자 끊임없이 노력했다는 점이다. 그리고 그는 그 과정과 결과를 제자들과 나누었고, 그들에게도 과거만을 위한 공부가 아니라 일상의 실천으로 이어지는 공부만이 제대로 된 공부라고 가르쳤다. 퇴계에게도 그런 교육을 해주어야 하지 않느냐고 제안하고 있는 셈이다. 아마도 그의 마음속에는 퇴계와 자신이 힘을 모아 제대로 된 교육을 해내면, 내면적으로는 경건함을 추구하고 관계와 사회를 향할 때는 의로움을 추구하는 선비들이 더 많이 나올 수 있겠다는 생각이 있었던 듯하다.

우리 시대는 선비의 시대가 아니다. 우리 시대와 사회의 주인공은 당연히 시민이다. 그런데 그 시민들도 개별적이고 독립적으로 살아가는 사람들이 아니라 서로 어우러져 함께 살아가야만 하는 사회적 존재들이라는 점에서는 차이가 없다. 다만 시대 상황과 사회구조가 바뀐 것일 뿐이다. 시민들은 한편으로 자신의 생존 문제를 스스로 해결해야 하는 과업을 부여받지만, 다른 한편으로는 선비들과 같이 스스로의 삶과 그들의 사회를 제대로 이끌어야 한다는 실존적 과제를 부여받는다. 각자의 삶을 즐기면서 함께 살아가야 하는 시민사회의 요구에 걸맞는 최소도덕은 물론 덕성까지 갖추어야 한다는 요청으로부터 모든 시민들이 자유로울 수 없다. 그렇기 때문에 시민은 모두 교육을 받을 권리와 의무를 지니는 것이고, 그런 시민교육을 통해 얻은 권리의식과 의무, 책임감을 토대로 자신들의 사회를 보다 정의롭고 평화로운 곳으로 만들어야 하는 책무를 부여받는다. 그런 점에서 시민교육은 교사가 중심이 되어 그 출발점을 마련하지만, 궁극적으로는 시민 스스로가 자신에게 부여해야 하는 자기교육일 수밖에 없다. 그 자기교육으로서의 시민교육을 하는 과정에서 남명과 그의 도덕함은 선비정신으로 모아지면서 이 시대와 사회에 맞는 시민성을 정립하는 과정에서 하나의 디딤돌이 될 수 있다.

(미주)

1장 우리 사회의 정의 담론과 남명의 의론

1 이 책을 청소년과 어린이들이 읽을 수 있도록 재구성한 책들이 나왔고, 샌델의 주장이 틀렸다는 제목을 단 책이 나오기도 했다. 마이클 샌델 원작, 신현주 글, 조혜진 그림(2014), 『10대를 위한 정의란 무엇인가』, 미래엔, 안미란 지음, 정진희 그림(2011), 『어린이를 위한 정의란 무엇인가』, 김영사, 이한(2012), 『정의란 무엇인가는 틀렸다』, 이지북스 등이 그 예들이다.

2 니컬러스 크리스타키스, 이한음 옮김(2022), 『블루프린트: 이기적 인간은 어떻게 좋은 사회를 만드는가』, 부키, 57-60쪽 참조, 저자는 "3개월짜리 아이도 사회생활을 안다."는 문장으로 관찰 결과들을 요약하고 있다.

3 손병욱(2012), 「남명 경의사상의 기저로서의 정좌수행」, 예문동양사상연구원; 오이환 편저, 『남명 조식』, 예문서원, 306쪽.

4 조식, 경상대학교 남명학연구소 옮김(2001), 「오 어사에게 줌」, 『남명집』, 한길사, 197쪽, 강조는 필자의 것이다.

5 이런 류의 책으로 대표적인 것은 후쿠야마의 역사의 종말 선언을 담은 책이다. 프랜시스 후쿠야마, 이상훈 옮김(1997), 『역사의 종말: 역사의 종점에 선 최후의 인간』, 한마음사(번역판 초판은 1889년에 나왔다)

6 존 롤스, 황경식 옮김(2003), 『정의론』, 이학사; 장동진 옮김(2016), 『정치적 자유주의』, 동명사; 장동진 외 옮김(2017), 『만민법』, 동명사 참조.

7 존 롤스, 장동진 옮김(2016), 『정치적 자유주의』, 동명사, 54쪽.

8 그런 경향을 상징하는 책이 김경일(2023), 『공자가 죽어야 나라가 산다』(바다출판사)이다. 꽤 오랜 시간 스테디셀러로 꼽히고 있는 이 책은 한국인으로 살아야 하는 열 가지 괴로움을 말하면서, 그 고통의 뿌리를 공자로 상징되는 우리의 유교 전통에서 찾고자 한다.

9 마사 누스바움, 박용준 옮김(2014), 『시적 정의』, 궁리.

10 순자의 본성론에 관한 이런 해석은 김철운(2003), 『순자와 인문세계』(서광사)에서도 보다 정교한 형태로 전개되고 있다. 그는 성(性)에서 정(情), 욕(欲)으로 이어지는 논리적 고리에 주목하면서 순자의 성악설이 다시 해석되어야 함을 강조하고 있다. 순자의 성악설은 "인간의 본성은 악하고 그 선한 것은 모두 인위적인 것이다. 人之性惡 其善者僞也", 이운구 옮김(2019), 「성악편」,

『순자2』, 한길사, 213-215쪽에서 상세히 다루어지고 있다.
11 존 롤스, 장동진 옮김(2016), 앞의 책, 139쪽.

2장 남명의 선비정신과 시민윤리, 교육

1   조성환(2018), 『한국근대의 탄생: 개화에서 개벽으로』, 모시는사람들, 16-17쪽.
2   박광일(2019), 『제국에서 민국으로 가는 길: 대한민국 임시정부 27년을 걷다』, 생각정원, 5-6쪽.
3   마사 누스바움, 임현경 옮김(2020), 『타인에 대한 연민』, 알에이치케이, 11쪽.
4   여영시, 김병환 옮김(2014), 『동양문화 다시 읽기』, 교육과학사, 106쪽 참조.
5   君不察時士郁 手不知刷掃之節 而口談天上之理 夷考其行 則反不如無知之人 此必有人譴 無疑矣 當此時, 「與吳御史書」, 『남명집』(경상대학교 남명학연구소 편), 2001, 487쪽,
6   게랄트 휘터, 김의철 옮김(2018), 『창의성과 행복한 삶』. 교육과학사. 148쪽.
7   그런 대표적인 역사학자로 한영우, 정옥자, 백승종 등을 들 수 있다. 한영우(2014), 『미래와 만나는 한국의 선비문화』, 세창미디어; 정옥자(2006), 『우리가 정말 알아야 할 조선 선비』, 현암사; 백승종(2018), 『신사와 선비』, 사우, 참조.
8   민주주의와 민주시민교육의 전통적 배경에 관한 재검토의 필요성에 대해서는 박병기(2020), 『우리 시민교육의 새로운 좌표』, 씨아이알, 2장 '민주시민교육의 전통적 기반을 어떻게 해석할 수 있을까' 참조.
9   홍찬숙(2015), 『개인화: 해방과 위험의 양면성』, 서울대학교출판문화원, 99-100쪽.

3장 정의의 동양사상적 맥락과 21세기 한국사회

1   이택광 외(2011), 『무엇이 정의인가?: 한국사회, 정의란 무엇인가에 답하다』, 마티.
2   이권우, 「'정의'가 읽혔던 2010년 한국사회의 풍경」, 이택광 외, 위의 책, 340-341쪽 참조.
3   한 재벌그룹 회장에게 부과된 벌금을 대체하는 노역의 일당으로 5억 원을 책정한 법원의 판결을 비난하는 여론이 고조되자 검찰이 노역형을 중단하고 벌금을 회수하겠다고 밝힌 사건이다. 여기서는 www.asiae.com/news, 20140329 검색.
4   장동진(2009), 「롤스 정의론과 한국사회」, 황경식·박정순 외, 『롤스의 정의

5   장동진, 위의 글, 426쪽 참조.
6   이 주제와 관련하여 이승환(1999)은 "한국사회는 자유의 과잉으로 인하여 신음하고 있는 것이 아니라 오히려 자유의 결핍으로 인하여 고통받고 있으며, 더욱 정확하게는 유사 자유주의와 유사 공동체주의'의 폐해로 인하여 건강한 사회질서가 위협을 받고 있다고 여겨진다."는 주장을 펼친 바 있다. 그 후 15년 정도의 시간이 흐른 지금 어떤 변화가 있었는지에 대해 더 고려해보아야 하겠지만, 우리 사회의 상황을 전제로 하는 이론과 논쟁이 필요하다는 주장은 여전한 유효성을 지닌다. 이승환(1999), 「한국에서 자유주의 공동체주의 논의는 적실한가?」, 『자유주의와 공동체주의』, 철학연구회 1999년 춘계학술대회 자료집, 103쪽.
7   정광호는 선비를 하나의 계층으로 전제하면서 '책을 보는 사람, 혹은 글을 짓는 사람, 혹은 학식은 있되 벼슬길에는 나가지 않는 사람, 한 마디로 그때 지식인을 범칭해서 이루는 말이기도 했지만, 퇴계와 율곡 등을 거치면서 '언제나 세상을 세상답게 만들어야 하는 책무를 걸머지고 있어야만 진정한 선비'로 평가받을 수 있었다고 말하고 있다. 이에 비해 양반이라는 개념에 더 주목하는 미야지마 히로시는 양반이 본래 동반(文班)과 서반(武班)을 통틀어 일컫는 개념에서 출발했지만, 조선사회의 정착과 함께 하나의 신분을 일컫는 개념으로 자리 잡았고 후기에 이르면 누구나 양반이 되고 싶어하는 양반 지향 사회라는 독특한 특성을 지니게 되었다고 분석하고 있다. 정광호(2003), 『선비: 소신과 처신의 삶』, 눌와, 3-4쪽 참조; 미야지마 히로시, 노영구 옮김(2014), 『미야지마 히로시의 양반』, 너머북스, 29-31쪽 참조.
8   박경환(2005), 「의 義, yi/righteousness」, 이동철 엮음, 『21세기 동양철학』, 을유문화사, 192, 194쪽 참조.
9   김낙진(2003), 「義理: 공존과 공익을 위한 모색」, 한국사상연구회, 『조선유학의 개념들』, 예문서원, 499쪽.
10 義者天理之所宜 利者人情之所欲, 진순, 김영민 옮김(2005), 『북계자의』, 예문서원, 215쪽, 강조는 필자의 것이다.
11 天理所宜是公 人情所欲是私, 위의 책 같은 곳.
12 각묵 스님 옮김, 『디가 니까야 3』, 초기불전연구원, 122쪽, 강조는 필자의 것이다.
13 若雖有攝律儀戒及攝正法戒 而無攝衆生戒者 唯有自利行而無利他行 … 若雖有衆生戒 而無攝律儀及攝善法戒者 唯有利他 而無自利行故 環同於凡夫, 원효, 「범망경보살계본사기」 권상, 『韓佛全』 권1 589상.

14　菩薩戒者返流歸源支大律 去邪就正之要門也, 원효,「보살계본지범요기」,『한불전』권1, 581상. 강조는 필자의 것이다.
15　남방불교라고 통칭되기도 하는 상좌불교 공동체의 계율이 제정된 배경과 목적, 현재적 유효성 등에 관한 보다 상세한 논의는 박병기(2013),『의미의 시대와 불교윤리』, 씨아이알, 6장 '상좌불교 공동체 계율의 현재적 의미와 한계'를 참조할 수 있다.
16　David R. Roy(2003), *The Great Awakening: A Buddhist Social Theory*. Boston: Wisdom Publication, pp. 16-19 참조.
17　Kwang-loi Shun(2004), "The Person in Confucian Thought", *Confucian Ethics* Cambridge: Cambridge University Press, pp. 191-193 참조.
18　이승환(2010),『유가사상의 사회철학적 재조명』, 고려대학교출판부, 245쪽.
19　위의 책, 244쪽 참조.
20　아리스토텔레스, 최명관 옮김(1991),『니코마코스윤리학』, 서광사, 157쪽.
21　위의 책, 193쪽.
22　박병기(2013), 앞의 책, 씨아이알, 제1장 '의미시대가 오고 있는가' 참조.
23　크리스틴 H. 좀머스,「미국 학교에서 도덕교육의 자리매김」, 윌리엄 데이먼 엮음, 김태훈 외 옮김(2008),『새로운 시대의 인격교육』, 인간사랑, 62-64쪽 참조, 좀머스는 그러한 최소도덕론에 토대를 둔 도덕교육적 접근의 사례로 가치명료화이론, 상황윤리, 자아 존중감 안내 등을 들면서 이런 가치중립적인 접근이 '아이들에게 옳고 그름에 대한 기초적인 안내를 하는 데 실패'하게 한 주요 원인이라고 비판하고 있다. 같은 책, 64쪽.
24　MacIntyre A.(2004), "Questions for Confucians: Reflections on the essays in comparative study of self, autonomy, and community", Kwang-loi Shun & David B. Wong(eds.), *Confucian Ethics*, Cambridge: Cambridge University Press, p. 203.

4장 남명의 경사상에 기반한 우리 인성교육의 방향

1　우리 시대를 고통의 시대로 규정짓는 조영달은 교육을 통해 스스로의 고통을 극복할 수 있을 뿐만 아니라 다른 사람의 고통에 대해서도 동정하고 분노하는 양심세력을 길러내야 한다고 역설한다. 더 나아가 그렇게 교육받은 사람들은 고통의 시대를 여유를 지니고 비판적으로 성찰할 것으로 기대되고 그 고통을 벗어나 새로운 행동양식과 전략을 제공하고 실천에 앞장서는 새로운 문화를 이루어갈 수 있을 것으로 기대하기도 한다. 조영달(2012),『고통의 시대 희망의 교육』, 드림피그(주), 107-109쪽 참조.
2　김철운(2013),「'수신(修身)'의 근대적 변용: 국가에 의해 유폐된 개인」, 손병

석 외, 『동서철학 심신수양론』, 한국학술정보, 193쪽.
3   도덕 교과에 철학함이 본격적으로 도입되기 시작하는 것은 '2007 개정 교육과정'부터이다. 이때 가치관계확장법이라는 교육과정 내용의 선정 및 조직원리가 도입되면서 마지막 영역으로 '자연·초월 영역과의 관계'가 처음 설정되었다.
4   연기적 독존주의에 관한 보다 상세한 설명은 박병기(2013), 『의미의 시대와 불교윤리』, 씨아이알, 12장 '한국사회의 새로운 이념으로서의 연기적 독존주의'를 참고할 수 있다.
5   N. D. Feshbach & S. Fechbach(2011), "Empathy and Education". J. Decety & W. Lckes(eds.), *The Social Neuroscience of Empathy*, Cambridge: The MIT Press, p. 85.
6   Simon Baron-Cohen(2011), *The Science of Evil: on empathy and the origins of cruelty*, New York: Basic Books, pp. 6-7 참조.
7   마사 누스바움, 우석영 옮김(2011), 『공부를 넘어 교육으로』, 궁리, 89쪽.
8   위의 책, 90쪽 참조.
9   J. Hopkins(2008), *A Truthful Heart: Buddhist Practices for connecting with others*(Ithaca: Snow Lion Publications), p.183.
10 『중용』 20, 誠者 天之道 誠之者 人之道.
11 『순자』, 「불구」 9, 君子養心莫善於誠 致誠則無他事矣.
12 『주자어류』 93:53 二程不言太極者 … 今只說敬 意只在所由.
13 『하남이정씨유서』 권2상, 「이선생어」 2상, 學者不必要遠求 近取諸身 只明人理 敬而已矣.
14 경에 관한 이러한 요약과 정리는 김경호(2013), 「誠·敬: 성리학적 수양론과 군자의 이상」, 손병석 외, 앞의 책, 115-116쪽에서 가져온 것이다.
15 『주자어류』 12:100 敬 只是一固畏字.
16 위의 책, 12:84, 今人皆不肯於根本上理會 如敬字 只是將來說 更不效將去.
17 김충렬(2003), 「남명학의 요체: 敬義, 그 淵源脈絡과 涵養踐復」, 『남명학연구』 1집, 남명학연구원.
18 조식, 경상대학교 남명학연구소 옮김(2004), 『국역 남명집』, 한길사, 151쪽, 究人事之下行 根天理之上達 萬理具於性本 混潑潑而活活. 필자가 번역의 일부는 수정했음을 밝혀둔다.
19 위의 책, 150쪽 참조.
20 위의 책, 153쪽, 敬以涵養本乎天則. 이 부분은 남명이 공부과정을 샘물의 비유 등을 통해 설명하고 있는 원천부(源泉賦)의 마지막 문단이다.

21　이홍우(2014), 『성리학의 교육이론: 증보판』, 교육과학사, '증보판 서문' iv쪽.
22　이상호는 유교윤리를 선한 정감의 윤리로 규정짓고, 사단은 물론 칠정까지도 이 선한 정감을 이해하는 방식으로 해석하고 있다. 그의 시도는 우물가 아이의 비유를 통해 맹자가 입증하고자 했던 선함의 단서 존재를 계승하면서도 현재적 관점을 포함하고 있다는 점에서 주목받을 만하다. 이상호(2011), 『사단칠정 자세히 읽기』, 글항아리, 41-45쪽 참조.
23　프란스 드 발, 김희정 옮김(2007), 『영장류의 평화 만들기』, 새물결, 24쪽.
24　조너선 하이트, 왕수민 옮김(2014), 『바른 마음: 나의 옳음과 그들의 옳음은 왜 다른가』, 웅진지식하우스, 70쪽.
25　J. Haidt(2014), "Moral Psychology and the Misunderstanding of Religion", Jonathan Haidt's Edge Bio Page, http://edge/org/print/node/21272, 2014.10.02. 검색 및 프린트.
26　2014 남명학회 콜로키움에서 정순우 교수는 이제 인간 본성의 선함을 강조하던 맹자의 관점에서 오히려 순자의 관점으로 전환하는 것이 현실적으로 더 적합한 대안이 아닌가 하는 논평을 했다. 그의 주장에 지니는 현실성을 충분히 수용하면서도 발표자는 20세기가 '이기심의 시대'였다면 21세기는 이제 인간의 본성 속에 식욕과 성욕에 기반하는 이기심과 함께 바로 그 욕구들을 충족하는 과정에서 얻게 된 타자와의 공감과 협력에도 주목하는 '공감의 시대'라는 점에 유념할 필요가 있다는 답변을 하고 싶다. 『2014 남명학회 콜로키움 자료집』(2014.08.22.), 28쪽 이하(정순우 교수의 논평은 구두로 이루어졌기 때문에 직접적인 기록은 이 자료집에 남겨져 있지 않다.)
27　이상호, 앞의 책, 34쪽 참조.
28　'2014 남명학회 콜로키움'에서 박성혁 교수가 제기한 질문의 핵심이기도 하다. 앞의 자료집 25쪽 참조.

5장 '교사로서 남명'의 권위에 관한 현재적 해석

1　2023년 11월 14일 발표된 이 사건에 대한 경찰 조사 결과는 '직접적인 연관성을 찾기 어렵다.'는 것이었다. https://imnews.imbc.com/news/2023/society/article/6543310_ 36126.html/ 20231218 검색.
2　필자가 위원으로 참여한 '2022 교육과정 개정을 위한 국가교육과정정책자문위원회'에서 이루어지는 논의에서도 이런 경향의 발언이 없지 않았다.
3　'진보교육감'들이 주도한 혁신교육과 혁신학교가 그 이론적 토대를 미국의 진보주의 교육 이론 등에 찾았다는 비판을 피하기는 어렵지만, 그럼에도 시선을 우리 학교 현실 자체에 두고자 했다는 점은 인정해줄 만하다. 우리 혁신

학교와 그 정책에 관한 전반적인 소개는 김성천(2011), 『혁신학교란 무엇인가』(맘에 드림)를 참고할 수 있고, 교사의 혁신학교 경험에 관한 소개와 평가는 유시경 외(2022), 『굿바이 혁신학교』(푸른칠판)를 참고할 수 있다.

4   특히 주목할 만한 학교현장에 관한 연구는 코로나19 상황 속 학교에서 학생과 교사가 어떤 경험을 하고 있는가와 관련된 연구들이다. 대표적인 예로 임선일 외(2021), 『코로나19와 교사의 학교생활 경험, 기본연구 2021-03』과 김현자 외(2021), 『코로나19 상황에서 초·중학생의 학교교육 경험, 기본연구 2021-04』를 들 수 있다. 경기교육연구원 홈페이지 '교육정보자료실' 연구원 발간 자료 참조.

5   성열관(2018), 『수업시간에 자는 아이들』(학이시습), 그의 결론적 주장은 "우리가 깨워야 할 것은 아이들이 아니고 잠자고 있는 관행이다."(121쪽)로 요약될 수 있을 듯하다.

6   리처드 피터스, 김정래 옮김(2021), 『권위, 책임, 교육』, 학지사, 120쪽.

7   한나 아렌트, 서유경 옮김(2005), 『과거와 미래 사이』, 푸른숲, 249-250쪽.

8   위의 책, 146쪽 참조.

9   조식, 경상대학교 남명학연구소 옮김(2001), 『남명집』, 한길사, 188쪽, '청도 고을 원에게 드림(與淸道倅書)' 중 일부다.

10   존 롤스, 김주휘 옮김(2016), 『공정성으로서의 정의』, 이학사, 25쪽. 롤스의 정확한 언급은 다음과 같다. "나는 민주사회가 공동체(community)가 아니며 공동체일 수 없다고 믿는다. 여기서 공동체는 포괄적이거나 부분적으로 포괄적인 동일한 신념체계를 승인한다는 점에서 통일되어 있는 사람들의 집단을 의미한다."

11   데이비드 무어, 정지인 옮김(2023), 『경험은 어떻게 유전자에 새겨지는가』, 아몬드, 88쪽 참조. 저자는 후성유전학 관점에서 환경과 경험이 유전자에 미치는 영향을 제대로 인지할 수 있기 위해서는 유전자의 스위치를 끄거나 켤 수 있는 것이 바로 그 환경과 경험임을 이해할 필요가 있다고 말한다.

12   조식, 경상대학교 남명학연구소 옮김(2001), 앞의 책, 197쪽, 원문을 참고하여 가독성을 높이는 방향으로 수정했음을 알려둔다.

13   위의 책, 181쪽.

14   학습자 주도성에 관한 총체적인 연구물로 경기도 교육연구원 기획, 남미자 외(2021), 『학습자 주도성, 미래교육의 거대한 착각』, 학지사 참조.

6장 도덕함의 모형으로서 남명의 삶과 실천

1   박병기(2009), 『동양 도덕교육론의 현대적 해석』, 인간사랑, 9장 '도덕교육

의 목표로서의 군자와 시민' 참조.
2 이 차별화 지점은 사실 현재적 관점으로 보면 상당한 의미부여가 가능한 지점이기도 하다. 개체성과 자율성을 중심에 두는 시민을 주체로 삼는 도덕교육에서는 그 어떤 모형도 개인의 자율성을 심각하게 훼손하는 지점까지 침투할 수 없다는 전제 때문이다.
3 실제로 공자는 중국은 물론 우리나라에서도 극복의 대상으로 떠오르기도 했다. 중국의 경우는 문화혁명 과정에서 광범위하게 일어났고, 우리의 경우는 김경일의 저서『공자가 죽어야 나라가 산다』(바다출판사, 2010),『나는 동양사상을 믿지 않는다』(바다출판사, 2012)가 대표적인 사례로 꼽힐 수 있다.
4 장덕진(2015),「한국인의 삶, 그 반세기의 변화」, 서울대학교 사회발전연구소 기획; 장덕진 외(2017),『압축성장의 고고학: 사회조사로 본 한국사회의 변화, 1965-2015』, 한울아카데미, 53-54쪽 참조, 장덕진은 50년에 걸친 한국사회 대상의 조사연구를 종합적으로 요약하면서 두드러진 한국사회 변화의 추세로 개인화와 이중화, 고령화, 위험사회의 등장을 꼽고 있다. 그는 이런 현상들이 한국사회에서만 특유하게 나타나는 것이 아니라 이른바 선진 자본주의 사회에서 일반적으로 발견되고 있는 것들임을 강조하고 있기도 하다.
5 홍찬숙(2015),『개인화: 해방과 위험의 양면성』, 서울대학교 출판문화원, 244쪽 참조, 그는 한국을 비롯한 동아시아의 개인화가 서구의 그것과는 달리 산업화와 동시적으로 진행된 것이 아니라 산업화의 성공 국면에서 나타나고 있고 그러다보니 '압축적 개인화'의 형태를 띠게 된다는 점에 주목한다. 같은 책, 같은 쪽.
6 대형 서점에서 이런 유형의 자기개발서들이 차지하고 있는 공간이 매우 넓을 뿐만 아니라, 그 유형도 다양하다는 사실을 쉽게 발견할 수 있다.
7 박병기·추병완(2009),『윤리학과 도덕교육1-개정증보판』. 인간사랑, '8장 도덕발달과 도덕교육'을 참조할 수 있다.
8 2015 교육과정에 따른 교과서 개정이 이루어졌고, 이 교과서들이 2018년부터 학교에서 사용되었다.
9 박병기 외(2015),『2015 도덕과 교육과정 개정 연구1, 2』, 한국교육과정평가원·교육부, 서론 참조.
10 교육부(2015),『도덕과 교육과정』, 교육부 고시 제2015-74호[별책6], 4쪽.
11 교육부(2022),『도덕과 교육과정』, 교육부 고시 제2022-33호[별책6], 국가교육과정정보센터 자료 검색(20250121)
12 물론 우리 현실 속에서는 이러한 구분이 그다지 명료한 것은 아니다. 도덕과

윤리 모두 모럴(moral)과 에틱스(ethics)이라는 라틴어와 희랍어의 어원을 지니는 서양윤리학의 개념사를 수용하는 과정에서 채택된 번역어들인데, 서양윤리학적 논의의 틀 속에서 이 두 개념의 엄격한 분리는 이루어지지 않고 있다. 그러다보니 일반인들은 물론 윤리학자들까지 자신의 필요에 따라 두 개념을 호환적으로 사용하는 경우가 대부분이다.

13　조식, 경상대학교 남명학연구소 옮김(2001), 『남명집』, 317쪽, 을묘사직소의 한 부분이다. 강조는 필자의 것이다.

14　조식, 오이환 옮김(2012), 『남명문집』, 지식을만드는지식, 63쪽, '오어사에게', 강조는 필자의 것이다.

15　위의 책, 65쪽.

16　진래, 안재호 옮김(2011), 『송명리학』, 예문서원, '이끄는 말', 37-40쪽 참조.

17　이 부분의 원고는 박병기, 「우리 시대의 윤리와 남명, 인성교육」, 2016 남명학연구원 추계학술대회 자료집(선비문화연구원, 2016.10.7.)에서 발표한 내용을 약간 수정하여 다시 인용한 것이다.

18　조식, 경상대학교 남명학연구소 옮김(2001), 앞의 책, 181쪽.

19　교육부(2015), 『도덕과 교육과정』, 앞의 문서, '성격' 3쪽 참조.

20　2016년 11월을 기준으로 삼아 우리 사회의 이른바 지도층, 즉 장관이나 차관 등 고위 관료나 대학교수 같은 사람들이 보여준 행태는 특히 자신이 지은 죄에 대한 최소한의 부끄러움(수치심)이라는 점에서 보면 일반 시민의 그것보다 못함이 곳곳에서 관찰되었다. 수치심이 인간의 도덕성을 형성하고 유지하는 핵심 기제 중 하나라는 점에서 심각한 현상이라는 판단이 가능하다. 임홍빈(2016), 『죄책감과 수치심』, 바다출판사, 서론 참조.

21　2016년 11월 12일 서울 광화문 광장에 100만 명을 헤아리는 남녀노소의 시민들이 모여 박근혜 대통령 하야와 국민주권 회복을 외쳤다. 『한겨레신문』 2016년 11월 13일자 인터넷판 검색, 20161113, http://www.hani.co.kr/arti/society/society_general/770092.html?_fr=mt2.

22　교육부(2015), 앞의 문서, 4쪽 참조.

23　조식, 경상대학교 남명학연구소 옮김(2001), 앞의 책, 234-235쪽. 누구인지 정확히 알 수 없는 송파자(松坡子)에게 보여주는 편지인데, 문맥으로 보아 남명에게 학문과 공부에 관한 물음을 던진 당대의 선비 중 하나인 것으로 보인다. 강조는 역시 필자의 것이다.

24　한형조(2001), 「남명, 칼을 찬 유학자」, 『남명 조식』, 청계, 47-56쪽 참조.

25　배병삼(2016), 「선비의 정체성과 그 정치적 행동」, 김석근 엮음, 『선비정신

과 한국사회: 미래의 리더십을 찾아서』, 아산서원, 265쪽.

26　위의 글, 255-261쪽 참조.
27　이 문제에 관한 보다 상세한 논의는 박병기(2009), 2장 '선비와 보살, 우리 시대의 시민'을 참조할 수 있다.
28　마이클 푸엣, 크리스틴 그로스 로, 이창신 옮김(2016), 『더 패스(The Path): 세상을 바라보는 혁신적 생각』, 김영사, 70쪽.
29　인성교육과 도덕교육은 상당 부분 겹칠 수 있는 개념이지만, 전자가 인간의 도덕성을 물론 성격 같은 가치 중립적인 본성의 요소도 포함한다는 점에서 도덕교육을 포함한다고 볼 수 있다. 또한 도덕교육에는 교과적 접근으로서의 도덕과 교육(道德科敎育)이 포함된다.

7장　2022 도덕과 교육과정의 인간상과 남명의 도덕함

1　교육부(2022), 『초·중등학교 교육과정 총론』(국민소통채널 탑재용, 2022. 8.30. 개시), 2쪽.
2　위의 문서, 4쪽, 강조는 필자의 것이다.
3　교육부(2015), 『초·중등학교 교육과정 총론』(교육부 고시 제 2015-80호 별책1), 3쪽 '교육과정 구성의 중점' 참조, 강조는 필자의 것이다.
4　2022 개정 교육과정 시안에서도 처음에는 '포용성과 창의성을 갖춘 자기주도적인 인재'라는 인간상이 제시되었다. 국가교육과정정책자문위원회 심의를 거치면서 이 문제에 관한 논의가 이루어졌고, 필자를 포함한 위원들이 대안으로 '사람'을 제안하면서 수정이 이루어졌다. 2022년 초반부의 일이고, 필자 개인의 참여 경험과 기억에 의존한 것임을 밝혀둔다.
5　유네스코 국제미래교육위원회 보고서(2022), 『함께 그려보는 우리의 미래: 교육을 위한 새로운 사회계약』, 유네스코 한국위원회, '핵심 내용'의 첫 문장이다.
6　로크적 단서는 로버트 노직 등에 의해 주로 사유화의 한계와 관련지어 소환되고 있다. 내가 어떤 것을 가질 자유는 다른 구성원에게 '충분한 양과 동등한 질을 전제로 하는 최소한의 재화가 보장되어 있을 때야 비로소 보장받을 수 있다는 명제다. 그러나 이 명제는 정치적 자유를 비롯한 자유 영역에서도 '허공에 팔을 휘두르는 것은 내 자유지만 그 팔에서 나오는 바람이 다른 사람의 코끝에 가닿은 순간부터는 멈춰야 한다.'는 명제로 전환될 수 있다.
7　박병기(2013), 『의미의 시대와 불교윤리』, 씨아이알, 12장 '한국사회의 새로운 이념으로서 연기적 독존주의' 참조.
8　김기현(2021), 「성학(聖學)의 관점에서 본 '도덕함' 개념」, 『한국철학논집』

9   교육부(2022), '2022 초·중등학교 및 특수학교 교육과정 확정발표 보도자료 (2022.12.22.)'에서 다음과 같이 국가교육위원회의 심의·의결을 수용하여 수정했음을 밝히고 있다. "도덕함, 윤리함, 철학함은 '도덕적 지식과 실천의 연계 과정' 등으로 문맥에 맞게 표현 수정함"

10   교육부(2022), 『도덕과 교육과정』(교육부 고시 제 2022-33호, 별책6), 5쪽 참조.

11   조식, 경상대학교 남명학연구소 옮김(2001), 「퇴계에게 드림」, 앞의 책, 181쪽.

12   위의 책, 195, 197쪽.

13   교육부(2022), 『도덕과 교육과정』(교육부 고시 제 2022-33호 별책6), 33쪽, "[12윤사02-03] 남명과 하곡, 다산의 사상을 통해 앎과 함의 관계에 대하여 성찰하고, 윤리적 실천 방안을 제안하여 실행할 수 있다."와 같이 남명의 도덕함에 주목받을 수 있도록 개정되었다.

14   로널드 드워킨, 홍한별 옮김(2012), 『민주주의는 가능한가』, 문학과지성사, 22-23쪽 참조. 드워킨은 인간존엄의 두 원칙을 첫째, 모든 인간의 삶은 특별한 객관적 가치를 지닌다는 '본질적 가치의 원칙', 둘째, 누구나 자기 삶을 성공적으로 실현할 어떤 특별한 책임을 갖는다는 '개인적 책임의 원칙'으로 제안하고 있다.

8장 한국윤리사상의 전개와 남명의 현재성

1   축의 시대에 관한 보다 상세한 논의는 Robert N. Bellah(2011), Religion in Human Evolution: From the Paleolithic to the Axial Age(Massachusetts: The Belknap Press of Harvard University Press), 6장에서 9장까지를 참조할 수 있다. 그는 축의 시대를 다루는 장을 넷으로 나누고 각각 고대 이스라엘, 고대 그리스, 기원전 중국, 고대 인도 등을 다루고 있다.

2   조식, 경상대학교 남명학연구소(2001). 「을묘사직소」, 317쪽.

3   김상준은 유교윤리가 '전횡적인 권력을 비판적으로 제약할 수 있는 힘으로서의 비판성과 이웃과 공동체에 대한 윤리적 책무를 제도화 할 수 있는 역량으로서의 윤리성'을 통해 인류문명에 기여할 수 있는 가능성이 아직도 열려있다고 주장한다. 김상준(2014), 『유교의 정치적 무의식』, 글항아리, 15쪽.

4   '철학으로서의 불교'에 대해서는 박병기(2009), 『동양 도덕교육론의 현대적 해석』, 인간사랑, 4장 '불교는 철학인가'를 참조할 수 있다.

5   21세기 한국불교계에서 천태사상은 주로 구인사를 중심으로 하는 천태종에 의해 계승되고 있다. 천태종은 금강대학교라는 고등교육 기관을 운영하고 있을 만큼의 위상을 확보하고 있고, 조계종에 이어 두 번째로 큰 종단으로

분류될 수 있다. 현재 한국불교계를 대표하는 종단은 조계종과 천태종, 태고종 등의 셋이다.

6 '눈부처' 개념은 신라향가 전공자이면서 불교학자이기도 한 한양대학교 국문과 이도흠 교수가 처음 사용한 개념임을 밝혀둔다.

7 오웬 플래나간, 박병기·이슬비 옮김(2013), 『보살의 뇌』, 씨아이알, 6쪽.

9장 남명의 현실인식과 불교관

1 성리(性理)를 말하기에 앞서 '소학'에서 강조하는 기본적인 실천을 해야 한다는 남명의 생각을 볼 수 있는 글 중의 하나로 오어사(吳御史)에게 주는 서신을 들 수 있다. 手不知灑掃之節 而口談天上之理 夷考其行 則反不如無知之人「與吳御史書」, 『교감 남명집』(2001), 한길사, 487쪽 참조.

2 피에르 부르디외, 신미경 옮김(2004), 『사회학의 문제들』, 동문선, 74쪽 참조.

3 위의 책, 74-75쪽 참조.

4 其曰耳目口鼻之欲是私欲者 亦非也 耳目口鼻之發 雖聖人亦同 同一天理也 流於不善而後 方可謂之欲也 但有 人心道心之別者 有形氣義理之間已 故不曰人欲 曰人心, 「解關西問答」, 『교감 남명집』, 566쪽.

5 오이환, 「남명의 유(儒)·도(道) 사상 비교연구」, 오이환 편(2002), 『남명 조식』, 예문서원, 481-483쪽 참조.

6 위의 글, 476쪽 참조.

7 近見學者手不知灑掃之節 而口談天理 計欲盜名而用以欺人 反爲人所中傷 害及他人 豈先生長老無有以呵止之故耶, 「與退溪書」, 『교감 남명집』, 479쪽.

8 其爲學也 略去枝葉 要而得之於心爲貴 致用實踐爲急 而不喜爲講論辨析之言 蓋而爲徒事空言而無益於躬行也, 김우옹, 「南冥先生行狀」, 『동강집』 17권 17장, 이상필, 「남명 사상의 특징」, 오이환 편, 앞의 책, 202쪽에서 재인용. 강조는 논자의 것이다.

9 佛氏所謂眞定者 只在存此心而已 其爲上達天理 則儒釋一也 但施之於人事者 無脚踏地 故吾家不學之矣 殿下旣好佛矣 若移之學問 則此是吾家事也 豈非弱傷而得其家 得見父母親戚兄弟故舊者乎, 「乙卯辭職疏」, 『교감 남명집』, 553-554쪽.

10 林下千年寺 人隨獨鶴尋 … 燈點峯頭月 春聲水中矽 佛展香火死 唯見已灰心, 「山寺偶吟」, 『교감 남명집』, 433쪽.

11 上房岑寂鎖黃昏 竹纓松聲道自存 斷盡機心詩癖在 强將佳句拍入門, 「贈熙鑑師」, 『교감 남명집』, 98쪽.

12 雙磎神凝兩寺 皆在頭流心腹 碧領押天 白雲鎖門 疑若人煙罕到 而猶不廢公家之役

	揭粮聚徒 去來相續 皆至散去 寺僧乞簡於州牧 以舒一分等 憐其無告 裁簡與之,「遊頭流錄」,『교감 남명집』, 575-576쪽.
13	정도전과 기화 사이의 논쟁에 대한 보다 상세한 논의는 박경환(1995), 「현세적 가치와 출세간적 가치의 대립」, 한국철학사상연구회, 『논쟁으로 보는 한국철학』, 예문서원, 82-104쪽을 참조할 수 있다. 이 논문에서 박경환은 논점을 불교의 이단성, 멸인륜성, 불교 교리, 유·불의 조화가능성 등의 넷으로 제시하고 있으나 필자가 보기에 불교 교리를 둘러싼 논쟁은 인륜성 논쟁과 같은 맥락이라고 판단된다.
14	이 질문에 대한 고타마 붓다 자신의 입장은 분명하다. "비구들이여, 사람들이 은혜를 갚아도 갚아도 다 갚지 못하는 두 분이 있다고 나는 말한다. 그 두 분은 바로 어머니와 아버지다. 한쪽 어깨에는 어머니를 다른 한쪽 어깨에는 아버지를 모시고 백년을 산다 해도 … 부모님의 은혜는 다 갚지 못한다. 왜 그럴까? 부모님은 자식을 위하여 그보다 더 많은 것을 하시기 때문이다. … 그러나 믿음이 없는 부모님은 격려하여 믿음을 심어드리고 그 믿음이 확고히 정착되도록 하며, … 어리석은 부모님은 격려하여 지혜를 심어드리고 그 지혜가 확고히 정착되도록 하면, 바로 이렇게 하는 사람이야말로 부모님의 은혜를 갚는 일이다. 그런 사람은 부모님에게 해야 하는 것보다 더 많은 것을 하는 사람이다." 앙굿따라 니까야 2부 4:2, 일아 편역(2008), 『한 권으로 읽는 빠알리 경전』, 민족사, 355-356쪽에서 재인용.
15	欲免輪廻先斷愛慾 欲斷愛慾先去妻子 欲去妻子須出塵「顯正論」, 『한국불교전서』, 권7, 218하.
16	정병삼 외 역주(2009), 「현정론」, 『정선 제교학』, 한국전통사상서 간행위원회, 한국전통사상총서 6권, 594-596쪽 참조.
17	박경환(1995), 앞의 논문, 100-101쪽 참조.
18	정병삼 외 역주(2009), 위의 책, 615쪽.
19	알랭 드 보통, 「한국인의 고통과 우울함」, 『동아일보』, 2011년 10월 8일자 B4면 '특별기고'

나가는 글

1	조식, 경상대학교 남명학연구소 옮김(2001), 「퇴계에게 드림」, 『남명집』, 한길사, 181쪽.
2	위의 글, 같은 책, 같은 쪽, 가독성을 위해 필자가 부분적으로 다르게 번역했음을 밝혀둔다.

참고문헌

【원전】

『남명집 4종』, 남명학연구원

『국역 남명집』(2004), 경상대학교 남명학연구소 옮김, 한길사.

『퇴계집』

『율곡집』

『맹자』

『순자』

『중용』

『대학』

『소학』

『주자어류』

『하남이정씨유서』

『숫타니파타』

『금강경』

『수심결』

『선가귀감』

【단행본 및 논문, 번역서】

경기도교육연구원 기획, 남미자 외(2021), 『학습자 주도성: 미래교육의 거대한 착각』, 학이시습.

교육부(2022), 『도덕과 교육과정』, 교육부 고시 제 2022-33호, 별책 6.

교육부(2015), 『도덕과 교육과정』, 교육부 고시 제2015-74호, 별책 6.

교육부(2007), 『2007 개정 도덕과교육과정』.

국가교육회의(2020), '미래교육체제 탐색을 위한 조사' 결과보고서.

김경수(2002), 「남명의 불교관」, 오이환 편, 『남명 조식』, 예문서원.

김경일(2023), 『공자가 죽어야 나라가 산다』, 바다출판사.

김경호(2013), 「誠敬: 성리학적 수양론과 군자의 이상」, 손병석 외, 『동서철학 심신수양론』, 한국학술정보.

김경희(2009), 『공화주의』, 책세상.

김광기 외(2009), 『대한민국은 도덕적인가』, 동아시아.

김기현(2021), 「성학의 관점에서 본 '도덕함' 개념」, 『한국철학논집』, 70, 173-210.

김동식(2003), 『실용주의』, 아카넷.

김석근 엮음(2016), 『선비정신과 한국사회』, 아산서원.

김수진(2015), 「인성교육의 주요 접근」, 『교육과정연구』 33권 2호, 한국교육과정학회.

김성천(2012), 『혁신학교란 무엇인가』, 맘에드림.

김철운(2003), 『순자와 인문세계』, 서광사.

_____(2013), 「수신(修身)의 근대적 변용」, 손병석 외, 『동서철학 심신수양론』, 한국학술정보.

김충렬(2003), 「남명학의 요체: 敬義」, 『남명학연구』 1권, 남명학연구원.

김현자 외(2021), 「코로나19 상황에서의 초·중학생의 학교경험 연구」, 경기도 교육연구원 기본과제 2021-4.

남명학회(2014), 『2014 남명학회 콜로키움 자료집』.

박경환(1995), 「유불논쟁: 현세적 가치와 출세간적 가치의 대립」, 한국철학사상연구회, 『논쟁으로 보는 한국철학』, 예문서원.

박광일(2019), 『제국에서 민국으로 가는 길』, 생각정원.

박권일(2021), 『한국의 능력주의』, 이데아.

박병기(2008), 「선비정신과 시민윤리」, 『선비문화』, 13호, 남명학연구원.

＿＿＿(2009), 『동양 도덕교육론의 현대적 해석』, 인간사랑.

＿＿＿(2013), 『의미의 시대와 불교윤리』, 씨아이알.

＿＿＿(2014), 「정의(正義)의 동양사상적 맥락과 21세기 한국사회」, 『한국학논집』, 55집, 계명대학교 한국학연구원.

＿＿＿(2016), 『딸과 함께 철학자의 길을 걷다』, 작가와비평.

＿＿＿(2020), 『우리 시민교육의 새로운 좌표』, 씨아이알.

＿＿＿(2022), 「2022 개정 도덕과 교육과정의 인간상과 남명의 도덕함」, 『남명학보』, 21, 1-22.

＿＿＿ 외(2015), 『2015 도덕과 교육과정 개정 연구1, 2』, 한국교육과정평가원.

박병기·강수정(2021), 『왜 지금 동양철학을 만나야 할까』, 인간사랑.

박병련 외(2001), 『남명 조식: 칼을 찬 유학자』, 청계.

백승종(2018), 『신사와 선비』, 사우.

사재명(2005), 「남명 조식 교육의 계승 - 실천성의 강조」, 『남명학연구』, 19, 275-313.

성열관(2018), 『수업 시간에 자는 아이들』, 학이시습.

손병욱(2012), 「남명 경의사상의 기저로서의 정좌수행」, 예문동양사상연구원·오이환 편저, 『남명 조식』, 예문서원.

오이환 편(2002), 『남명 조식』, 예문서원.

유네스코 국제미래교육위원회 보고서(2022), 『함께 그려보는 우리의 미래』, 유네스코 한국위원회.

유시경 외(2022), 『굿바이 혁신학교』, 푸른칠판.

윤희면(2004), 『조선시대 서원과 양반』, 집문당.

이상호(2011), 『사단칠정 자세히 읽기』, 글항아리.

이송희일(2024), 『기후위기 시대에 춤을 추어라』, 삼인.

이운구 옮김(2016), 『순자 1,2』, 한길사.

이한(2012), 『정의란 무엇인가는 틀렸다』, 미지북스.

이홍우(2014), 『성리학의 교육이론』, 교육과학사.

이효걸·김형준 외(1998), 『논쟁으로 보는 불교철학』, 예문서원.

임선일 외(2021), 「코로나19와 교사의 학교생활 경험 연구」, 경기도 교육연구원 기본과제 2021-3.

장덕진 외(2015), 『압축성장의 고고학: 사회조사로 본 한국사회의 변화 1965-2015』, 한울아카데미.

정병삼 외 역주(2009), 『정선 제교학』, 한국전통사상서 간행위원회, 한국전통사상총서: 불교편 6권.

정순우(2007), 『공부의 발견』, 현암사.

정옥자(2006), 『우리가 정말 알아야 할 우리 선비』, 현암사.

조영달(2012), 『고통의 시대, 희망의 교육』, 드림피그.

조성환(2018), 『한국 근대의 탄생』, 모시는사람들.

진래, 안재호 옮김(2011), 『송명리학』, 예문서원.

최광만(2012), 「19세기 서원 강학활동 사례연구 – 호계강록을 중심으로」, 『교육사학연구』, 22(1), 109-145.

한병철, 김태환 옮김(2012), 『피로사회』, 문학과지성사.

한영우(2014), 『미래와 만나는 한국의 선비문화』, 세창미디어.

홍찬숙(2015), 『개인화: 해방과 위험의 양면성』, 서울대학교출판문화원.

Arendt, H., 서유경 옮김(2002), 『과거와 미래 사이』, 푸른숲.

Bauer, J., 이미옥 옮김(2009), 『학교를 칭찬하라』, 궁리.

_____, 김희상 옮김(2024), 『현실 없는 현실: 인공지능의 시대, 새로운 불안』, 북북서가.

Beck, U., 홍찬숙 옮김(2013), 『자기만의 신』, 도서출판 길.

Bourdieu, P., 신미경 옮김(2004), 『사회학의 문제들』, 동문선.

Botton, Alain de(2011), 「한국인의 고통과 우울함」, 동아일보 2011.11.8. B4면.

Christakis, N. A., 이한음 옮김(2022), 『블루프린트: 이기적 인간은 어떻게 좋은 사회를 만드는가』, 부키.

Dworkin, R. M., 홍한별 옮김(2012), 『민주주의는 가능한가』, 문학과지성사.

Fukuyama, F. Y., 이상훈 옮김(1997), 『역사의 종말』, 한마음사.

Haidt, J., 왕수민 옮김(2014), 『바른 마음』, 웅진지식하우스.

Honneth, A., 이행남 옮김(2017), 『비규정성의 고통』, 그린비.

Hueter, G., 김의철 역(2018), 『창의성과 행복한 삶』, 학지사.

Moore, D., 정지인 옮김(2023), 『경험은 어떻게 유전자에 새겨지는가』, 아몬드.

Noddings, N., 심성보 옮김(2018), 『21세기 교육과 민주주의』, 살림터.

Nussbaum, M. C., 우석영 옮김(2011), 『공부를 넘어 교육으로』, 궁리.

_____, 박용준 옮김(2014), 『시적 정의』, 궁리.

_____, 임현경 역(2020), 『타인에 대한 연민』, 알에이치코리아.

Peters, R., 김정래 옮김(2021), 『권위, 책임, 교육』, 학지사.

Puett, M., Gross-Loh, C., 이창신 옮김(2016), 『더 패스』, 김영사.

Rawls, J., 황경식 옮김(2003), 『정의론』, 이학사.

_____, 김주휘 옮김(2016), 『공정으로서의 정의: 재서술』, 이학사.

_____, 장동진 옮김(2016), 『정치적 자유주의』, 동명사.

_____, 장동진 외 옮김(2017), 『만민법』, 동명사.

Sandel, M. J., 김명철 옮김(2014), 『정의란 무엇인가』, 와이즈베리.

Sen, A., 이규원 옮김(2021), 『정의의 아이디어』, 지식의 날개.

Spliter, R. & Sharp, A. M., 김혜숙·박상욱 옮김, 『더 나은 사고를 위한 교육』, 살림터.

Taylor, C. M., 송영배 옮김(2001), 『불안한 현대사회』, 이학사.

Waal, F. B. M. de, 김희정 옮김(2007), 『영장류의 평화 만들기』, 새물결.

Ying Shih, Y., 김병환 옮김(2014), 『여영시의 동양문화 다시 읽기』, 교육과학사.

【외국어 문헌】

Baron-Cohen, S.(2011), *The Science of Evil*, New York: Basic Books.

Bruner, J.(2002), *Making Stories: Law, Literature, Life*, Massachusetts: Harvard University Press.

Feshbach, N.D. & Feshbach, S.(2011), "Empathy and Education", Decety, J. & Lckes, W.(ed.), *The Social Neuroscience of Empathy*, Cambridge: The MIT Press.

Harris, S.(2010), *The Moral Landscape: How Science Can Determine Human Values*, New York: Free Press.

Hopkins, J.(2008), *A Truthful Heart*, Ithaca: Snow Lion Publication.

Noddings, N.(2013), *Education and Democracy in the 21st century*, New York: Teachers College Press.

Prinz. J. J.(2012), *Beyond Human Nature,: How Culture and Experience Shape the Human Mind*, London: W.W. Norton & Company.

Rorty, R.(2011), *Ethics for Today*, New York: Columbia University Press.

【인터넷 검색】

https://imnews.imbc.com/news/2023/society/article/6543310_36126.html/20231218 검색.

Haidt, J.(2014), "Moral Psychology and the Misunderstanding of Religion", *Jonathan Haidt's Edge Bio Page*, http://edge/org/print/node/21272, 2014.10.02. 검색.

*글의 출처

1장 「우리 사회의 정의 담론과 남명의 의론」, 『남명학보』 23권, 남명학회, 2024.

2장 「남명의 선비정신과 시민윤리, 교육」, 『남명학보』 20권, 남명학회, 2021.

3장 「정의의 동양사상적 맥락과 21세기 한국사회」, 『한국학논집』 55호, 계명대학교 한국학연구원, 2014.

4장 「남명의 경(敬) 사상에 기반한 인성교육 방향 모색」, 『남명학보』 13권, 남명학회, 2014.

5장 「'교사로서 남명'의 권위에 관한 현재적 해석」, 『남명학보』 22권, 남명학회, 2023.

6장 「도덕함의 모형으로서 남명과 실천적 도덕교육의 과제」, 『남명학보』 15권, 남명학회, 2016.

7장 「2022 개정 도덕과 교육과정의 인간상과 남명의 도덕함」, 『남명학보』 21권, 남명학회, 2022.

8장 서울교육연수원과 충북대학교, 제주대학교 교육연수원 등에서 한국윤리사상과 동양윤리사상, 불교윤리사상과 도덕교육 등을 주제로 강의하기 위해 작성한 원고를 이 책의 성격에 맞게 재구성한 것이다.

9장 「남명의 불교관과 현실 인식」, 『남명학보』 10권, 남명학회, 2011.

지은이

박병기

서울대학교 윤리교육학과를 졸업하고 같은 대학원에서 석사와 박사를 한 후에 불교원전전문학림 삼학원에서 불교철학과 윤리를 공부했다. 전주교육대학교 교수와 한국교원대학교대학원장, 교육부 민주시민교육자문위원장을 역임했고, 현재 한국교원대학교 윤리교육학과 교수이자 국가생명윤리심의위원회 유전자 전문위원이기도 하다. 『종교와 똥, 뒷간의 미학』, 『청소년을 위한 두 글자 인문학』, 『딸과 함께 철학자의 길을 걷다』, 『우리 시민교육의 새로운 좌표』 등의 저서와 『철학은 시가 될 수 있을까』 등의 역서가 있다.

우리 사회의 정의와 교육
남명에게 길을 묻다

초판 발행 | 2025년 5월 9일

지은이 | 박병기
펴낸이 | 김성배

책임편집 | 신은미
디자인 | 송성용, 엄해정
제작 | 김문갑

펴낸곳 | 도서출판 씨아이알
출판등록 | 제2-3285호(2001년 3월 19일)
주소 | (04626) 서울특별시 중구 필동로8길 43(예장동 1-151)
전화 | (02) 2275-8603(대표)   **팩스** | (02) 2265-9494
홈페이지 | www.circom.co.kr

ISBN   979-11-6856-327-8 (93370)

* 책값은 뒤표지에 있습니다.
* 파본은 구입처에서 교환해드리며, 관련 법령에 따라 환불해드립니다.
* 이 책의 내용을 저작권자의 허가 없이 무단 전재하거나 복제할 경우 저작권법에 의해 처벌받을 수 있습니다.